Fundamentos del análisis técnico

pg 75 visual chart
adjusted graphics/charts
for dividendos y ampliaciónes

Index - total return. adjustmen

Dax 30 is a total return chart.

alcista bajista.

adn: gles 5
Dunelm

marco temporal time frame.

Fundamentos del análisis técnico

Un acercamiento conductual a la inversión financiera

CARLOS DOBLADO
ISAAC DE LA PEÑA

EDICIONES DEUSTO

© Centro Libros PAPF, S.L.U., 2017
Deusto es un sello editorial de Centro Libros PAPF, S. L. U.
Grupo Planeta
Av. Diagonal, 662-664
08034 Barcelona

www.planetadelibros.com

ISBN: 978-84-234-2746-8
Depósito legal: B. 16.471-2017
Primera edición: septiembre de 2017
Segunda edición: noviembre de 2017
Tercera edición: abril de 2018
Preimpresión: pleka scp
Impreso por Book Print Digital
Impreso en España - *Printed in Spain*

Sumario

Parte II

Parte III

Parte IV

Parte V

Prólogo

No esperen encontrar en *Fundamentos del análisis técnico* un manual al uso, trufado de pesada teoría sobre lo que pretende explicar. No lo hallarán. Estamos ante un libro esencialmente divertido que, más allá de los apriorismos con los que usted se puede acercar a sus páginas, le sorprenderá por sus constantes referencias filosóficas, históricas, literarias, cinematográficas y hasta... ¡económicas y financieras! Un compendio bien estructurado que no cae en la tentación de una erudita prosa pesada sino que se entretiene en recovecos que permiten al lector comprender lo que sus autores defienden de una manera amena y espontánea.

Es verdad, el análisis técnico ha sido demonizado durante años por aquellos que propugnan que, en la diferencia entre valor y precio, los gráficos estorban más que ayudan y su interpretación es más ficción que ciencia. Olvidan, sin embargo, que es precisamente en los movimientos que se derivan de la ruptura de resistencias y soportes, del cumplimiento de determinados patrones que se repiten en el tiempo, donde encuentran los llamados inversores 'value' el caladero necesario para comprar lo que nadie quiere y la puerta ancha para vender lo que enloquece a la masa. También para ellos es una herramienta útil.

No se puede negar, por tanto, la evidencia: el análisis técnico existe, es seguido por millones de operadores a lo largo y ancho del planeta y es fuente de oportunidades tanto para los que lo utilizan de manera exclusiva como para los que lo aplican como refrendo temporal a una previa decisión fundamental. Incluso para los que lo denostan. Su conocimiento se convierte, de esta manera, en obligado. Y este libro es un buen punto de partida tanto para familiarizarse con sus conceptos básicos como para profundizar en la operativa que de los mismos se deriva.

Una advertencia previa antes de que se sumerjan en sus páginas. No las lean de modo aséptico o profesional. Sería una aproximación errónea. Háganlo de manera vital, poniendo sus asertos y aseveraciones frente al espejo de su forma de aproximarse a los mercados financieros. Se sorprenderán. Tampoco den a estos «Fundamentos» carácter de dogma, más allá de los básicos imprescindibles. Como Carlos Doblado e Isaac de la Peña se encargan de recordar varias veces a lo largo del texto, su visión es, en muchas ocasiones, «herética». Caigan en su provocación, diviértanse con sus digresiones, disfruten de los retos intelectuales que plantean. Aprendan, no estudien. Ése es el verdadero objetivo que sus autores persiguen.

En definitiva, entréguense a sus gráficos con la fogosidad del amante y la cautela del amado, poniendo todo el interés pero resistiendo la tentación de precipitarse. A andar se aprende andando. Y a operar, operando. Les dejo ya dando los primeros pasos. Todo suyo.

ALBERTO ARTERO
Analista financiero (S. McCoy)
y director general de *El Confidencial*

Introducción

El análisis técnico es un terreno controvertido. Suscita tanto interés como repulsa por diferentes y variados motivos. En este libro pretendemos acercarnos a la parte más accesible, eminentemente chartista, de su vasto terreno de acción de un modo razonado. Un acercamiento más meditado es algo que quizá ha faltado en demasía cuando se ha escrito sobre esta temática, lo que ha favorecido una visión pseudorreligiosa de la misma. Sin duda, parte de la animadversión que algunos círculos le dedican es merecida por provenir de esta concepción casi mística, de la cual pretendemos encarecidamente alejarnos.

Queremos pensar que con estas páginas podemos paliar, un poco al menos, ese estado de ánimo que parece separar de forma irreconciliable la metodología técnica de otros acercamientos más formales, con una mayor apreciación del peso teórico frente a los resultados de campo.

Este libro está organizado de forma didáctica, con un hilo conductor que se va desplegando progresivamente, así que le recomendamos que lo lea de forma secuencial, respetando la estructura original. La parte inicial es intencionalmente abstracta y rebosante de teoría, precisamente para convencerle de lo epistemológicamente justificado que está el mantener un acercamiento conductual en estos menesteres. Es una tarea de reeducación si se quiere, de destrucción creativa frente a una industria en la que todavía prima demasiado el academicismo. Resista la tentación de saltar directamente a los gráficos por muy jugosos que se le antojen; si empieza por los postres va a arruinar el ágape por completo.

Para empezar la **Parte I,** en los capítulos «El camino del acontecimiento más probable» y «Un poco de filosofía» asentamos los principios de nuestra filosofía de inversión: siendo conscientes de lo limitada que es la capacidad cognitiva humana para percibir la realidad, lo más sensato es apostar sistemáticamente por el acontecimiento más probable, buscando establecer un proceso de esperanza matemática positiva a largo plazo.

En el capítulo «Las premisas que sustentan el análisis técnico» extendemos estos fundamentos generales a los mercados financieros, deteniéndonos a explicar cuáles son las condiciones bajo las cuales el análisis técnico, como expresión de esta filosofía, puede funcionar: la libre participación y la acción de mercado, que posibilitan la presencia de pautas y tendencias con fractalidad —de forma recursiva, a diferentes niveles—, las cuales pueden resultar susceptibles de ser operadas en el mercado. Resulta esto muy importante para entender también los límites del análisis técnico —dejará de funcionar cuando no se den dichas condiciones—, así como para dejar de ver sus patrones como algo esotérico, venido del más allá.

A continuación, «El enemigo interior», «Los mercados adaptativos» y «La función del análisis técnico» penetrarán con más detalle en los sesgos cognitivos que le convierten a usted mismo en su peor enemigo cuando debe enfrentarse a la incertidumbre característica de los mercados, y cómo eso resulta en entornos que, tirando de la manta de la «eficiencia» con la que algunos académicos pretenden cubrirlos, describimos como «adaptativos», pues se ajustan como mejor pueden a un hecho fundamental: que la irracionalidad puede ser la opción más racional en muchos entornos prácticos. De ahí surge la principal finalidad del análisis técnico: permitir esclarecer la situación tendencial, separando la señal del ruido que la envuelve.

La **Parte II** nos enseñará cómo trabajar con gráficos de manera productiva. Es importante que la lean tanto los legos en la materia como aquellos que tienen cierta historia con su manejo, ya que nuestro acercamiento es bastante herético. Lo podrá intuir en la pedagógica «Empecemos a hablar de gráficos» cuando le mostremos que el volumen —por lo general— es algo accesorio, y lo comprenderá plenamente en «Los gráficos ajustados» cuando hagamos una apología a ultranza de la necesidad de realizar ajustes por dividendo y ampliación —si nos conoce le sonará la expresión *total return*— en el caso de la renta variable, y de utilizar gráficos de los rendimientos —*yield*— si hablamos de bonos. Aquí, más que comprensión le pediremos un poco de coherencia: por favor, deje de comparar el IBEX 35 —a secas— con el DAX 30 alemán, que es por naturaleza un índice *total return*. Queda francamente mal comparar peras con melones, incluso cuando ambos sean del mismo color.

También percibirá otra defensa numantina: la de los gráficos semilogarítmicos, pero aquí el grueso de nuestra argumentación requerirá que se familiarice con ciertos aspectos de los gráficos y por tanto tendrá que esperar hasta el capítulo «La escala logarítmica» de la Parte III.

A continuación «Soportes y resistencias», «El principio de polaridad», «Tipos de tendencia», «Los huecos» y «La directriz de tendencia» se dedican a presentar los respectivos instrumentos que usará el análisis técnico para desgranar los gráficos, separando claramente aquello que es crítico de las partes que, basadas en nuestra experiencia, son más bien superfluas.

Cerraremos esta parte con un capítulo imperdible: «Deje de inventarse sus stops», en el que trataremos en clave de humor pero sin tapujos la queja habitual de aquellos que no han dedicado el tiempo que usted está invirtiendo en formarse: el mercado está contra mí, van contra mis stops, los hacen saltar a posta. Nada de eso; lo que sucede en realidad es que al no entender por qué toman una posición —qué hipótesis quieren que el mercado sostenga o refute—tampoco saben cuándo hay que salir y colocan un tanto al azar el stop. O al menos más al azar de lo exigible. Siempre es más fácil caer en la paranoia cuando *manca finezza*.

Con la **Parte III** llega el meollo, la diversión y los globos de colores. Hablaremos de «Las formaciones técnicas» en su conjunto, y en particular cubriremos en sucesivos capítulos «El cabeza y hombros invertido», «El cabeza y hombros» —precisamente en ese orden—, y entenderá por qué es el más sensato, «El doble suelo», «El doble techo» y «El siempre incomprendido patrón triangular» con un alto nivel de detalle. Para cada figura cubriremos su desarrollo por fases así como su evolución en *pullback*, en continuidad bajista o alcista, y otras variantes puntuales —en el sentido en que, por ejemplo, el triple suelo, el doble suelo con asa y el rectángulo no son más que mutaciones del doble suelo originario—. También dedicaremos tiempo para analizar la operativa más adecuada de cada figura, tanto si se tiene una posición alcista como bajista, atendiendo en especial al objetivo mínimo teórico y su correspondiente *stop loss* para mantener una satisfactoria ecuación riesgo-beneficio. Una vez tomada, cerraremos cada exposición con una consideración a los aspectos más relevantes para la gestión de la posición.

Durante el trayecto nos detendremos en «La escala semilogarítmica» para, como dijimos, completar ese argumento. Y aprovecharemos con ello para denunciar una pauta muy popular en la mente calenturienta del aficionado al chartismo que, como podrá constatar, jamás existió: «El suelo durmiente». Continuaremos después nuestra caza de brujas y hogueras dialécticas para con otros tantos impostores en «El diamante y otros alardes de la imaginación»; dando luego paso a temas considerados normalmente menores pero de gran importancia operativa como son «El patrón de bandera» y «La vuelta en "V"».

Concluiremos esta parte con una reflexión sobre «¿Por qué funcionan los patrones técnicos?», por si ya le queda muy lejos lo leído en las dos partes anteriores. Confesamos que nos podríamos haber ahorrado este capítulo sin menoscabar el resto de la obra, pero consideramos que es bueno templar sus ánimos después de haber experimentado las formaciones técnicas recordando por qué funcionan, pues son razones muy diferentes a las leyendas urbanas que suelen circular de boca en boca: el mito del autocumplimiento, los cuidadores y el Santo Grial.

En la **Parte IV** no tratamos de cómo encontrar oportunidades en los gráficos, sino de cómo gestionar varias oportunidades dentro de una cartera de inversión equilibrada. Se trata de un conocimiento fundamental para cualquier analista técnico que pretenda pasar de la teoría a la práctica.

En «Todo al rojo» entenderemos la importancia de la diversificación —según la sabiduría popular, no poner todos los huevos en la misma cesta— para crear una cartera robusta, veremos también que la volatilidad nos permite caracterizar el azar de una manera que posibilita la comparación entre diferentes oportunidades, y analizaremos la importancia de las correlaciones para ayudarnos a mantener dicho riesgo bajo control.

«El éxito es relativo» nos invitará a una reflexión, nada ociosa, en relación con el significado de una buena estrategia. Veremos que se equivocan los reduccionistas que lo caracterizan como cualquier estrategia rentable, y que nos hace falta introducir los conceptos complementarios de «coste de oportunidad» y *benchmark* a fin de obtener un entendimiento completo. Se trata del Nirvana de los mercados, si nos lo permite; ese punto en el que dejará de envidiar al vecino del quinto que especula con derivados exóticos y apalancamiento extremo.

A partir de este momento contaremos con las bases para poder evaluar estrategias, y «Las cifras que importan» nos proporcionará los instrumentos adecuados para ejecutar la tarea: una medida de la rentabilidad que tiene en cuenta el riesgo que se asume para obtenerla —el ratio de Sharpe— así como maneras de sopesar tanto la gravedad de las pérdidas extremas —el *drawdown*— como la frecuencia y el orden en el que se producen las pérdidas comunes —la secuencia operativa— con el fin de visualizar lo antes posible si lo que tenemos entre manos es un sistema que se adapta no sólo a su mente, sino también a su corazón y a su estómago como inversor. Recuerde que hay muchas maneras de ganar dinero, pero algunas de ellas conllevan un mayor riesgo de infarto.

Nuestro talante herético no nos permitiría pasar página en este punto sin «Una dosis de irreverencia», capítulo en el que nos dedicamos a desmontar los conceptos con los que se acaba de familiarizar: la volatilidad y la diversificación, para que sea consciente de que siguen siendo constructos con los que intentamos capturar una realidad cuya complejidad nos sobrepasa, y que conocerlos bien significa precisamente saber cuándo conviene más dejarlos de lado. Sólo son estatuas de mármol a la luz de las antorchas, no hay dioses dentro.

Una vez superada la ingrata pendiente que cualquier aprendizaje implica, nuestra tarea principal en la **Parte V** consistirá en mostrarle el paisaje que ahora puede abarcar desde la cima alcanzada, así como señalarle otras cumbres por las que tal vez le interese continuar su ascenso.

«El marco temporal» le permitirá atisbar —gracias a los trabajos de Jeremy Siegel— el panorama más amplio posible: doscientos años de historia durante los cuales los mercados de renta variable han proporcionado cerca de un 7 por ciento anual a largo plazo, batiendo a todas las demás opciones de inversión. Si bien sólo usted puede elegir en qué ámbito temporal decide operar, esto nos indica que el proceso de fondo es adverso a los vendedores, y por tanto que el lado bajista es el más difícil de practicar con éxito: centrarse en el lado largo de la renta variable aumenta la fiabilidad de cualquier sistema de inversión.

En «Mapa de Investolandia» describimos las principales escuelas de pensamiento en el mundo de la inversión financiera, de las cuales el análisis técnico es sólo una parte. Nos verá defender el análisis técnico no sólo como la vía de entrada más accesible y versátil al trading, sino también como el conjunto de herramientas al que volverá de forma recurrente a lo largo de todo su aprendizaje, en especial cuando deba lidiar con entornos de alta irracionalidad. Sin embargo, nuestro objetivo aquí no es levantar muros que proteger a ultranza —la realidad es fluida, las fronteras son difíciles de definir—, sino proporcionarle una perspectiva más completa con la que evaluar las diferentes aportaciones y dirigir sus próximos pasos, para lo cual hemos aportado también una «Bibliografía» de referencia que cobrará mucho más sentido tras digerir este capítulo.

A continuación veremos en conjunto, y de la forma más honesta que nos ha resultado posible, tanto las ventajas del análisis técnico —las partes en que brilla con especial esplendor, debido a su visión panorámica, su versatilidad, su capacidad de cronometraje y la reevaluación constante a la que nos mantiene— como sus inconvenientes, que también los hay —a destacar su falibilidad, su subjetividad, su descarada e irreverente ignorancia causal, así como la necesidad común, pero compleja, de mantener una actitud contraintuitiva—. Finalmente, revisaremos el terreno que hemos cubierto y haremos unas últimas reflexiones en «Conclusiones» antes de dejarle partir a recorrer sus propios caminos.

En resumen, tanto para los amantes de esta metodología como para aquellos que la descubran por primera vez, nuestra pretensión es muy similar: razonar las bases de un acercamiento técnico al mercado. Seamos muy claros al afirmar que este libro no pretende convertir a nadie en un especulador profesional, ni en una persona apta para ser autónoma en el mercado: si bien no es muy popular en estos tiempos hablar de sangre, sudor y lágrimas, somos bien conscientes de que esos objetivos pasan necesariamente por un camino largo y progresivo que emana de la experiencia personal. Lo que este libro busca es dotarle de una comprensión más profunda sobre el trabajo de los analistas técnicos, aspirando así a proporcionarle la capacidad de discriminar el grano de la mucha paja que, lamentablemente, se va encontrar a diario en el presunto ejercicio de estas disciplinas financieras.

Nos damos por satisfechos si cumplimos con estos objetivos.

Sobre los autores

Llámelo falsa modestia si quiere, pero nos resulta bastante incómodo hablar de nosotros mismos. Aun así, le puede resultar relevante para evaluar nuestra autoridad sobre el tema que nos ocupa, de forma que aquí tiene unas pinceladas.

Carlos Doblado es, indiscutiblemente, uno de los analistas técnicos más influyentes del panorama español, un trader que ha pasado toda su vida en los mercados desde que arrancó con veinte años su carrera profesional dentro de GVC Gaesco, en 1995.

Carlos fundó Bolságora en 2002, la primera herramienta de asesoramiento técnico por internet creada en España, entidad que evolucionó progresivamente hasta convertirse en Ágora EAFI —donde ejerce de jefe de Estrategia—, una de las empresas líderes en la asesoría financiera nacional y punto de referencia para el inversor minorista. Carlos fue colaborador de *El Economista* durante ocho años, donde fundó la herramienta EcoTrader, y desde septiembre de 2014 lidera la sección financiera del periódico *El Confidencial*. Carlos participa con frecuencia en medios financieros españoles como Capital Radio y Radio Intereconomía.

Isaac de la Peña ejerce como jefe de Tecnología en Ágora EAFI y usa sus conocimientos de internet, sistemas móviles, *big* *data* y *machine learning* tanto en el desarrollo de las plataformas propietarias de la firma como de sus modelos algorítmicos de inversión.

Su carrera profesional combina las que son también sus pasiones personales: la filosofía, la tecnología y las finanzas. Antes de unirse a la compañía en 2014 fue vicepresidente Sénior de Marketing y Tecnología para la entidad bancaria Pentagon Federal, basada en Washington DC, una institución financiera americana con 15 billones de dólares bajo gestión. Previamente ocupó el cargo de director Sénior de Tecnología para Microstrategy, el líder mundial de soluciones de *business intelligence*, donde trabajó en el lanzamiento de las primeras soluciones de información corporativa para dispositivos móviles en colaboración con Apple, en el desarrollo de la plataforma de análisis de datos para Facebook, así como en el desarrollo de sistemas predictivos basados en aprendizaje automatizado para clientes con operaciones a escala global como American Express y Visa. Con anterioridad trabajó varios años para la empresa de telefonía Nokia en Barcelona, Helsinki y Boston, donde llegó a ocupar el cargo de jefe de Proyectos de Internet. Isaac cuenta también con una experiencia en empresas de capital riesgo y es un Limited Partner de Inveready First Capital, un fondo de capital semilla con oficinas en Barcelona.

Curiosamente, Isaac nunca estudió formalmente tecnología, sino que se graduó en filosofía —lo que él considera su ventaja competitiva—, y completó su formación mediante un MBA con especialización en finanzas en el Instituto Tecnológico de Massachusetts (MIT), en Boston, donde fue Sloan Fellow y científico invitado en el laboratorio de investigación MIT Media Lab.

Conviene mencionar también que ambos son íntimos amigos desde la infancia. Sus caminos se cruzaron al estudiar juntos administración de empresas en la Facultad de Tarragona y en múltiples otras ocasiones hasta que, finalmente, decidieron dar el paso de emprender un proyecto juntos. Ambos sospechan que tal vez sea ésta la razón por la cual todavía son capaces de aguantarse mutuamente sin morir en el intento.

PARTE I

El camino del acontecimiento más probable

Partamos de la base de que un individuo inteligente no especula para divertirse. Establecer un modo de operar requiere también una forma de pensar porque necesitamos coherencia y consistencia cuando nos decantamos por un camino determinado. Por ello, los inversores deberían esforzarse muchísimo más de lo que lo hacen en comprender las bases de las herramientas con las que van a poner sus cartas en juego.

Sin consistencia intelectual nadie puede sobrevivir a entornos de incertidumbre en los que una cosa y la contraria pueden ser fácilmente justificables, en los que la predisposición que existe en la mentalidad colectiva —«el entorno», decía el gran Johan Cruyff— puede explicar una reacción y la contraria tras la publicación de un dato macroeconómico o un evento corporativo en dos momentos distintos del tiempo.

Esa consistencia sólo se logra con un don de los dioses —hay gente que nace con ello— o preparando, entrenando, ejercitando la mente para ello. Y asentar unas bases intelectuales reforzará algo que subestimamos con demasiada frecuencia en el mercado y en la vida: la actitud.

Los que hemos decidido acercarnos conductualmente a los

mercados frecuentemente nos hemos dado cuenta de que nos encontrábamos ante un problema cognitivo: no estamos seguros de nuestra capacidad de conocer a fondo hechos tan complejos como los sociales, y no tenemos herramientas que puedan ponernos frente a frente con la realidad, aunque podamos hacer uso de algunas herramientas que nos acerquen a ella de algún modo.

Un inversor que se mantenga constantemente alejado de la realidad pecará de soberbia en algún momento, y lo hará en un lugar donde algunas cosas pasan demasiado lentamente como para que puedas recuperarte de ciertos fallos; errores que tal vez no se subsanen durante años por la naturaleza del mercado y sus ciclos.

Darwin, al que se apela muchas veces mal, nos hizo caer en la cuenta de que el que sobrevive es el más adaptable, no el más fuerte. Sobrevivir es lo primero, y para ello no parece demasiado conveniente encontrarse entre aquellos que están peligrosamente lejos del juez que *a posteriori* quita y da razones: el precio.

Entre otras cosas porque, como nos ha advertido Soros, sus acciones pueden transformar las expectativas del mercado —él lo llama «efecto manipulativo»— y, por ende, validar acontecimientos que, *ex ante*, se habrían considerado imposibles desde una óptica racional.

Son muchos los que se han arruinado por completo antes de que el mercado se diese cuenta de sus errores. Keynes advirtió de que nuestra solvencia puede durar mucho menos que su irracionalidad. Sin duda, con algo de habilidad y humildad, asumiendo el cambio de ideas del mercado en momentos muy significativos, el camino podría haber sido mucho más confortable. La rentabilidad no lo es todo, también importa cómo ganamos el dinero porque hay modos de ganarlo que nos pueden resultar incómodos. Hay métodos brillantes cuyas rachas de pérdida —lo que llamamos *drawdown*— harán imposible que un inversor medio llegue hasta el final después de haber soportado buena parte de lo peor.

Los grandes sistemas de trading no se basan en «estar en lo cierto», sino en la esperanza matemática, en buscar acontecimientos relativamente probables y mantenerse dentro de los mismos el tiempo suficiente como para que unos cuantos aciertos puedan justificar, por ejemplo, muchos errores. También puede valernos que muchísimos pequeños aciertos compensen algunos grandes errores. No existe un solo camino, ni todos debemos recorrer el mismo, aunque desde el fondo de capital riesgo al *scalper* todos buscamos la misma cosa: ganar, que no acertar. No deje que le traicione su cerebro de reptil como a ese jugador de ajedrez del montón que quiere comerse todo lo que le ponen por delante. Es cierto, como ha sido demostrado por los psicólogos clínicos, que a la mente humana le irrita equivocarse y que eso lleva a la toma de decisiones irracionales.

Walt Kelly, el historietista y dibujante estadounidense, lo resumió en una sola frase: «Hemos descubierto al enemigo, y somos nosotros mismos».

Un inversor tiene siempre en la mente que no está trabajando en el plano de las ideas, sino con algo mucho más terrenal. Y uno bueno sabe que en la búsqueda de la verdad estamos desamparados. Se ha dicho, y los técnicos estamos de acuerdo, que el único juez válido es el mercado. Es precisamente a eso a lo que se refiere Soros al recordarnos que los principios fundamentales tendrían poco interés si no fuera por el hecho de que influyen en los precios.

Luego es el precio y nada más que el precio aquello que resulta de interés en tanto que tal para un analista técnico. Sólo el precio tiene interés final, y sea cual fuere nuestro discurso caerá en saco roto si éste no lo apoya más tarde o más temprano. Por eso los chartistas y demás analistas técnicos buscan patrones en éste, porque consideran que detrás de ese ejercicio estadístico puede forjarse un modo de enfrentarse con éxito al mercado en el largo plazo.

Cuidado, que esto no significa que uno deba operar a largo plazo, sino que cualquiera que se tercie de inversor debe seguir en la partida mucho tiempo para que la probabilidad haga su trabajo. Por tanto lo primero es no descapitalizarse.

Un poco de filosofía

La antigua Atenas donde pasó mucho tiempo Aristóteles, en el siglo IV a. C., fue una época de democracia y leyes, donde los argumentos resultaban capitales para el progreso de las ideas. Esto fue así en parte por la naturaleza de su sistema político, donde la justicia era administrada a la luz de las convicciones de magistrados a los que había que convencer para que dictaran sentencia.

Es así como funciona un mercado financiero: una democracia cualitativa donde nos encontramos con seres humanos tomando decisiones, votando con sus dólares, yuanes, pesos, euros, yenes... De nada servía en el tiempo de los antiguos griegos esa verdad con la que especulaban sus filósofos si uno se encontraba frente a unos magistrados poco amistosos. El buen Sócrates podría hablarnos de ello si regresase. En nuestro mundo, el de los mercados financieros, de nada servirá una hipótesis sobre la realidad futura que intentamos descontar, si no es apoyada posteriormente por los precios en el mercado. La naturaleza de los procesos judiciales proporciona una perfecta analogía con los mercados financieros: usted puede ser inocente y acabar en el corredor de la muerte. No se olvide, los precios dictan sentencias, y muchas veces son injustas porque a uno se le ha acabado el dinero para seguir pidiendo tiempo.

Platón, el primer gran idealista, siempre mostró un gran desprecio por la retórica. En su diálogo *Gorgias* trata de demostrar que ésta, como arte, consiste en la habilidad de defender lo indefendible siempre que produzca suculentos beneficios con independencia de la moral. Frente a esta retórica en aquel tiempo aparentemente convencional, Platón propone en otro de sus diálogos, *Fedro*, una retórica ideal, cómo no, en que una persona virtuosa puede dirigirse hacia la verdad a través de un conocimiento preciso de ciertas técnicas, la mayéutica. De lejos vienen las pretensiones humanas de conocer en la totalidad, y las críticas a las posiciones pragmáticas.

El mercado financiero, para los que participan activa y libremente en él, es lo más parecido a un mundo en configuración, donde lo que prima es la ley de la selección natural, donde los más aptos se imponen a los demás.

Aristóteles, como en tantas otras cuestiones, nos permite regresar del mundo ideal de su maestro poniendo de manifiesto todo el interés que tiene para su sociedad la retórica. El estagirita considerará que la retórica, como la dialéctica, no es moral ni inmoral en sí misma, sino que nos la planteará como un simple instrumento intelectual que puede aplicarse a determinados objetivos. En el caso que hemos tomado, podría servirnos para conseguir que el mercado, a través de sus magistrados los precios, nos sea propicio. Aristóteles se dio cuenta de la naturaleza del sistema en que vivía realmente, y de la importancia que tenía adaptarse a él para, incluso, sobrevivir. Es de imaginar que su conclusión sobre la muerte de Sócrates fue muy distinta a la que sacó su maestro, por lo que decidió llevarse bien con el mundo en lugar de enfrentarse a él.

Inteligente por su parte, afortunadamente en el mundo seguimos quedando platónicos. Pero cuando hablamos de rentabilizar nuestro dinero —o de dinero a toda costa si se elige ese patético camino—, bien finito y necesario que cuesta mucho más mantenerlo que conseguirlo, quizá sea bueno bajar del *topus uranus* y ejercer con cierto pragmatismo. Se lo digo yo, que le reconozco que nos ha costado y nos sigue costando.

En una de sus obras, cuyo nombre le será fácil de deducir, Aristóteles contrapone dialéctica y retórica. Si para Platón la dialéctica era razonar sobre todo problema que se proponga a partir de cosas admisibles, para Aristóteles la retórica es la facultad de considerar en cada caso lo que puede ser convincente, independientemente de si las bases son admisibles o no. Estar preparado, pensar en lo impensable: uno de los lemas que siempre hemos propuesto en Ágora.

Si para admitir algo debemos saber que es cierto, y los mercados descuentan un conocimiento imposible de contrastar *a priori* debido a la existencia de reflexividad y conocimiento imperfecto, resulta obvio que no podremos trabajar sobre ideas plausibles, sino que debemos conformarnos con cosas razonablemente probables. Una postura que Platón habría criticado con acidez, pero que habría respaldado Aristóteles dado que para él la retórica tiene en común la dialéctica el estar basada en razonamientos, pero el razonamiento retórico es algo basado en premisas probables, un entimema, algo distinto a un razonamiento científico o silogismo.

Las aproximaciones conductuales, como los analistas técnicos, habrían obrado del mismo modo. Decepcionados por la divergencia entre la realidad final y lo esperado *a priori* por los métodos convencionales, habríamos «renunciado» incluso a comprender la realidad, o al menos a comprenderla *a priori*. Sabiendo que nuestra capacidad cognitiva para percibir la realidad es no sólo imperfecta sino que se produce de modo reflexivo —luego que resulta imposible partir de premisas irrefutables—, habríamos optado por apostar por el acontecimiento más probable de modo sistemático.

A través de patrones, los analistas técnicos —así como cualquier otro tipo de inversores que se acerque al mercado desde un acercamiento conductual— se considerarán capaces de medir las fuerzas dominantes en el mercado; pero simplemente en términos probabilísticos.

Los analistas técnicos han constatado positivamente dos cuestiones: por un lado, la existencia de pautas. Por otro lado, la existencia de tendencias, una propensión a la continuidad en las inercias/ideas dominantes. Apostar por tendencias y pautas de comportamiento es pensar en términos de lo más probable estadísticamente. Luego los analistas técnicos, para entenderse en su ágora con ese único juez irrefutable que es el precio, no encuentran otro camino que el de optar por planteamientos retóricos frente a planteamientos dialécticos, entimemas frente a silogismos, tal y como proponía Aristóteles.

Las premisas que sustentan el análisis técnico

Pensamos que podemos definir «análisis técnico» como una serie de técnicas —no nos atrevemos a llamarlo «conocimiento» por las razones de corte filosófico que hemos expuesto en el capítulo anterior— que se dedican al estudio de la acción del mercado a través de los precios.

Al análisis del mercado única y exclusivamente desde su propio discurso, desde el examen de sus oscilaciones y altibajos. A través de todo tipo de gráficos, el analista técnico pretende medir la relación de fuerzas existente entre la oferta y la demanda con el propósito de predecir movimientos futuros del mercado para algunos, aventurado propósito, con el afán de adaptarse a los acontecimientos de tal forma que se consiga una estrategia de gestión del dinero centrada en la realidad para el resto: en el qué en lugar de en el porqué.

Un trader es un estratega en busca de la victoria de sus propias fuerzas. Jamás invierte por obligación a plazo alguno, ni corto ni largo, ni es necesariamente alcista o bajista. Y sobre todo no es alguien rígido, sino alguien que piensa en términos de supervivencia a corto plazo y beneficios a largo plazo. Para ello se moverá en el mercado tanto como le obliguen, lo cual no presume carencia de estrategia, sino rigor en la ejecución.

Los japoneses practicaban análisis técnico antes de que los occidentales empezáramos a pensar en ello, y consideraron desde el principio que el mercado es una guerra entre alcistas y bajistas —como vimos en el ágora griega los argumentos fueron también, de algún modo, una cuestión a vida o muerte—. Por tanto, puede resultar conveniente estudiar cómo nos acercamos a la batalla. La actitud, como ya hemos contado, el rigor con el que despleguemos nuestros ejércitos —nuestro dinero— sobre el tapete, a través de nuestras maniobras, condicionará el éxito o el fracaso.

Cuentan que Sun Tzu, el autor del libro *El arte de la guerra*, obtuvo una audiencia con el rey de Wu y éste le pidió una demostración de su capacidad para manejar tropas. Sun Tzu accedió y el rey, que deseaba convencerse de la capacidad del general que debía poner al frente de sus filas, preguntó si podría hacer la prueba con mujeres. Sun Tzu no mostró inconveniente alguno y le fueron traídas ciento ochenta.

El legendario general las dividió en dos grupos y situó como respectivos capitanes de cada uno a las dos concubinas favoritas del monarca. Entonces les enseñó a manejar la alabarda y a realizar una serie de ejercicios; tras ello consultó a las mujeres si habían comprendido lo que les había enseñado. Al responder éstas que comprendían perfectamente lo que requería de ellas, Sun Tzu las hizo maniobrar, pero ellas prorrumpieron en risas.

Sun Tzu se mostró paciente, y les dijo que cuando las órdenes no son claras o no se han explicado repetidamente la culpa es del comandante.

Entonces repitió por segunda vez su lección. Llegó la hora de maniobrar y de nuevo sólo obtuvo risas y jolgorio. En este punto Sun Tzu les dijo que cuando las órdenes son claras y se han explicado completamente pero no se ejecutan de acuerdo con la ley militar, los culpables son los oficiales, que han incurrido en un crimen contra el interés general.

Entonces mandó ejecutar a las dos concubinas favoritas del rey, que dirigían la formación.

Puede observarse que Tzu era mucho más benevolente con el comandante que con los oficiales, algo que debió de percibir el rey de Wu cuando mostró su firme oposición a la ejecución, pero ése es otro tema. Arguyendo que al frente de su ejército un siervo investido como comandante en jefe no tiene porqué obedecer al soberano, las ajustició para asombro general y estupor del monarca.

Luego puso al frente de los grupos de mujeres a aquellas que ocupaban un grado inmediatamente inferior. El ejercicio se repitió sin que se registrase el más mínimo ruido. Inmediatamente mandó un mensaje al estupefacto rey, haciéndole saber que las tropas estaban listas y que no se detendrían ni ante el fuego, ni ante el agua, ni ante nada.

Tras esta impecable demostración de rigor y de capacidad para ejecutar un *stop loss*, y una vez recuperado del trance, el rey de Wu puso a Sun Tzu al frente de su ejército y con él asedió a muchos poderosos Estados que pasarían a formar parte de la China actual.

Para que el trader preserve esa actitud consecuente, que le permita llevar a cabo las ideas establecidas *a priori* así como aceptar sus propios errores, es absolutamente necesario que interiorice los principios básicos que subyacen a sus utensilios de trabajo.

Nuestras pequeñas herramientas técnicas se basan en una serie de premisas, que la gente que las practica entiende de mejor o peor manera. Según nuestro parecer, y que nos perdonen los dioses, en general no se presta atención a ello porque sigue siendo demasiado filosófico. Al personal lo que le mola es meterse en harina, ir directo al barro. ¡Que se moje el analista! Que para eso le pagan. ¿Verdad que sí?

Pensamos que merece la pena reflexionar un poco sobre estas premisas, que son las siguientes:

- Necesitamos participación pública libre.
- El mercado es fractal.
- La acción del mercado lo descuenta todo.
- Los precios se mueven por tendencias.
- El ser humano se repite.

En los capítulos siguientes vamos a profundizar en cada una de estas premisas, íntimamente relacionadas, y a explorar sus implicaciones para desarrollar una actividad inversora sensata.

La libre participación

El mercado es básicamente seres humanos. Cuando los hombres acuden individual y libremente a un mercado, pierden su identidad para pasar a formar parte de un colectivo. Ante el poder de un mercado público y libre, de la colectividad que en la mente de los técnicos es definida como «masa», nada puede hacer la particularidad de un participante, sea cual fuere su tamaño.

La idiosincrasia desaparece. Dentro de la colectividad, entre la masa, aquello que nos distingue a los unos de los otros pasa inadvertido casi por completo. En la ecuación de comportamiento del mercado, todas las características que nos convierten a cada uno de nosotros en únicos e irrepetibles se diluyen, ponderan muy poco en la ecuación que explicaría el comportamiento de la masa. Ni siquiera un banco central por sí solo.

En esa síntesis que es la totalidad, resulta imperceptible la singularidad. En cambio, todo aquello que nos es común tendrá una fuerte capacidad para ponderar en dicha ecuación repitiéndose como se repite en todos y cada uno de nosotros, representantes de esa colectividad que llamamos «hombre».

Luego en la medida en que un mercado esté fuertemente participado, éste responderá más y más a la pauta que llamamos ser humano y menos a la singularidad que llamamos individuo. A mayor participación pública, el mercado se hará menos «manejable» de forma consciente o inconsciente.

Lógicamente, como en cualquier acontecimiento que es descrito estadísticamente, la pluralidad de la muestra hace más válidas las conclusiones del estudio y, sobre todo, reduce las desviaciones estocásticas del mismo. Por ello la participación pública resulta esencial para poder aplicar el análisis técnico.

En un mercado no participado masivamente el poder de unos pocos individuos, o el de un grupo/grupos, puede alterar el libre funcionamiento de la naturaleza humana, de sus ciclos de optimismo y pesimismo, de nuestros procesos mentales y emocionales más inconscientes. De los patrones, en una palabra.

Por ello, a mayor amplitud y profundidad de un mercado menores van a ser las desviaciones que se den entre los modelos técnicos teóricos y la realidad particular de un mercado; circunstancia que da respuesta a por qué los índices de los grandes mercados de renta variable, o los grandes productos financieros a nivel mundial, como las divisas y los bonos de las principales economías del mundo, son los de mayor fiabilidad estadística.

Esto explica por qué sucede que en algunos mercados marginales o especiales, poco participados o no libres, el análisis técnico no es una herramienta de utilidad en caso alguno salvo por esa casualidad que hace que haya tantas cosas que se dan por buenas.

La fractalidad

Un fractal es un objeto geométrico cuya estructura básica, fragmentada o irregular, se repite a diferentes escalas. El término fue propuesto por el matemático de origen polaco Benoît Mandelbrot en 1975 y deriva del latín *fractus*, que significa quebrado o fracturado.

Muchas estructuras de la naturaleza son de tipo fractal, y algunos analistas técnicos —entre ellos el celebérrimo R. N. Elliott— han creído ver en lo que hacemos los arcanos de la naturaleza. Desafortunadamente no da para tanto, pero es incuestionable que el mercado, que es sobre todo personas, es un ente de la naturaleza.

Cualquier herramienta técnica que tenga peso analítico —que no sea un simple truco para ganar dinero mientras la cosa funcione—, para ser considerada como tal, debería poder ser aplicable en todo tipo o clase de tendencia, así como en todo mercado en el que se dé la característica de participación pública y libertad. Lo que pueda ser usado en un tipo/clase de tendencia —habrá tiempo para hablar de ellas— deberá poder ser usado en cualquier otro tipo/clase de tendencia; y en cualquiera de los dos lados de la misma, alcista y bajista. Las herramientas técnicas tienen que poder ser usadas en todo momento y en cualquier dirección, lo que no quiere decir ni muchísimo menos que vayan a funcionar siempre con éxito.

Cualquier herramienta que no cumpla con la condición de fractalidad, no podrá ser considerada un instrumento apropiado para un estudio técnico. Para ganar dinero, que puede ser otra cosa, tiene, sin duda, nuestra bendición para recurrir a los posos del café si es necesario: nos basta con que no haga aquello que no le gustaría que le hiciesen.

Los analistas técnicos entienden que cualquier elemento, económico, político, sociológico, psicológico o de cualquier otra índole que pueda tener influencia sobre el mercado —y ello incluye incluso los actos de la providencia—, se ve de por sí reflejado en el comportamiento de los precios; dado que se forman por interacción de todos los factores que ejercen alguna clase de influencia sobre éstos. O lo que es lo mismo, que el análisis de los precios es el estudio de cómo, conjuntamente, todos estos factores confluyen en el mercado e influyen en sus movimientos.

En definitiva, el análisis técnico —contra lo que puedan decir algunos radicales dentro de o frente al discurso técnico— no es más que un modo de analizar la oferta y la demanda en el mercado —las expectativas de las mismas en realidad—, pero lejos de la aproximación convencional que procura estudiar independientemente a una y otra para establecer cuál debería ser la expresión resultante de su interacción en unos precios que se entiende que son el resultado de las mismas.

Lejos de esta pretensión, al alcance de individuos con un «don» o entes prescientes, el análisis técnico pretende estudiar el mercado desde los precios, analizando cuál es su intensidad y hacia dónde tienden sus fuerzas tomando como referencia patrones.

El análisis técnico tiene interés precisamente en cómo se comportan o vienen comportándose oferta y demanda, y a partir de ello establece hipótesis sobre el posible comportamiento a futuro de los precios y, más importante, propone acciones de trading y las condiciones de refutación de las mismas.

La acción de mercado

Para nosotros los técnicos, el estudio de los precios es al tiempo el estudio de todas las variables que afectan al mercado, lugar en que se están fijando éstos. En los precios se verán necesariamente reflejados todos estos parámetros fundamentales, que no son más que componentes de éste en su justa medida y ponderación.

Además, en este caso no es asignada por un analista o grupo de analistas, sino por el propio mercado. Esto, frente a lo que suele argumentarse en contra del análisis chartista, le conferiría una gran dosis de «objetividad».

Puede decirse por tanto que en la medida en que los precios son, entre otras cosas, el reflejo de los fundamentos, su análisis es el estudio de los mismos. Puede argumentarse aquí aquello de que una imagen vale más que mil palabras, en la medida en que la imagen —el precio— es la consecuencia de todas las fuerzas que afectan desde la razón y la sinrazón, lo que no es poca cosa, a cualquier activo en el mercado.

Lo importante son las acciones, no las palabras. Recordemos el Evangelio según san Mateo: «Guardaos de los falsos profetas, que vienen a vosotros disfrazados de oveja mas por dentro son lobos. Por sus frutos los conoceréis... Así todo árbol bueno produce buenos frutos y todo árbol malo da malos frutos... Todo árbol que no da fruto bueno es cortado y echado al fuego. Por sus frutos, pues, los podréis conocer».

Puede hacerse una interesante analogía de estas palabras con los mercados. Podemos asociar los árboles con los métodos, a los falsos profetas con la arrogancia de nuestra propia razón, los riesgos con los lobos, y los frutos con la rentabilidad.

Si se pretende sobrevivir en un mercado financiero o en el mundo de los negocios, no ser presa de los lobos —que frecuentemente vienen en forma de grandes ideas, «amigos» o socios—, no se puede confiar ciegamente en nada. En nada ni en nadie. Una torta con la mano abierta viene directa a nosotros en forma de falso profeta o vestida con piel de cordero. El fruto es la clave, no la forma, y no es el primer premio Nobel que quiebra una institución financiera, ni está por nacer el primer Caín.

Cualquier ser humano es capaz de ver qué árboles —métodos— dan frutos adecuados a nuestras necesidades —rentabilidad/riesgo— después de ponerlos a prueba el tiempo justo y necesario como para que se hayan mostrado recomendables o no. Cualquier ser humano que acepte lo que está observando, sin dejarse llevar por el corazón, está a salvo de la traición. Por sus frutos los conoceréis.

Y lo que es más importante, si lo que da buenos frutos es bueno y viceversa, eso nos invita a pensar que, de entrada, lo que sube es alcista y por tanto debería seguir subiendo con independencia de las causas que lo impulsen, y lo que cae es bajista y por tanto debería seguir cayendo con independencia de las causas que lo castiguen. Así, hasta que se demuestre lo contrario. Tras esto se encuentra la idea de la tendencia, otra de nuestras premisas que desarrollaremos a continuación.

Pero volvamos al tema de que la acción del mercado lo descuenta todo. Ciertamente el análisis técnico, como cualquier acercamiento conductual al mercado, está únicamente preocupado por los frutos, y no pretende ni necesita más justificación que la que le concedan los resultados de su uso.

La ciencia económica convencional pretende que el estudio de los fundamentos de la oferta y la demanda, de los factores que esencialmente la componen (previamente habría que definir qué es esencial y qué no lo es, lo cual ya es en sí mismo subjetivo, cosa que se achaca paradójicamente con frecuencia al análisis técnico por parte de los enfoques convencionales), puede establecer si existe equilibrio o desequilibrio entre éstas, y que por lógica, en caso de darse un desequilibrio entre las mismas, los precios se adaptarán necesariamente a ello a través del mercado; produciéndose un reequilibrio de las fuerzas a través de la variación de los precios. Algo que, según Soros o Galbraith, es un inocente supuesto por muchos motivos, pero sobre todo porque el estado natural del mercado es el desequilibrio.

Por consiguiente, para conocer el estado de la oferta y la demanda con objeto de anticipar con ello hacia dónde se dirigirán los precios con mayor probabilidad, el estudio del resultado de la interacción entre oferta y demanda podría ser más potente en muchos casos que el estudio de sus componentes explicativos.

En resumen, para los analistas técnicos no importan tanto las razones que hacen fluctuar los precios, sino básicamente si éstos van a subir o bajar con mayor probabilidad. No somos filósofos, no buscamos la verdad, sino la dirección en la que va a moverse el mercado, nuestro trabajo es el qué y no el porqué. Y ésa es nuestra idea de lo que necesariamente procede hacer cuando se intenta prever la dirección del mercado, en tanto en cuanto el conocimiento público e irrefutable de los motivos que provocan los movimientos de los precios suele ser posterior a los mismos.

Muchas veces los mercados se comportan de modo contradictorio a los fundamentos económicos —al menos contra los «conocidos» por la masa o de aceptación pública— y eso hace a veces «insostenible» la visión técnica desde un punto de vista racional. En muchas ocasiones, con el tiempo, los fundamentos cambiarán y ratificarán el comportamiento de los precios, antes tenido por «extraño» e insostenible. Es lo que Soros denomina la «función manipulativa» del mercado.

En la mayoría de ocasiones, primero se produce el cambio en el estado de ánimo de los individuos mejor informados, luego la acción del mercado confirma este cambio de expectativas, para finalmente, y en su caso, concluir el proceso con los cambios en la economía real, que estará o no en línea con la dirección previamente tomada por un mercado financiero que, de hecho, podría crear, al menos parcialmente, la realidad sobre la que se elucubra en lugar de representarla como se presupone que hace.

Posteriormente llegará el tiempo en que el común de los individuos aceptará algo que «ya sabían de hecho». Pocos son los que tienen la sana costumbre de reconocer sus errores, y es en este momento cuando el conocimiento del porqué será completo.

Hay algo que añadir en relación con esto que no se comenta nunca en los textos de análisis técnico porque en ellos se suele dejar abierta como opción la posibilidad de ajustar o no los gráficos. Es algo sobre lo que le hablaremos profusamente cuando toquemos el tema de los gráficos ajustados y los índices *total return*. Atendiendo a esto, es necesario tener presente que los gráficos lo descuentan todo, efectivamente, incluso lo que no tiene el menor sentido para lo que queremos conseguir. Y lo que queremos es capturar las expectativas.

Si no ajustamos los gráficos estaremos provocando que éstos recojan efectos contables que están lejos de tener incidencia en la mentalidad de la masa, que es tonta pero no tanto. Antonio Machado afirmó que todo necio confunde valor y precio. Los precios que nos interesan deben contener todo aquello que es provocado por expectativas, racionales o no, sobre los activos, pero no meros hechos contables.

Usted quiere acercarse a la realidad, no practicar una religión.

La tendencia

La existencia de tendencias es una de las pocas cosas aportadas desde lo técnico que han sido reconocidas por todos los enfoques del mercado, incluso en nuestra castiza España, donde ha costado lustros y se han necesitado dos grandes crisis del mercado de valores —el derrumbe tecnológico y la crisis subprime— para que los expertos vieran en el análisis técnico una forma de explicar lo que «no pudo evitarse». Cuando a los pastores les interesa, cualquier cosa gana enteros como sustento. Es así con todo, y por eso tienen tanto predicamento las ideas colectivistas.

Las tendencias existen... ¡Bravo! Es lo que sucede con las evidencias, que no necesitan ser demostradas y no pueden ser escondidas a largo plazo, por lo que necesariamente son aceptadas, al menos durante un rato. De hecho, malo sería tener que demostrarlas puesto que no es posible hacerlo. Pero si la física asume, por ejemplo, que la entropía crece con el paso del tiempo —es la segunda ley de la termodinámica— siendo matemáticamente posible justo lo contrario desde un punto de vista teórico, nosotros podemos hacer lo mismo con la tendencia y quedarnos tan panchos... ¡Que no se diga que no hacemos ciencia! No podemos demostrar que no haya precios sin tendencias. Postulamos que es así porque nos viene bien.

Lo cierto es que incluso un movimiento lateral es una tendencia, pues es propio de algo que tiende a no tenerla y ello es una tendencia en sí. Bienvenido al mundo de las paradojas. Tampoco podemos asegurar que toda tendencia vaya a continuar, pero nuestro punto de partida es que es lo más probable. Y digo punto de partida porque existen múltiples herramientas antitendenciales.

Una tendencia es el proceso más o menos ordenado de crecimiento/decrecimiento, alcista/bajista, que se produce en los precios de un activo o en las referencias creadas para cotizarlo en el mercado. Considerando que durante mucho tiempo existen inercias definidas, y aceptando, como plantea George Soros, que el estado natural de las cosas es el desequilibrio..., ¿cómo explicar que la mayoría de esfuerzos que despliegan los métodos de aproximación convencional al mercado sigan el camino del equilibrio? Puede que ya haya sido suficiente con recordar lo que Galbraith ha dicho sobre ser víctimas del fraude inocente.

Reconocida y aceptada la existencia de tendencias compradoras y vendedoras, parece claro que el uso de ellas puede resultar un modo de obtener rentabilidad. Dicen que lo sencillo es frecuentemente lo que mejor funciona... ¿Por qué no iba a ser cierto en el universo de la inversión? En lo complicado encontrará mejores respuestas *a posteriori*, pero frecuentemente le servirán de poco *a priori*. Un método complejo que suponga un gran problema para su actitud, y no nos cansaremos de insistir en que es ahí, en cómo obramos, donde está el secreto si es que existe.

Al inversor sólo le queda saber reconocer tendencia en sus fases embrionarias o iniciales, e invertir en la dirección de las mismas hasta que se agoten. Tan simple como eso, pero tan difícil al tiempo por las dudas que constantemente generan las aparentes contradicciones y los riesgos inherentes a la propia inercia del mercado, siempre preñado de incertidumbre; sobre todo a nivel racional.

En una tendencia alcista, definida por el crecimiento de los precios en una sucesión de mínimos y máximos crecientes, deberá darse más importancia al crecimiento de los mínimos en el momento del estudio, pues son los mínimos crecientes los que nos darán pistas sobre el posible cambio de la tendencia. Mientras, los máximos nos hablarán simplemente de la confirmación de la tendencia o de su agotamiento temporal, y esto resulta poco interesante en la medida en que cuando se nos confirma la tendencia con nuevos máximos crecientes no tenemos nueva información, simplemente obtenemos una reiteración, algo que ya sabíamos: que los precios son alcistas. Esto tiene importantes efectos operativos puesto que superar una resistencia en un movimiento comprador ni eleva el potencial de un título, ni permite elevar los criterios bajo los cuales habría terminado la tendencia en curso. Los stops no se vinculan a los máximos, sino a los mínimos en una tendencia alcista.

En una tendencia bajista, definida por el decrecimiento de los precios en una sucesión de mínimos y máximos decrecientes, deberá darse más importancia al descenso de los máximos en el momento del estudio, pues son los máximos descendentes los que nos darán pistas sobre el posible cambio de la tendencia. Los mínimos ahora nos hablarán simplemente de la confirmación de la tendencia, bajista, o de su agotamiento temporal, y esto resulta poco interesante en la medida en que cuando se nos confirma la tendencia con nuevos mínimos decrecientes no tenemos nueva información, simplemente obtenemos una reiteración, algo que ya sabíamos:

que los precios son bajistas. Esto tiene también, lógicamente, importantes efectos operativos.

Este asunto de los mínimos y los máximos no es cuestión baladí, pues de hecho el común de los analistas técnicos profesionales pone más énfasis en el crecimiento de los máximos en las tendencias alcistas y en el de los mínimos en las bajistas que en lo contrario. Probablemente por culpa nuestra, la verdad sea dicha, en tanto en cuanto como personas que se deben a sus clientes y conocen cómo funciona la mente buscamos maximizar la fiabilidad aunque eso pueda, paradójicamente, perjudicar a la rentabilidad. ¿Por qué, sino hablar de una ruptura como de algo importante si con ello sólo se nos dice algo que ya sabíamos?

Los ciclos históricos

De todos es conocido el aforismo que recuerda que el pueblo que no conoce su historia está condenado a repetirla. En esto el análisis técnico pretende ser un camino mejor: nuestra fuente es el pasado y volvemos a él una y otra vez, pues en los manuales se cita siempre que la historia se repite, que todo es y será como fue porque no hay nada nuevo bajo el sol.

Tras leer esto, el recién ungido analista técnico se siente como el profeta Zaratustra tras salir de sus siete días de inconsciencia, convencido de que pronto el dinero lo halagará diciéndole que es el maestro del eterno retorno de lo mismo. ¡Ja!

Sin embargo, y aunque el conocimiento de la historia nos parece ciertamente importante para circular por ella, no podemos estar de acuerdo en que se repite. Ya llegaron los pesados de Ágora a discutir otra cosa que estábamos dando por buena, con lo tranquilos que estábamos sin ellos.

Pues aunque le enoje, no estamos de acuerdo. Aceptar cosas como que no existe nada nuevo bajo el sol, con perdón, nos parece una chorrada. Lo que se repite no es la historia. Conocerla ayuda a pensar de un modo «alternativo» —algo de valor incalculable a largo plazo—, pero tenemos la sensación de que si se repitiera ya nos habríamos extinguido.

En nuestra opinión, lo que se repite es el ser humano y por ello la historia se parece a lo largo de los siglos.

Le proponemos por tanto que aceptemos como quinta premisa que es el ser humano el que se repite. Algo que, por cierto, tiene bastantes más ventajas: por un lado no estamos condenados necesariamente a repetirnos, no es obligatorio considerar que nunca habrá una generación humana que odie, mienta o envidie menos que la nuestra o las de nuestros ancestros, ni tampoco es necesario colegir que, indefectiblemente, se producirá una tercera guerra mundial. Que la historia no se repita parece un pensamiento esperanzador. Lentamente, y con mucho sufrimiento, aprendemos.

Fue el genial Beethoven quien dijo: «Soy discípulo del dolor». Y que sea lento y cueste es positivo para los analistas técnicos, porque garantiza que su herramienta sobreviva al conocimiento generalizado del mismo.

Como argumento para desmerecer al análisis técnico, el del conocimiento general es casi tan lamentable como el del autocumplimiento. Dos caras de la misma bobada trascendente. Siéntase por tanto liberado del peso que supondría considerar que la historia se repite, preocúpese por tanto más de hacer viable su cartera que de tener cerca un refugio antinuclear por si las moscas, y tampoco haga demasiado caso a los que plantean que el análisis técnico de ayer no vale porque las máquinas han cambiado el mundo. Terminator aún no está aquí.

Si el hombre se repite, lo que podemos aceptar es que existe una pauta de comportamiento que es propia del ser humano, y que con matices ésta va a perdurar en el tiempo. Eso es lo que va por debajo de las ideas que plantean la economía y las finanzas conductuales.

Tomar esto como premisa no parece descabellado si hacemos un pequeño repaso por las motivaciones que tenemos desde que bajamos de los árboles de la sabana africana porque hacía mucho calor: la satisfacción de nuestras necesidades básicas y un inagotable deseo de trascendencia física y psíquica. Evitar el sufrimiento y buscar el placer podrían explicar la totalidad de nuestra historia y sus personajes.

Tras ello, lógicamente, está nuestro lado menos «racional», ese pedazo de cerebro de mono que llevamos sobre los hombros —que no le engañen con lo del neocórtex, esa palabra es sólo una sofisticación para que su cabeza parezca muy *cool* y usted se sienta bien—, dándose collejas con el límbico y el reptiliano para ver quién toma la delantera en la próxima decisión «racional».

No deberíamos culpar a la historia de lo que es responsabilidad del hombre, ni pensar que vivimos en un mundo racional.

Dado que la evolución del hombre tiene sus tiempos, consolemos nuestra frustración con la idea de que Dios no juega a los dados, le auguro un buen futuro al análisis técnico durante los próximos siglos. Un acercamiento conductual al mercado tiene garantizadas las bases que le llevan a sus conclusiones durante largo tiempo.

El ritmo de la especie es muy distinto al del individuo. El individuo pasa, la pauta, la especie, permanece a su paso sin apenas cambios a lo largo de muchas y muchas generaciones. A usted sólo le quedan los retoques, pero no se consuele porque, como ya le hemos contado, esto es un arte y ese matiz que llamamos actitud genera grandes diferencias.

No le estamos pidiendo que caiga en planteamientos deterministas, no nos parece necesaria tampoco una fundación para preservar la memoria de Fibonacci. Le estamos pidiendo que entienda que cambiar al hombre no es tarea fácil. Tenemos cerca sofisticados intentos de ingeniería social en nuestra historia desde que alguien descubrió que podía hacer buen uso de las religiones —se ha afirmado que el socialismo no es otra cosa que una herejía del cristianismo— como para que nos quede claro.

Sin existir desde luego determinación, convendremos que existen muchos y fuertes condicionantes en nuestra naturaleza que, especialmente como grupo —y el mercado es masa—, nos hacen más previsibles de lo que quizá debiéramos ser. Luego si existe un sesgo hacia ciertos resultados debido a condicionantes fisiológicos y biológicos —entre ellos la razón con su reverso tenebroso—, es de esperar que la secuencia de comportamiento de los seres humanos tenga una fuerte tendencia a la repetición.

Si las emociones y los instintos humanos se mantienen en el

tiempo, casi inmutables ante el transcurrir de generaciones, influyendo decididamente incluso en su racionalidad, es lógico pensar que las reacciones pasadas a ciertos acontecimientos deban ser parecidas a las reacciones futuras si las circunstancias se parecen. Pautas y patrones. Con esta clase de condicionantes es normal que una herramienta básicamente estadística funcione razonablemente bien. Algo que algunos genios pragmáticos de las finanzas como Soros han advertido.

Bernard Baruch, especulador y asesor de la Casa Blanca, otro de esos hombres que construyó su fortuna en los mercados de valores, dijo: «No son los acontecimientos en sí mismos lo que en realidad registra el mercado de valores, sino las reacciones humanas a dichos acontecimientos. El mercado de valores es sobre todo personas. Personas intentando leer el futuro. Y es precisamente esa cualidad humana tan intensa lo que hace del mercado un escenario tan dramático, en el cual los humanos oponen sus juicios conflictivos, sus esperanzas y temores, fuerzas y flaquezas, ansias e ideales».

Acuérdese de ello cuando le digan que nadie se ha hecho rico haciendo uso del análisis técnico, una de esas mentiras que debemos dar por ciertas sólo porque los amantes totalizadores de la razón no soportan otros caminos.

Las reacciones del mercado a las situaciones se pueden clasificar estadísticamente, en diferentes tipos de comportamientos que tienen su reflejo en los gráficos. Un pequeño repaso a la historia nos demostrará lo similares que son en su conducta comparada los mercados de acciones a lo largo de las décadas, o cuán similares son en su comportamiento los distintos tipos de activos que cotizan en un mercado libre y participado públicamente. El patrón sociológico, y si nos permite patológico, del ser humano va a ser parte del futuro del mercado por mucha alta frecuencia que nos echen encima.

Afortunadamente, la historia no se repite. Pero somos lo que somos.

El enemigo interior

«Yo controlo.» ¿Quién no ha escuchado esa frase?

Los inversores que no supieron admitir que estaban invirtiendo/especulando contra la tendencia, quedando durante mucho tiempo atrapados en el valor o activo en cuestión, configuran una gran masa que en el fondo no pinta nada y cuya auténtica relevancia para las propias tendencias es nula. Con el tiempo, en el caso de que los precios vuelvan al nivel donde se quedaron «desafortunadamente» —o no— enganchados, estarán deseosos de cancelar unas posiciones que les han causado un importante desasosiego durante demasiado tiempo. Es la hora de cometer otro grave error y salir, como si el mercado y las tendencias dominantes no hubiesen cambiado. Si ha pasado mucho tiempo, las referencias de corto plazo se batirán con facilidad en el proceso de vuelta al origen. La psicología desempeña un gran papel en las decisiones de inversión: el ser humano tiende a sentir, intuir, actuar. Pensar es un coñazo, y podría uno encontrarse con que toda su conducta no pasa la prueba del algodón.

Hay ocasiones en que nuestra irracionalidad llega a ser de risa. Por ejemplo, *The Economist*, el reputado periódico financiero, ofrecía originalmente dos opciones de suscripción: una «sólo internet» por 56 dólares, y una «internet + impreso» por 125 dólares. La mayoría de la gente elegía la primera opción, aunque la segunda beneficiaba más al rotativo. Entonces los astutos directivos introdujeron una alternativa bastante mala: «sólo impreso» por 125 dólares. Obviamente nadie escogió esta opción, pero sucedió algo más: ahora la mayoría de la gente prefería «internet + impreso» a 125 dólares. Y por arte de magia los ingresos de la publicación prácticamente se duplicaron de la noche a la mañana.

Uno esperaría que los lectores de *The Economist* se contasen en un grupo intelectualmente superior a los de *The Sun* y el resto de la prensa amarilla; que fuesen miembros del club que toma decisiones racionales que maximizan su función de utilidad para orgullo de los economistas neoclásicos. Pero, por desgracia, los seres humanos no somos así: lejos de conocer el valor absoluto de las cosas nos guiamos por comparaciones, optimizaciones locales, y la posibilidad de conseguir algo ¡GRATIS! nos atrae como un cebo de queso a un ratón, con similares consecuencias para nuestro bolsillo.

Nuestras decisiones son imperfectas, basadas en pulsiones innatas, percepciones sobre información limitada, hábitos heredados, recetas que funcionaron en otros contextos, mucha emotividad y una pizca de razón para sazonar el amargo gusto del estofado. El trading no es diferente: la gran presión a la que los movimientos de los mercados someten a nuestra psicología amplifica esos problemas. Conviene hablar de los principales sesgos a los que todo trader debe enfrentarse a fin de evitar, o por lo menos aliviar, su pernicioso efecto. Si llega a reconocerse en ellos consuélese pensando que no se encuentra solo.

El sesgo del acierto

La mayoría de inversores tienen un deseo muy fuerte por ganar en cada operación que realizan, por acertar. «Esta estrategia nunca falla» y «este indicador siempre funciona» son frases que rutinariamente escuchamos en los eventos que organizamos en Ágora Asesores Financieros EAFI hasta el punto de que cuesta mantener la compostura.

La proposición en sí misma ya es absurda: no existe el sistema infalible, todos dependen de contextos específicos y sufren tanto pérdidas aisladas como rachas negativas. Lo más importante es que, efectivamente, se puede ganar dinero con un sistema que pierde 9 de cada 10 veces. No se lo recomendamos, pero basta con que en cada fallo pierda mucho menos de lo que ganamos en una sola vez. De hecho en la industria del capital riesgo eso no es una teoría sino las reglas del juego: una o dos compañías le enriquecen a pesar del fallo miserable de las otras quince.

Sin irse a esos extremos, un buen trader puede sin problemas ganar dinero en menos de la mitad de sus operaciones. Pero por encima de todo, incluso más que ganar dinero, la gente quiere tener razón. Es fácil ver cómo este sesgo emerge de nuestro pasado más ancestral, en el que los errores se pagaban caro: tome usted el sendero erróneo, cómase la planta equivocada o pierda la confianza del líder tribal, y su legado bien puede acabar ahí.

Pero eso resulta de poca ayuda en el mundo moderno, con ecuaciones coste-beneficio bien diferentes. En lugar de obsesionarse con la supuesta infalibilidad de sus entradas, lo que debe interesarle es la esperanza matemática de su sistema. De alguna manera los inversores terminan tan fascinados por las señales de entrada que las perciben como sinónimo de un sistema de trading completo, lo cual es absolutamente erróneo.

El sesgo de la selección

Relacionado con lo anterior, la gente tiene una fuerte tendencia a sobrevalorar aquellos sistemas en los que puede ejercer una selección discrecional. Hagamos un experimento rápido: ¿Prefiere usted una apuesta en la que puede elegir los números? Claramente sí; es por ello por lo que las loterías y quinielas operan a nivel nacional mientras que las rifas se reservan para la verbena mayor del pueblo o la fiesta de fin de curso.

La sensación de control es muy importante. Por eso nos enamoramos de las entradas, porque en ese punto experimentamos una sensación de control sobre el mercado, de beatífica comunión entre nuestras expectativas y la realidad objetiva. Por desgracia, a partir de ese punto el mercado va a hacer lo que le dé la gana, no necesariamente lo que usted espera, y el único control que va a conservar es el de la salida, digna o por piernas.

¿Estamos sugiriendo que los mercados financieros son aleatorios? En absoluto. Ahora bien, la pregunta realmente importante es: ¿Cómo saber si un fenómeno es aleatorio? 132 bien puede ser una secuencia aleatoria. Pero 111 también puede serlo. O 123. O ninguna de ellas. Cuanto más larga es la secuencia más improbable es que un patrón sea aleatorio, aunque también es más posible caer presa de falsas correlaciones. Por ello es muy importante realizar una impecable labor contrastando nuestras hipótesis con la realidad para asegurarnos de que nuestra selección discrecional aporta verdadero valor a nuestro bolsillo más allá de la tranquilidad, temporal e ilusoria, que proporciona a nuestra mente.

Así que permítanos reformular la pregunta original: lo importante es que incluso si los mercados fueran aleatorios podría ganar dinero con una buena gestión de sus posiciones. Claro que si no estuviésemos convencidos de que, a través de la experiencia y el análisis riguroso, es posible hacer una mejor quiniela financiera, nos dedicaríamos a otra profesión. Pero tenga en cuenta que encontrar regularidades consistentes en el mercado no es tarea fácil.

Cabe apuntar que otro aspecto notable de esta tendencia es la reticencia instintiva de muchos inversores al trading algorítmico. ¿En qué dista un sistema creado por usted que elige automáticamente los números a elegirlos manualmente? Si la diferencia es que tal vez usted no los elegiría, se está engañando y no tiene un sistema: ha caído presa del sesgo de la selección y muy probablemente se está haciendo trampas al solitario.

El sesgo de la confirmación

Los habitantes del mundo moderno vivimos en un entorno mucho más pacífico que el de nuestros ancestros, pero indudablemente mucho más complicado. En este mundo complejo e interconectado la información disponible ha crecido de forma exponencial. Con diferentes niveles de gravedad, todos sufrimos una tremenda sobrecarga informativa: prensa, radio, televisión, internet, familia, amigos..., tenemos a nuestro alcance muchos más datos de los que podemos procesar en nuestros cerebros.

Con ello tendemos a ser víctimas de la disonancia cognitiva: nos fijamos selectivamente en los eventos que confirman nuestra visión del mundo, e ignoramos todo lo demás. En finanzas, una vez tenemos un concepto de trading en mente nos dedicamos de forma instantánea a buscar aquellos casos en los que se cumple el concepto y dejamos de reconocer, o incluso de percibir, las situaciones que contradicen nuestra hipótesis.

Sin embargo, son precisamente esas ocasiones, las de refutar o falsear (como diría Karl Popper, el gran filósofo de la ciencia) nuestras teorías, las que nos pueden resultar más útiles. Por desgracia de nuevo lo que queremos es tener razón, de modo que buscaremos optimizar el sistema cada vez que nos falla una cabeza y hombros pensando en que podemos encontrar formas canónicas que nos garantizan el Grial, y nos ponen en ventaja frente al común de los mortales.

Sin duda, la neutralidad informativa es muy difícil para los seres humanos. Por encima de todo resulta muy importante hacer hincapié en unas métricas objetivas de aceptación o refutación, de éxito o fracaso, establecidas *ex ante*, para poder contrastar nuestras ideas previamente a que «tener razón» nos salga demasiado caro.

El sesgo de la comprensión

Los medios de comunicación rápidamente cuentan con una explicación para los eventos financieros del momento. ¿Cae el precio del petróleo? Obvio resultado de conflictos internos en la OPEP. ¿Sube el dólar respecto al euro y el yen? Las mejores condiciones económicas en Estados Unidos frente a Europa y Japón lo justifican. ¿Se desploma el SEC? Un claro voto de castigo de los inversores internacionales frente a la falta de transparencia en los informes del Banco Popular de China.

Siempre hay una explicación. A veces incluso varias, aunque el pudor tienda a imponer un consenso rápido en la opinión pública. Pero cabe preguntarse: ¿Es ésa la verdadera causa detrás de los eventos? Probablemente no, o como mucho sea sólo un hilo de un telar mucho más complejo que se nos escapa. Predecir el pasado es la única ciencia exacta a la que nos podemos dedicar. Cultive un sano escepticismo con las explicaciones *ex post*, sobre todo aquellas cuya simpleza las hace muy seductoras, y sea aún más cuidadoso con la necesidad que tenemos todos los seres humanos por entender.

Estamos de acuerdo en que la comprensión es un noble objetivo que subyace al progreso científico y nos resulta especialmente apetecible porque implica control. *Chapeau* si se consigue. Pero frecuentemente alcanzar ese Nirvana resulta demasiado difícil o excesivamente costoso para ser práctico, y en los mercados financieros debemos conformarnos con el nivel inferior: la presencia de unas relaciones con esperanza matemática positiva que podemos arbitrar para obtener un beneficio económico. No hay más. Abandone su ego. No hace falta tener razón.

Parafraseando a Descartes: incluso si nos lamentamos porque no tenemos ni un duro ya somos mucho más ricos que aquellos que alardean con sus bolsillos llenos de monedas falsas. Al menos, nosotros sabemos que no sabemos nada.

Controlar estos sesgos tan naturales, tan humanos, es una labor muy difícil, un proceso de aprendizaje que, por muy inteligente que usted sea, va a durar toda la vida. Incluso el brillante Nassim Taleb tenía que forzarse a sí mismo para no ser víctima de la superstición y buscar los números de la quiniela financiera en correlaciones espurias con la plaza del parking, el número de mesa del restaurante, o el teléfono del cliente que quiere salir del fondo porque estamos en pérdida máxima. Pero si realmente quiere triunfar en esto, tiene que descender con su sable de luz a la caverna de Dagobah y enfrentarse, tal que Luke Skywalker, con quien siempre será su peor enemigo: usted mismo.

Los mercados adaptativos

Puede ser que los sesgos cognitivos de los que hemos hablado en el capítulo anterior hayan puesto en entredicho su fe ilustrada en la razón humana. Es bastante desesperante caer de nuestros pedestales y ser conscientes de los límites de ese intelecto del que nos sentimos tan orgullosos. ¿Por qué tropezamos una y otra vez en los mismos errores, objetivamente fáciles de discernir con el privilegio de la razón? ¿Por qué somos tan irracionales, tan frecuentemente? ¿Cómo puede ser que estemos tan mal diseñados?

Permítanos, por lo relevante del asunto y sus consecuencias sobre la actividad inversora, que a continuación le hagamos un par de comentarios. El primero de ellos lo puede considerar trivial, pero el segundo es, sin duda, vital para la materia que nos trae.

El apunte trivial: un comportamiento racional no es siempre la mejor estrategia. ¡Pardiez! ¿Y esto, por qué? Porque si usted constantemente toma el camino racionalmente óptimo, eso le convierte en un individuo predecible: los demás intelectos pueden explotar esa ventaja informativa para aprovecharse de usted. Cuando un conejo tiene que huir de un depredador no lo hace en línea recta: esto permitiría anticipar sus movimientos. Y no hay que suponer una excesiva inteligencia en el pobre animalito, sólo pensar que todos los conejos econométricos de la manada, esos que optimizaban la distancia recorrida, fueron presa de su propia estrategia. Así que tal vez la madre naturaleza dejó este poso de irracionalidad para ayudarnos a sobrevivir a esos juegos del gato y el ratón recursivos que tienen lugar dentro de nuestras cabezas.

Y ahora, el apunte vital: la racionalidad sale muy cara. A los economistas les encanta postular en sus modelos costes de información nulos, pero en el mundo real que habitamos los costes de recopilación, depuración y análisis de la información son muy altos, consumen mucho esfuerzo, y aunque eventualmente la razón nos lleve a la respuesta correcta, puede que lo haga demasiado tarde.

No hace falta que pensemos en ninguna decisión compleja, como cuál debe ser la composición de mi cartera, qué estrategia prefiero seguir y cuál debe ser mi horizonte de inversión. Consideremos simplemente el problema que supone vestirse cada mañana. Imaginemos que en nuestro guardarropa casero contamos con 5 chaquetas, 10 pantalones, 10 corbatas, 15 camisas, 15 pares de calcetines, 4 pares de zapatos y 5 cinturones. Algo normal, vamos. ¿Cuántas posibles vestimentas, entendidas como combinaciones de un elemento de cada categoría, tiene usted en casa? Pues más de dos millones.

Asumamos que, en su ansia ilustrada, desea vestirse racionalmente y considerar todas las opciones posibles, y supongamos también que usted es un experto estilista que sólo tarda un segundo en evaluar cada vestimenta (obviamente en un simulador digital, porque de otra forma los tiempos de cambio de ropa y las fricciones derivadas enviarían su proyecto rápidamente al traste). ¿Cuánto tardaría en vestirse? Pues más de 23 días.

¿Cómo puede ser entonces que nos vistamos tan rápido, para llegar a tiempo al trabajo e incluso dejar a los niños en la escuela? Pues porque no usamos la razón, sino que aplicamos lo que se conoce como «heurística»: partimos de combinaciones que nos han funcionado en el pasado, y optimizamos a partir de ellas. El tejano me queda bien con la camisa azul y los zapatos negros de cuero, en cuyo caso mejor tomar también la chaqueta negra.

Es un proceso que usamos tan frecuentemente, de una forma tan natural, que ni siquiera somos conscientes de ello. Nos percibimos más racionales de lo que somos, de lo que debemos ser en un mundo complejo. La heurística no será racional, pero es muy útil porque sin ella nos moriríamos de hambre antes de haber procesado el menú del restaurante.

Algo parecido acontece con una de las creencias más arraigadas en la historia de la ciencia económica, la hipótesis de los mercados eficientes (HME), que, sin duda, todos hemos debido estudiar en algún momento u otro de nuestras carreras. La hipótesis defiende que los precios actuales de los activos financieros reflejan de forma completa todo la información disponible en ese momento sobre el valor de una compañía, y que por tanto no hay ninguna manera posible de conseguir a largo plazo rentabilidades mayores que las del mercado en su conjunto.

La hipótesis fue originariamente enunciada en 1970 por Eugene Fama, un economista de la Universidad de Chicago laureado con el Premio Nobel, que no es poco, y desde el inicio el académico tuvo que encarar el hecho de que, en efecto, había individuos que sí batían al mercado. La diferencia clave, para Fama, está en el término largo plazo: dichos individuos ganan dinero por pura suerte, unos cuantos años, pero eventualmente pierden y se produce una regresión a la media. Claro que vista la consistente trayectoria profesional de inversores como Warren Buffett a través de décadas, cabría preguntarle a Eugene cuán prolongado puede resultar su largo plazo.

Volviendo a la hipótesis en sí, es difícil ver cómo puede explicar eventos como las burbujas financieras y los cracs bursátiles. ¿Cómo es posible que el 19 de octubre de 1987, el famoso Lunes Negro, los mercados de valores de todo el mundo se desplomaran repentinamente? ¿Era eficiente el precio de antes? ¿O el de después, tras unas pocas pero intensas horas? ¿Cómo pudo producirse un cambio tan repentino, habida cuenta que no tuvo lugar ninguna noticia relevante ni un evento catastrófico como podría ser el derrumbe de las Torres Gemelas?

Por el contrario, Andrew Lo, profesor de Isaac de la Peña en el Departamento de Finanzas del MIT, prefiere hablar de «mercados adaptativos». Su trabajo es un intento de reconciliar las teorías de Fama, obligadas a implicar que los mercados son eficientes a ultranza, con los fenómenos descritos por la economía conductual, aplicando fórmulas de la teoría darwiniana de la evolución a las interacciones financieras: incluyendo conceptos de competición, adaptación y selección natural.

Aunque no tenemos oportunidad de entrar en profundidad en todos los aspectos de la teoría, Andrew Lo argumenta de forma bastante certera que aquellos elementos que los conductistas citamos como contraejemplos de la racionalidad económica —la aversión al riesgo, los excesos de confianza, las reacciones desmesuradas, los sesgos de comportamiento de los que hablamos antes— están de hecho en armonía con lo que haría un grupo de individuos que se tiene que adaptar a un entorno cambiante usando simples soluciones heurísticas, donde la prioridad máxima es la supervivencia.

Así que podemos ver la hipótesis de los mercados adaptativos como una nueva versión de los mercados eficientes, pero en esta ocasión derivada de principios evolutivos. Como postula él mismo: «Los precios reflejan la combinación de condiciones ambientales, así como el número y naturaleza de las especies presentes en un mercado».

En esta percepción de un mercado como un medio ambiente,

«especie» se refiere a cada grupo de participantes: los encargados de proporcionar liquidez, los gestores profesionales de fondos, los inversores caseros, los *scalpers*..., cada uno de ellos con un comportamiento similar, que refleja una estrategia común al grupo y diferenciada de las otras especies.

Tenga en cuenta que esto no implica que todos los individuos de una especie se conozcan, o actúen de forma coordinada, no hacen falta teorías conspiratorias. Cuando se reintrodujeron los lobos en el parque de Yellowstone después de setenta años de ausencia, éstos se disgregaron en pequeños grupos sin mayor coordinación, pero su acción combinada, cazando los animales que se alimentaban de la vegetación de las orillas, llegó a cambiar el curso de los ríos de la región. Asimismo, la acción de los agentes financieros, compitiendo por oportunidades limitadas, altera la geografía de los propios mercados haciendo que las fuentes de rentabilidad se agoten, que las heurísticas antiguas conduzcan a resultados inesperados e incluso contraproducentes, y que se sucedan períodos de eficiencia con otros de tremenda irracionalidad. Frecuentemente nuestra labor principal consiste no en determinar un valor intrínseco teórico, sino en vislumbrar qué está sucediendo con la oferta y la demanda entre las diferentes especies que compiten dentro de un mercado, y el análisis técnico es una herramienta muy bien indicada para este trabajo.

Muy bien, ahora ya cuenta con un vehículo intelectual para dejar de envidiar las hermosas teorías de los académicos y centrarse de nuevo en ganar dinero en los mercados. O cuando menos, en no perderlo.

La función del análisis técnico

Con el tiempo, una persona honesta que se dedique a esto de los gráficos tiene un único objetivo: trabajar. En efecto, trabajar, que, le aseguramos, no es poco... Por ejemplo, ahí donde usted ve a Carlos Doblado, con ese aire chulesco que cultiva como la gran coraza que es, nos cuenta que ha tenido que ser vapuleado reiteradamente para no creerse su mundo imaginario.

Él también tuvo veinte años y creyó, tras haberse leído media docena de libros de «ciencia» ficción, que con unos cuantos charts intradiarios y mucho apalancamiento iba a ser un mago de los mercados, ganar una fortuna y tener una calle en su Reus natal donde construir un palacete.

Como tuvo la suerte de comenzar cuando era un niño, pues a los veintiún años era trader por cuenta de terceros en el mercado de futuros sobre bonos del gobierno, tuvo tiempo para brillar y pegársela más bien pronto —en términos vitales— sin que ello le dejara listo para cadena perpetua. Es bueno perder cuando aún tienes poco, aunque a usted le parezca mucho. Con veintiséis años metió una castaña que marcó su vida, como ese primer amor que es lo mejor y lo peor que le pasa a uno. A partir de ese momento Carlos ha disfrutado más de los trazos del camino, largo ya, aunque se haga siempre muy corto, y que desde luego no le ha permitido pasar a la historia.

Aceptado esto, que el análisis técnico es un trabajo y no el Santo Grial, vamos a ver qué podemos hacer para ganarnos la vida con él a través de los usos que pueden hacerse del mismo.

Entendemos que esto de los gráficos se centra, más o menos, en las siguientes tareas: definir la situación de la tendencia en cada marco temporal, intentar predecir cuál será el comportamiento más probable para cada uno de los marcos en que tengamos interés, y definir los niveles clave que alterarían el comportamiento más probable tal y como se ha definido previamente.

Tenemos otra posibilidad, que consiste en montar un negocio que nos sirva para vivir de ello, algo que estaremos muy complacidos en compartir con usted. Es especialmente bienvenido el que intente aportar algo y, sobre todo, mantener ciertos principios éticos cuando el dinero empiece a entrar por la puerta, que no es tan fácil.

Si no encuentra nada más digno de ser recordado en este humilde libro, por favor al menos recuerde estas líneas: la función más importante del análisis técnico es la definición de la situación tendencial.

El primer consejo que hay que darle a un inversor es que se sirva de las tendencias, que invierta siempre a su favor y rara vez contra ellas —nunca si no atesora gran experiencia—. Y si hablamos de renta variable, que es lo que genera más valor a largo plazo, céntrese en aprovechar las inercias que existan durante tendencias alcistas de los índices.

La mayor parte de la gente que se ha dado un revolcón histórico en bolsa ha pasado por alto este consejo —o el de apalancarse muy moderadamente en el más agresivo de los casos, que es en lo que Carlos pecó en su momento—. La lógica de la probabilidad que reside detrás de un estudio técnico del mercado estará a favor de la continuidad de las tendencias, al menos en general y como no podría ser de otra forma. Una tendencia en agotamiento ya no es tal cosa, sino un estertor, y frecuentemente desconocemos este momento cuando estamos viviéndolo.

Es tiempo de vino y rosas... Existen muchas herramientas antitendenciales. Y ésa es, sin duda, la parte más complicada del trabajo al requerir un cambio de mentalidad —siempre difícil por mucha experiencia que se acumule, porque todos tenemos sesgo—. No existen las herramientas definitivas. Y sí, las pautas antitendenciales —como las velas— tienen aún menor fiabilidad y mayor probabilidad de fracaso. Faltaría más. Y eso va a deteriorar su cerebro de mono 10.0.

En serio, olvídese del Grial y de los unicornios.

PARTE II

Empecemos a hablar de gráficos

Como respondiendo al refrán «una imagen vale más que mil palabras», de la misma forma que lo hace una radiografía en el campo de la medicina, el gráfico se convierte en la madre de las herramientas para todos aquellos que piensan que en los precios puede encontrarse la mejor parte de la información disponible para un inversor común.

El gráfico es un mapa donde se expresan tiempo y espacio, tiempo y precio. Pero existen diversas formas de disponerlos con la intención de hacer un análisis. De entrada hay que elegir entre los diferentes «momentos» que vamos a representar, pero pronto nos daremos cuenta de que hay otra cuestión aún más importante que fijar: la escala en que se grafican.

Aunque parezca mentira, los analistas técnicos no parecen haber alcanzado un consenso. Este caso sólo podemos entenderlo bien porque somos unos cretinos o bien porque queremos justificarlo todo *a posteriori*, y para eso cuantos más gráficos mejor.

Lamentablemente, para ganar dinero hay que haber elegido el camino correcto antes de que los hechos se produzcan, el trabajo hay que hacerlo *a priori*, algo que es muy diferente del esfuerzo que debe hacerse para labrarse un futuro académico, promocionar un curso o vender este libro.

Por supuesto en la mayoría de cursos y libros de análisis técnico todo acaba felizmente bien. El chico y la chica superan las adversidades con pasmosa dificultad y acaban disfrutando de las paradisíacas playas de la isla que se han comprado multiplicando por varios miles su cuenta de trading. Si al llegar al final de este libro usted considera que sabe menos que al empezar, si hemos conseguido transmitirle escepticismo además de una cierta coherencia intelectual, el objetivo estará cumplido. Si hay algo más peligroso que un mono con una pistola es el análisis técnico en manos de alguien que carece de experiencia con él.

Vaya por delante que para nosotros no existe lugar al debate: siempre debe utilizar la escala semilogarítmica. Encontraremos a lo largo de los próximos capítulos el momento oportuno para razonarlo de forma sencilla, no requiere más, y también para demostrar que otra cosa no es aceptable porque la escala aritmética puede incumplir en ocasiones uno de los principios del chartismo: la fractalidad.

Los elementos del precio

Sobre el precio puede decirse que no hay normas en su expresión temporal, que puede representarse a lo largo de cualquier período de tiempo «x», pudiendo «x» ir desde el gráfico intradiario, sean 3 minutos por barra, 15 minutos, 60 minutos... o lo que le parezca al trader que se ajusta mejor a sus necesidades, capacidades y posibilidades, hasta el gráfico mensual —una barra por mes de mercado— o anual, por poner unos cuantos ejemplos.

Permítanos que hagamos un inciso para resaltar algo que igual le ha sonado extraño: capacidades y posibilidades. Esto no es ninguna tontería. No todos valemos para operar muy apalancados, ni veinte veces al día, ni todos tenemos tiempo para estar pegados a una pantalla.

Y haría muy mal en tomárselo a broma; hemos visto a mucha gente arruinar su vida por completo por no querer entender esto.

Y cuando decimos por completo no estamos bromeando: perdimos a uno de los amigos más brillantes que hemos tenido —y una de las mejores personas— por no querer respetarlo además de entenderlo.

Volvamos al tema. En cualquier período que tomemos podremos fijar un precio de apertura con el que se inicia éste, uno de cierre con el que finaliza, así como máximo y mínimo... Según los elementos que se utilicen, el gráfico expresará más o menos información y será de más o menos ayuda a más o menos tipos de análisis chartista. Más no es necesariamente mejor, debe quedar claro.

En el siguiente gráfico puede ver los tres tipos de charts con los que va a encontrarse más comúnmente.

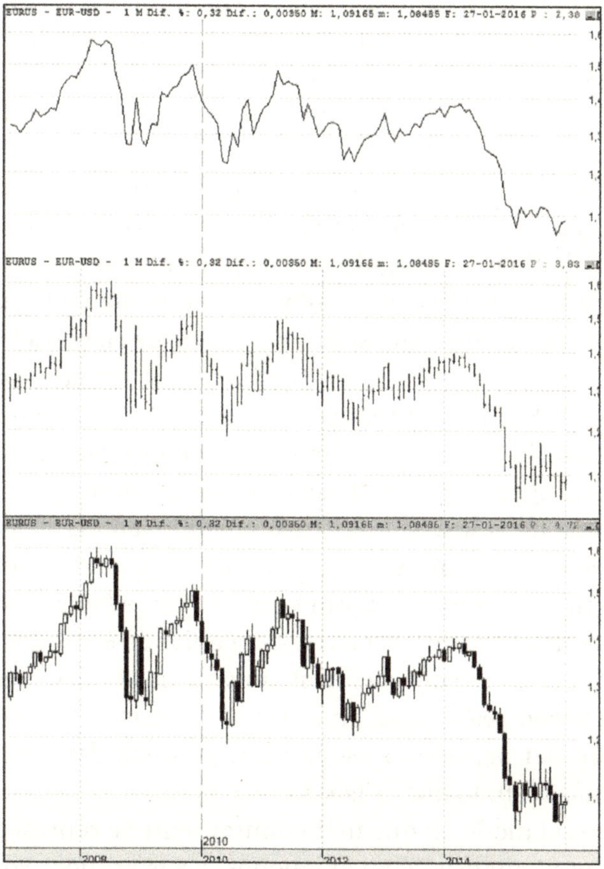

Los tres tipos de gráficos más comunes.
De arriba abajo: gráfico lineal, gráfico de barras y gráfico de velas.

Gráfico lineal: representa la cotización únicamente por la representación del precio de cierre. Exclusivamente. No tiene en cuenta ningún otro elemento del período que abarca para expresar el discurso del precio. Aunque es una forma de reducir cierto tipo de ruido, y es la forma en la que más habitualmente veremos gráficos en la prensa económica —donde la pretensión es meramente descriptiva casi siempre— resulta normalmente insuficiente al ignorar parte de lo sucedido por encima y por debajo del precio de cierre, parte que podemos considerar necesaria como filtro estadístico que reduzca las señales falsas.

Sus carencias se hacen más y más evidentes a medida que el marco temporal del gráfico crece, hasta el punto de que puede resultar muy distorsionador, por ejemplo, en un gráfico mensual. Puede tener sus ventajas en mercados de poca liquidez, pero es que ahí el análisis técnico no debería meter sus manos dadas las premisas de las que debiera partir.

Gráfico de barras: se compone por la unión, en una barra vertical, del máximo y el mínimo marcado por los precios en el intervalo de tiempo escogido para expresar su movimiento. Frecuentemente se representa también con una marca horizontal a la derecha de la barra para señalar el precio de cierre del período. En ocasiones se va más allá y también se expresa el precio de apertura mediante otra marca horizontal —en esta ocasión a la izquierda de la barra horizontal—, si bien este elemento no desempeña ningún papel en el uso de estos gráficos.

Gráfico de velas: se construye uniendo, en una barra vertical, el máximo y el mínimo marcado por los precios en un período de tiempo. Se representarán también, con sendas marcas horizontales, la apertura y el cierre, pero uniendo estos dos últimos elementos de modo que se forma un ente en sí mismo conocido como «cuerpo real»; quedando fuera del mismo el resto de la cotización del período, o «sombras», pero sin dejar de formar parte éstas del todo que es la vela.

Éste es el modo en que más comúnmente se representa a los precios en el análisis técnico japonés, y sus gráficos son denominados *candlestick* o «de velas». Esta técnica añade profundidad al gráfico, permitiendo un estudio más psicológico y, sobre todo, menos centrado en la tendencia que no es objeto de este libro.

No existe una respuesta final sobre cuál de estas formas de disponer el precio es la más adecuada: hablamos de gráficos que son complementarios. De hecho, existe un buen número de formas alternativas más para expresar el precio, desde el arcaico gráfico de «punto y figura» occidental hasta los *kagi* o *renko* orientales.

Con todo, queremos insistir en que más no siempre es mejor.

El volumen es accesorio

En los gráficos que estudian los técnicos los precios suelen venir acompañados por el volumen de negocio. No es nuestro caso, pues en general tendemos a considerarlo un elemento accesorio y asumimos con ello que se nos fusile al amanecer por herejes.

Contra lo establecido, no tenemos constancia de que en realidad el volumen deba acompañar necesariamente a las tendencias, ni estamos condenados a revertir el avance de un mercado porque éste no haga acto de presencia. En ese sentido, el legendario André Kostolany advertía de que un mercado que sube sin volumen es sano porque refleja un mercado controlado por lo que él llamaba «los duros». Ya sabe, las manos fuertes. El aumento del volumen de negocio, según él, iba a resultar un problema.

Y de hecho, los más relevantes incrementos de volumen se dan precisamente en las zonas de agotamiento de los movimientos terminales. Por tanto, un incremento en zonas de soporte o de resistencia críticas puede ser un síntoma de abdicación, de agotamiento del movimiento, contrariamente a lo que sostiene el mantra de que un movimiento sano, sostenible, es aquel en el que los precios se expanden en comunión con él.

En nuestra trayectoria como analistas técnicos es en los momentos extremos, señalando liquidaciones, donde frecuentemente hemos encontrado auténtica ayuda en el uso del volumen de negocio. Y estos «pánicos de negocio» no se producen cada dos por tres precisamente.

Sin duda, los mínimos de 2009 en el Dow Jones Industrial respondieron a ello, y recordamos perfectamente habernos apoyado también en el volumen para dar por finalizado aquello que Carlos denominó «C de Barack», para plantear que era posible que hubiésemos visto un suelo generacional en base a diferentes criterios técnicos pese a la acusada tendencia bajista que padecíamos con origen en los últimos meses de 2007.

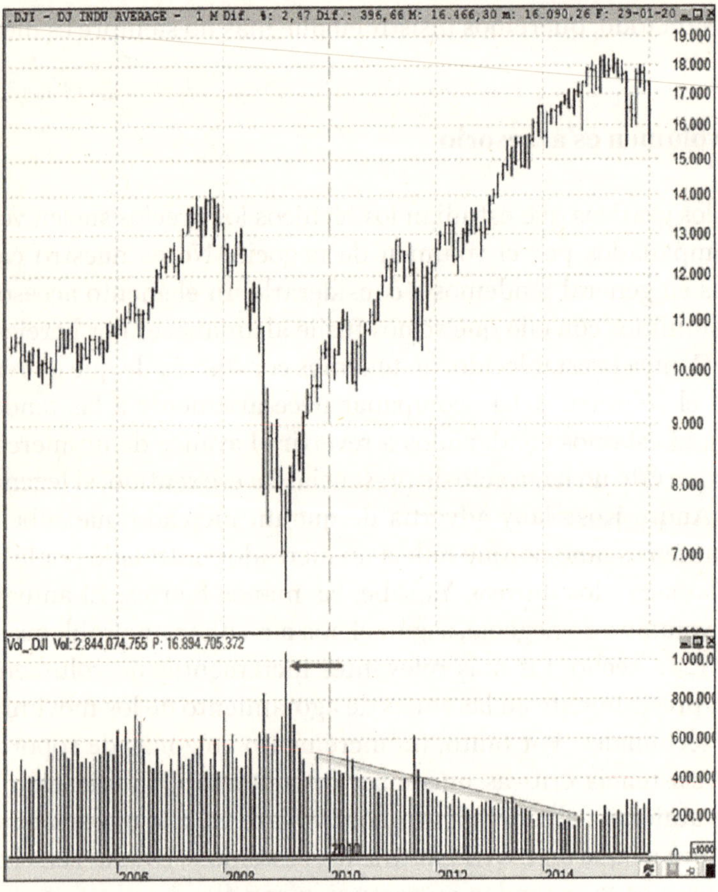

Dow Jones Industrial en el año 2009.
Mínimos en precio y máximos en volumen.

Por volumen entendemos el nivel de intercambios que se negocian en un mercado, índice o activo financiero. Puede usarse el montante en divisa o el número de títulos o contratos intercambiados. Personalmente consideramos más válido el segundo de los elementos porque permite comparar diferentes momentos del ciclo, sin la distorsión que produce el que en un mercado bajista la capitalización desciende y viceversa.

Para la mayoría de analistas técnicos el volumen es un parámetro de medida de la intensidad o agresividad con la que se producen los movimientos de los precios, un elemento de medición de la fiabilidad. Del volumen de negocio pueden desprenderse interesantes lecturas sobre la presión compradora o vendedora, lecturas que pueden ser utilizadas para obtener confirmaciones o generar dudas en torno a la fiabilidad de un movimiento potencial del mercado. Estamos de acuerdo en esto último, aunque sin convertirlo en condición necesaria.

Es conocida la idea de que un movimiento de mercado sano es aquel en que el volumen se incrementa en los impulsos y disminuye en las correcciones, pero en nuestra experiencia debemos decir que esto no es ni mucho menos determinante.

No es necesario poner un nuevo ejemplo, pues puede verse en el gráfico del Dow Jones Industrial como todo el proceso alcista vivido desde los mínimos de 2009 ha carecido de un volumen. Son muchos los analistas técnicos que han sido evidenciados por el mercado al considerar el alza insostenible debido a ello.

Veamos otro ejemplo de uso del volumen de negocio en términos de liquidación con Arcelor-Mittal.

En ambos casos el volumen pudo orientar a los analistas técnicos. Este parámetro proponía un potente argumento comprador. Y si bien en el primer caso el acierto fue notable, en el segundo hay que hablar de estrepitoso fallo en tanto en cuanto los precios de Arcelor siguieron cayendo hasta los 2 euros.

Ciertamente la liquidación final tuvo un negocio aún más extraordinario... Este tipo de comportamiento suele darse en las caídas libres en las fases de agotamiento. Pero también cuando las empresas mueren y, finalmente, desaparecen. Ojo con considerar que ha encontrado la piedra filosofal y que la riqueza llega con un programa de gráficos de la mano de la paciente búsqueda entre los miles de activos cotizados en el mundo, de una caída libre con volumen desbordante.

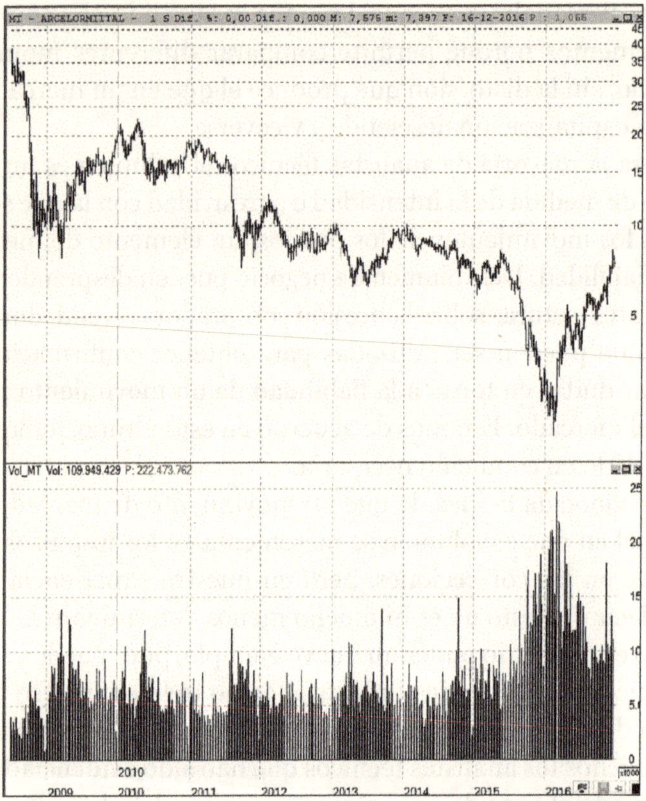

Gráfico de Arcelor-Mittal.
Uso del volumen como argumento comprador: acierto notable.

De hecho, acercarse al mercado en busca de la riqueza en lugar de en busca de la capitalización, la diversificación y el esfuerzo en forma de ahorro a largo plazo, es fuente de la mayor parte de los dramas que en los mercados financieros suceden cada cierto tiempo.

Si esto fuera la infalible clave de algo habríamos publicado este libro desde la imprenta privada de nuestro propio archipiélago.

Suelen creer los chartistas —usamos este verbo deliberadamente, pues es un acto de fe—, especialmente los que jamás se han cuestionado la teoría que subyace a sus pequeñas herramientas, que es determinante el incremento en la negociación que pueda producirse durante los impulsos que forman las ten-

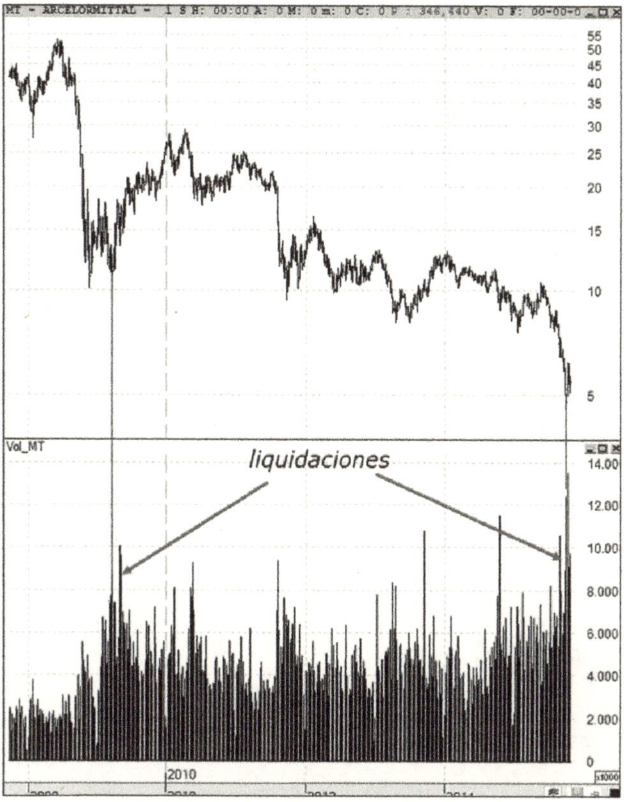

Gráfico de Arcelor-Mittal.
Uso del volumen como argumento comprador: fallo.

dencias alcistas o bajistas, así como el descenso en las fases que los corrigen, de tal forma que lo asocian a la idea de que dichos impulsos tienen características saludables.

En nuestra opinión esto es una ingenuidad. Puede que estas cosas tengan sentido en activos poco líquidos, quizá funcionó mejor en mercados del pasado, menos institucionales, donde la liquidez de los títulos era menor, pero no lo tienen en el movimiento común de los activos hoy en día.

Si usted se centra en trabajar activos que cumplan con esos patrones de volumen que loan los libros de análisis técnico, por lo general insufribles, le deseamos mucha suerte. Creemos que va a necesitarla.

Un ejemplo más para ilustrarlo: Apple.

Puede verse el alza superior al 1.000 por ciento que presentan los precios de la tecnológica con un continuo descenso del volumen de negocio en gráfico mensual.

Vaya usted diciendo no a lo que no lleva un volumen creciente...

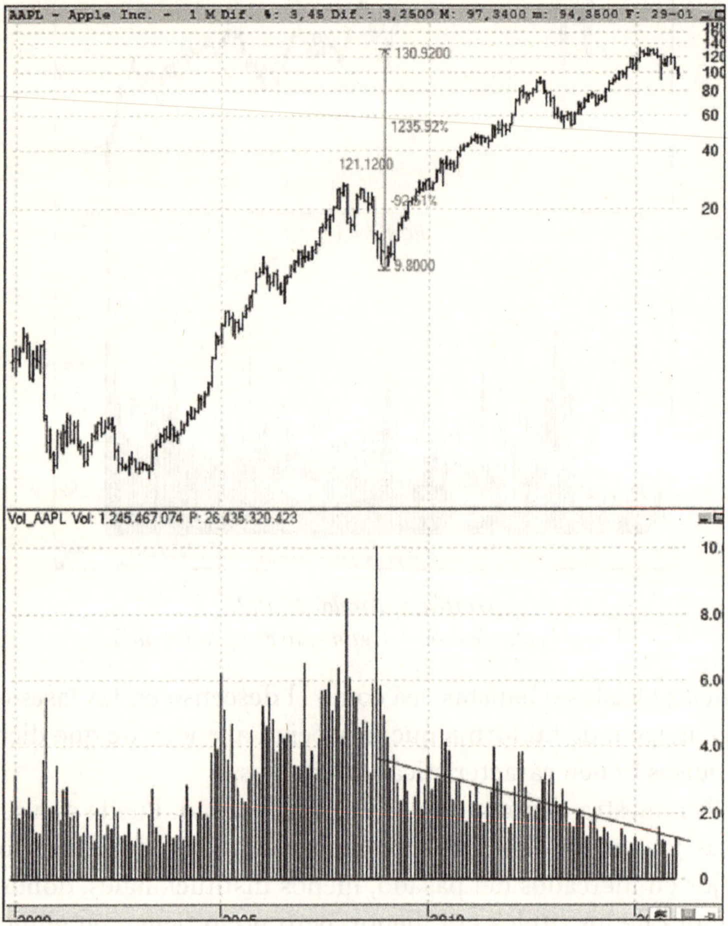

Gráfico de Apple.
Volumen creciente con subidas continuadas en título con mucha liquidez.

Los gráficos ajustados

¿Cuál es el valor de unas tapas con los amigos? ¿De una hermosa puesta de sol? ¿Del amor de su vida? En efecto, no tienen precio. No hay una manera objetiva de medir su valor, ni debería haberlo. Como nos advierte Oscar Wilde, el cínico es aquel que conoce el precio de todo, pero el valor de nada.

El valor de una empresa también es sorprendentemente difícil de medir. ¿Nos ceñimos al patrimonio efectivo, una vez satisfechas las deudas? ¿Añadimos la cuenta de resultados y, en tal caso, por cuántos años? ¿Siendo ésos meros reflejos del pasado, factorizamos su capacidad de crecimiento? Todo eso y mucho más: expectativas, sensaciones, rumores, euforia y miedo hierven colectivamente en el caldero mágico de los mercados financieros para producir, finalmente, un precio.

Pero al menos convendremos que, una vez obtenido, ese precio es una referencia de valor a futuro indiscutible. ¿Verdad? Pues se equivoca.

Para establecer los que consideramos los mejores fundamentos posibles para un buen análisis técnico es necesario resolver claramente dos cuestiones que enfrentan a los chartistas:

- La necesidad de ajustar los gráficos por dividendo y ampliación en la renta variable, y por cupones o rendimientos en la renta fija.
- La necesidad de hacer uso siempre de gráficos semilogarítmicos.

Tras casi cien años de chartismo, aún tenemos una mayoría de gráficos que, pudiendo ser útiles, no son los más útiles que podrían ser. Y eso no parece lo mejor cuando hablamos de dinero.

Conviene tener claro que el análisis técnico es una disciplina que se dedica al estudio del mercado desde su propia acción. Este acercamiento conductual fue un giro copernicano en la forma convencional de acercarse al mismo: los charts pretenden medir la relación de las fuerzas que concurren en el mercado, y que no son otras que la oferta y la demanda. Lógicamente, esto se hace de un modo u otro con el propósito de predecir; pero también con el afán de reaccionar ante los acontecimientos inesperados y adaptar una estrategia patrimonial a nuestra percepción de la realidad.

El análisis técnico, por tanto, pretende acercarse —insistamos en la palabra «acercarse»— a lo que piensa el mercado sobre un activo o sobre sí mismo. ¿Y cuál es la cuestión central a través de la cual se articula todo ello? El manejo de expectativas.

Nos parece esencial quedarse con este par de palabras: «acercamiento» y, sobre todo, «expectativas». Centrémonos en este capítulo en la cuestión de los ajustes por dividendo y ampliación.

Ningún inversor racional pagará lo mismo que el día anterior por una compañía que ha tenido una salida de caja, ni por una que repartirá su beneficio entre más acciones a partir de mañana. El valor de la compañía ha disminuido en el primer caso y el beneficio por acción de la misma se ha diluido en el segundo.

Por tanto, cada vez que una compañía cotizada conceda a sus accionistas un dividendo o realice una ampliación los precios de la misma se adaptarán en el mercado de forma inmediata de la mano de un hueco bajista desplegado en la apertura en el día en que estas cuestiones se lleven a cabo. Ni antes, ni después.

¿Por qué un gráfico ajustado por dividendo y ampliación es más poderoso que uno que no se ajuste en el siempre frustrante intento de acercarnos a las expectativas? Pues porque una ampliación y la entrega de un dividendo son meros hechos contables aunque afecten a los gráficos. Pero ¿ha alterado lo sucedido las expectativas que los inversores tienen de esas compañías? La respuesta es NO. ¿Deben entonces los gráficos verse alterados por estos acontecimientos? A juicio de algunos chartistas la respuesta es NO. Y así nos parece que debe convenirse si lo que queremos es acercarnos a las expectativas.

Arguyen los que no entienden qué tenemos entre las manos que lo que procede es hacer lo que la mayoría hace. Esto es ridículo desde todo punto de vista y sin necesidad de acudir a la teoría de opinión contraria que seguro que reivindican con la misma irracionalidad. Plantear que lo que hace la mayoría es superior es asignarle al análisis técnico más influencia de la que tiene, cuando no considerar que se autocumple.

Si el análisis técnico se autocumpliera nunca se rompería una resistencia, pues todos estaríamos a la espera de que así sucediera antes de operar. Lo cierto es que la inmensa mayoría del dinero prescinde del análisis técnico, y que éste es sólo un modo más o menos eficaz de acercarse al dinero para aquellos que no tenemos que participar de la acumulación/distribución dado nuestro tamaño. El desarrollo de un patrón no tiene nada que ver con el patrón en cuestión, sino con las fuerzas que lo generaron y confirmaron, que evidentemente no desaparecen tras ello, sino todo lo contrario.

La necesidad de ajustar los charts es algo que, curiosamente, parece entenderse estupendamente con un split. Si no hiciéramos un ajuste, el chart tendría un fuerte hueco cada vez que se produce uno. Pero nunca se producen porque los ajustamos. Nadie lo discute. Y ajustamos porque cuando se produce un split no se ha alterado en nada lo que el mercado piensa de los valores o de los índices en los que se producen.

Ampliaciones, splits y dividendos son cuestiones perfectamente conocidas mucho antes de que se produzcan. No es lo mismo dejar un hueco porque se suspende el dividendo o porque se multiplica por tres —circunstancias que alteran las expectativas— que desplegarlo porque se hagan realidad esas cuestiones.

Lo primero genera un hueco derivado de una acción del mercado ligada a las expectativas. Y por supuesto no debe ajustarse. Lo segundo es un mero hecho contable, y no altera las expectativas. Por tanto deberemos corregirlo si lo que queremos es acercarnos a éstas.

¿Aceptando los splits, pero reticente con los dividendos? No se preocupe, no es usted el primero ni será el último. Detengámonos por tanto un momento para clarificar este punto.

En el caso de que el dividendo sea en acciones ya que no ha variado el valor de la compañía lo que en realidad ha acontecido es una dilución del capital: los efectos prácticos son los de un split que arriba.

Por contra, si el dividendo es en dinero se produce una salida de valor, y una (pequeña) caída del precio de mercado por la misma cantidad. Entonces ¿todo está bien? No, porque ese dinero ha ido a su bolsillo, y como tal forma parte la rentabilidad que se deriva de su posición en dicho activo. Si no lo tiene en cuenta está subestimando su retorno e introduciendo arbitrariedad.

En tales casos la convención es trabajar con una política de dividendo reinvertido: suponer que en el momento en que usted recibe el dividendo usted lo aprovecha para aumentar la posición en el activo por el mismo valor. Es la opción más racional: aparte de lo complicado e inútil que resultaría contabilizar todos los dividendos por separado, si usted prefiere liquidez a acciones... lo puede conseguir en cualquier momento vendiendo todo o parte de su posición, no tiene por qué esperar a un dividendo.

Si no ajustamos los charts, tendremos en éstos muchas de las cuestiones que pretendemos que reflejan, ciertamente, pero también otras que son meros hechos contables. ¿Puede tener eso sentido racionalmente hablando? Parece claro que la respuesta es NO salvo en caso de que apostemos por la manipulación, el cuidador, el autocumplimiento o el fantasma de la ópera.

Un inversor que merezca la pena ser considerado en el maremágnum de órdenes que es el mercado puede tomar una posición en un título porque éste paga un buen dividendo, por supuesto, pero ni uno solo que merezca ese calificativo tomará posiciones el día antes de que se abone un cupón con el único fin de cobrarlo al día siguiente, pues lo único que conseguirá con ello es pagar impuestos con alegría y ver cómo en su cartera reaparece una parte de lo invertido el día antes en forma de liquidez.

Sin embargo, en uno de esos sesgos ridículos de la mente humana, es frecuente ver al inversor minorista haciendo ese tipo de, si se nos permite el calificativo, estupideces.

Gráficos ajustados de acciones

¿Qué es un gráfico ajustado por dividendo y ampliación? Este tipo de gráfico ajusta el pasado, detrae de la serie histórica todo aquello que ha salido de la caja de la compañía en forma de dividendo y el efecto dilutivo de toda ampliación.

Como hemos comentado, no es ni más ni menos que lo que se hace con un split. Parece que la gente entiende bien que no tiene sentido que un valor abra con un hueco del 50 por ciento sólo porque se ha considerado que es bueno dar al inversor dos acciones por cada una que se poseía. Sería ridículo usar un chart con un boquete del 50 por ciento. ¿Se imagina dónde se va el RSI en caso de que un título baje un 50 por ciento? En términos de tendencia, se rompería todo... ¿Tiene algún sentido que esto suceda? Ninguno. Y por eso se corrige y todos lo entendemos cuando a los splits se refiere incluso sin pensar en las expectativas. Es tan aberrante que no genera debate.

Pero en el matiz... Y claro, de poquito en poquito se genera una distorsión que acaba siendo abismal en el largo plazo como puede verse en el siguiente ejemplo de la francesa Bouygues.

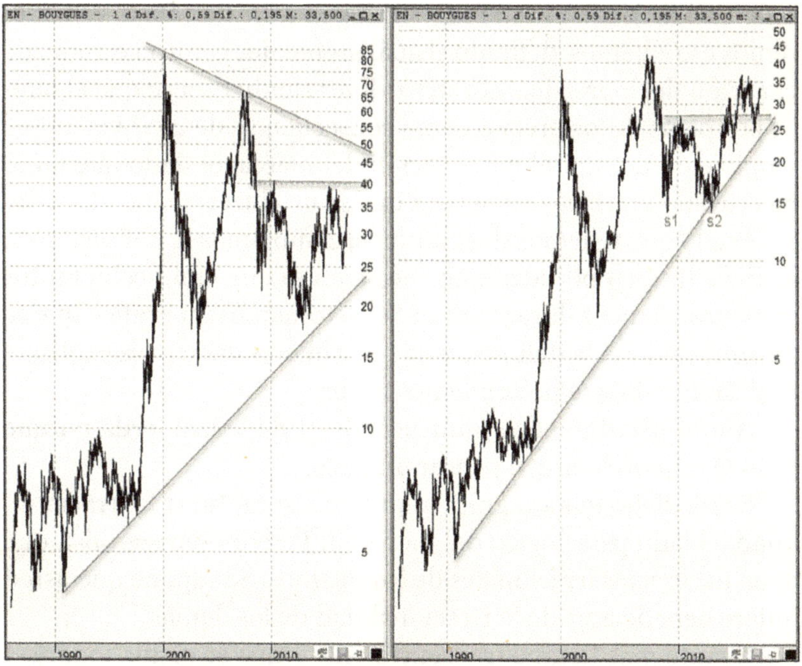

Cotización de Bouygues desde 1987 hasta 2016.
Izquierda: gráfico sin ajustar. Derecha: gráfico ajustado.

A la izquierda un gráfico sin ajustes. A la derecha uno ajustado. ¿Qué sucede con la línea de tendencia alcista principal? ¿Dónde está la directriz bajista principal? ¿Y el patrón en doble suelo (s1s2) que tenemos en el segundo caso? Más allá de estas tonterías, podríamos haber elegido un chart en el que la casualidad favoreciese al gráfico sin ajuste, lo cierto es que en uno de los gráficos usted tiene un valor que está a más de un ciento por ciento del máximo histórico de 2000, y al otro tiene a la compañía en las inmediaciones de los mismos.

Lo sentimos, pero una compañía no puede tener doble personalidad. Es evidente que se transmiten sensaciones diferentes sobre la realidad de la compañía y su situación en relación no sólo con la tendencia de fondo, sino incluso con la fuerza de corto plazo de un título que, sin ajustar, sería considerablemente bajista en tendencia de medio/largo plazo mientras no se superen los 40 euros.

Sin embargo, sigue habiendo analistas técnicos que pese a todo esto no tienen bastante y se niegan a ajustar. Bien, consideremos esto: hemos definido el análisis técnico como el estudio de la acción del mercado, ¿correcto? Pues siento decirle que el hueco por parte de los precios como consecuencia de un dividendo o ampliación de capital no es acción del mercado: dado que no se ha cruzado una sola orden para que se produzca, no puede serlo.

Por lo que tenemos dos caminos, cambiamos la definición de análisis técnico por algo que encaje en lo que han hecho tantos analistas técnicos durante décadas, o tomamos un gráfico que se acerque mejor a la definición que nos hemos dado para explicarle al mundo lo que pretendemos hacer.

Ahora usted puede seguir usando el de la izquierda porque todo el mundo lo usa, o pensar un poco.

Se ha dicho que los gráficos pretenden capturar la irracionalidad, el lado psicológico del mercado. Pero eso no significa que deba hacer usos irracionales de los mismos. Se supone que usted quiere beneficiarse de la irracionalidad de los demás.

Cuanto más tiempo transcurra, más y más se distorsionará el gráfico por el efecto de un mero hecho contable que en nada altera las expectativas. Y, sin embargo, los gráficos no se ajustan en demasiadas ocasiones. En España, no lo hace ni uno solo de los programas que sirven las instituciones financieras a sus clientes.

Tenemos, no obstante, la inmensa suerte de contar con una aplicación gratuita al final del día como Visual Chart que tiene una opción para realizarlo con todas las series que sirve. En los valores españoles lo hace por defecto, lo que ya es una declaración de intenciones. Si toma un terminal Reuters, Factset o Bloomberg, esos que utilizamos los profesionales del dinero a lo largo y ancho del planeta, no va a ser así. En Bloomberg y Factset puede realizar el ajuste e incluso configurar su pantalla para que así se desplieguen por defecto los gráficos. Pero si usa un terminal Reuters, ojo al dato, ni siquiera tendrá esa opción. Para hacérselo mirar, considerando que la compañía gastó un montón de dinero en tener la herramienta más famosa de su tiempo: Metastock.

Hoy, con todo, y sobre todo gracias a Visual Chart, en España tenemos a la mayoría de inversores usando gráficos ajustados en lo que a las compañías se refiere. Pero... ¿qué sucede con los índices con los que se componen esas compañías? Pues que prácticamente nadie los ajusta.

Gráficos ajustados de índices

¿Tiene sentido ajustar las partes, pero no hacerlo con el todo?

Ninguno salvo si volvemos a apostar por el cuidador, la manipulación, el autocumplimiento o la magia chamánica. Sí, amigo, son tan buenos los malvados que nos dejaron los gráficos para que pudiéramos ver cómo hacen y deshacen a su antojo. Modo ironía off.

Estamos hablando por tanto de usar igualmente índices *total return* (también llamados *net return*). Este tipo de índices genera pavor a la industria financiera, pues ésta vincula muchos productos a referencias de contado que se dejan año tras año todo el dividendo que sí se recoge en los valores liquidativos de aquellos fondos cuya misión es batir índices, o de los productos estructurados a los que, por ejemplo, se vinculan. Esto último pasa también con los valores. Es mucho más fácil disfrutar de una bonita manzana si a su lado alguien se está comiendo una pequeña castaña.

El gráfico *total return* levantaría una polvareda impresionante en un lugar donde confluyeran mentes críticas. Y no, tampoco es algo que suceda con el análisis técnico.

Pero combatir a la industria no es nuestra misión como estrategas que utilizan análisis técnico para tomar decisiones de inversión. Lo nuestro es clarificar la aparente superioridad de unas herramientas respecto a otras.

Un gráfico *total return* es algo muy parecido a un chart ajustado por dividendo y ampliación, pero a diferencia de éste no elimina del pasado la caja que se va externalizando mediante dividendos ni el efecto de las diluciones, sino que considera reinvertidos sus efectos.

Esto está distorsionando en favor de los alcistas al mercado, es verdad, pero no olvide nunca que en caso de duda la apuesta debe ser compradora porque el mercado —como ente que se capitaliza— aumenta a largo plazo inevitablemente. Es algo a lo que volveremos más adelante cuando hablemos en profundidad del marco temporal.

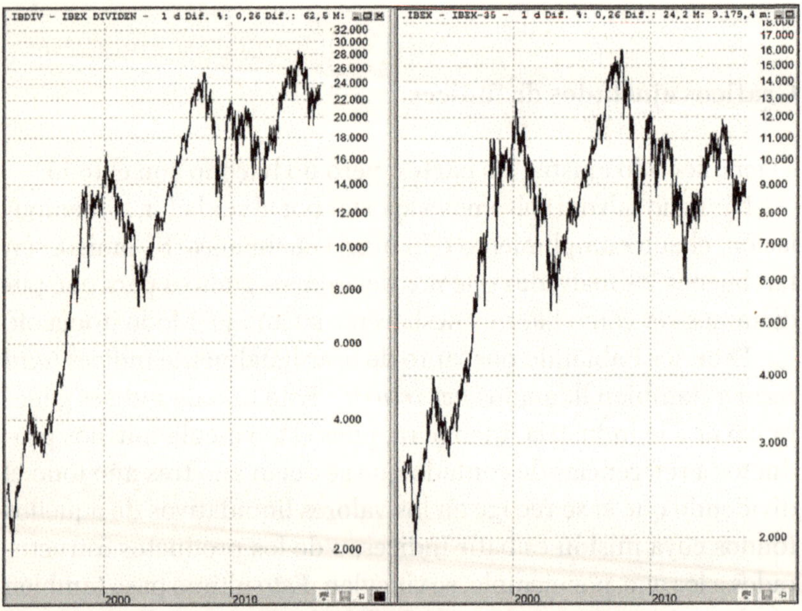

Cotización del IBEX-35 desde 1992 hasta 2016.
Izquierda: gráfico ajustado. Derecha: gráfico sin ajustar.

Además, sabemos por cosas como los *scrip dividends*, en que se da a elegir a los accionistas entre títulos o dinero, que la gran mayoría prefiere títulos. El chart *total return* no es la realidad, sino sólo una mejor aproximación a la tarea: el análisis de las expectativas.

No puede haber dos gráficos igual de buenos para una misma realidad. Una forma de acercarse debe necesariamente ser superior a la otra. Por cierto, ¿sabía que el DAX 30 Performance que todos trabajamos es un índice *total return*? Vaya, estaba usted usando un TR sin saberlo..., y comparando por tanto cosas poco comparables como puede entender por la enorme diferencia que existe en el IBEX-35 si consideramos la versión habitual o la que le proponemos.

Puede ver que la distorsión entre la versión de la izquierda (*total return*) y la de la derecha, de contado (*price return*), recuerda en todo lo que antes le explicamos sobre títulos tomando como referencia a Bouygues.

¿Por qué nos resistimos a dejar de usar charts *price return* en favor de charts *total return*? Somos animales de costumbres, y a cierto nivel uno puede considerar que dando ese paso mostrará que no sabía lo que hacía. Y no es así. Hacer las cosas mejor no significa que vengamos haciéndolas necesariamente mal. Que ayer hicieses las cosas peor que hoy no significa que fueras malo. Significa que has avanzado. Y ésa es la tarea. Si le sirve de consuelo, nosotros pasamos la misma vergüenza hace años.

Pero lo peor es tratar con alguien que no quiere cambiar y, para seguir en sus trece, afirma que no sirve de mucho lo que hacemos cuando ajustamos porque los índices de hoy no son los de ayer, que entran y salen títulos y eso nos pone ante dos realidades distintas. Sin duda. Pero es que nadie en su sano juicio pretende estar frente a la realidad cuando observa un chart. Todo lo que está en nuestras manos es decidir cuán lejos —decimos lejos y no cerca bien a propósito— nos ponemos de ella. Y no, no es éste uno de esos casos donde la distancia le da perspectiva.

Encontramos también quien nos dice que prefiere usar los dos tipos de charts. Sinceramente, no podemos compartir este punto de vista porque eso supone considerar que es mejor tener varias versiones de la realidad cuando ésta sólo puede ser una, cuando sólo cabe una decisión: compras, vendes o mantienes, y ambos charts propondrán distintas decisiones.

Considerarlo todo sirve para justificar lo sucedido *a posteriori*, pero no para estar más cerca de la realidad *a priori*, que es de lo que se trata.

Luego están los emocionados conversos que, pese a ello, rápidamente muestran el deseo de mantener su plantilla sin cambios, esos que dirán aquello de: ¿Puedo usar los charts *total return* para el largo plazo y seguir con los otros sin ajustar para el corto plazo dado que hay muy poca diferencia entre ellos a ese nivel temporal? Pasa lo mismo con las escalas.

Querido amigo, usted puede hacer lo que le venga en gana, pero es más trabajoso estar cambiando de gráfico cada vez que se quiere ampliar la cobertura temporal del mismo que utilizar por defecto algo que vale siempre. El gráfico ajustado siempre está, al menos, tan cerca de la realidad como lo pueda estar el gráfico sin ajuste. Somos así de obstinados y resistentes a cambiar nuestras apreciadas costumbres.

Soportes y resistencias

El de soporte y resistencia es un concepto de sobra conocido por el mercado y los operadores. Soporte y resistencia son los parámetros que vienen a corresponderse con lugares de afluencia del dinero y el papel, de la oferta y la demanda, respectivamente. El mercado gira a su alrededor.

Los soportes

Definiríamos soporte como un nivel de mercado en el que se ha producido o podría producirse un claro afloramiento de dinero, tal que los precios se mantienen por encima de dicho nivel. Los hay estáticos y muy evidentes, niveles horizontales, pero también pueden ofrecer apoyo proyecciones perpendiculares de líneas de tendencia que unen mínimos crecientes o máximos decrecientes relevantes para el discurso de los precios, así como la canalización de los mismos.

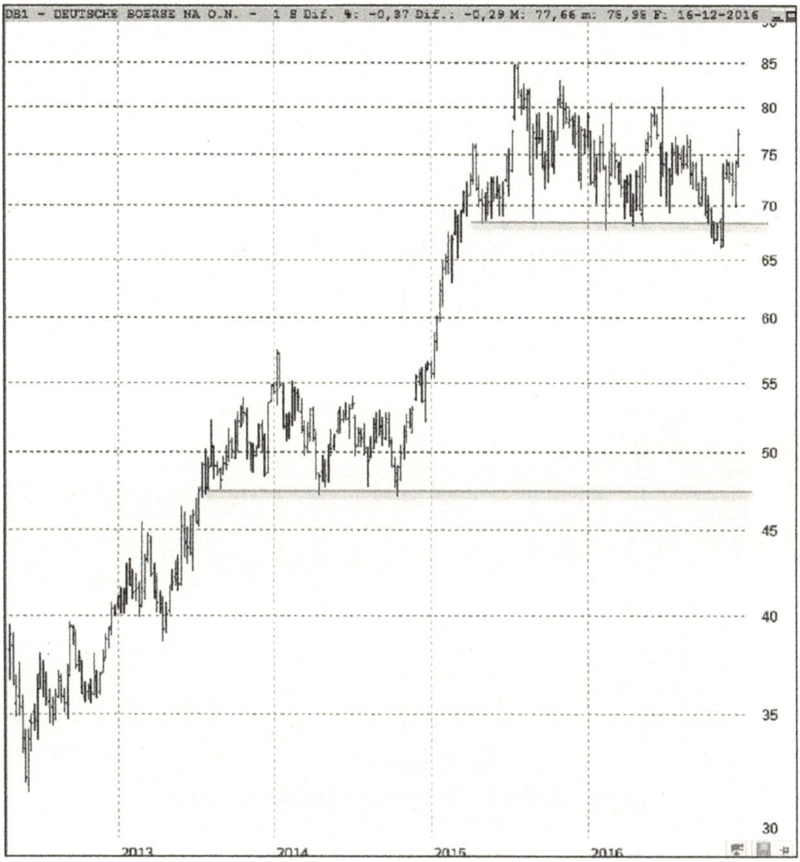

Gráfico de Deutsche Boerse.
Soportes muy visibles en niveles horizontales.

Muy notables soportes los mostrados por la compañía germana. Sentimos desilusionarle rápidamente, pero va a tenerlo complicado para encontrar tanta claridad en el común de los gráficos.

Lo sentimos. Por si no le parece suficientemente descorazonador, dese cuenta de que en el segundo caso bastó con la ruptu-

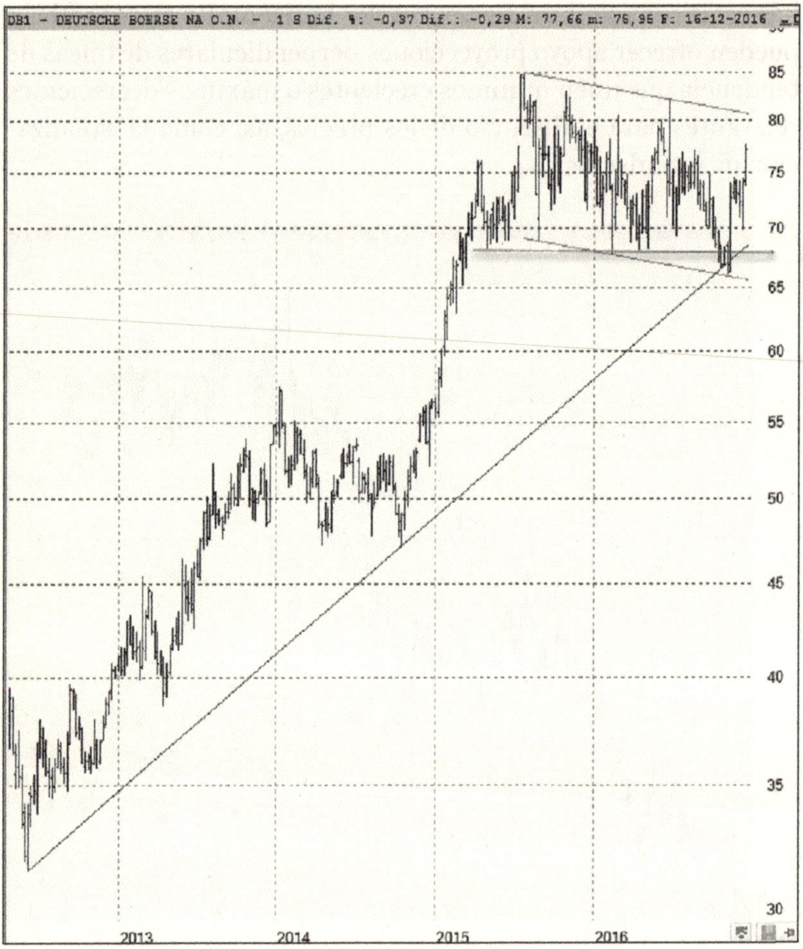

Gráfico de Deutsche Boerse.
Soportes de directrices alcista y bajista inclinadas.

ra del soporte para que pasase todo lo contrario de lo que cabía esperar. Al fin y al cabo la ruptura de soportes debe considerarse un acontecimiento potencialmente bajista. Como hemos introducido desde el principio, éste no es un libro sobre gráficos que funcionaron bien.

Afortunadamente, los técnicos nos dimos cuenta de que con las directrices y con los canales podemos ampliar la zona de soporte a toda un área. Lo hicimos así mucho menos matemático, ligeramente más complejo, pero algo más fiable.

Gráfico del crude oil.
Zona de soporte en canal bajista.

Aquí tiene un ejemplo de proyección de un área de soporte teórico de la mano de dos referencias con pendiente negativa que confluyen para proponer un punto de inflexión potencial en el que lo que suceda desde un punto de vista de la acción del precio tiene mayor relevancia que en otras zonas de un gráfico (dicho de otro modo, se hace más probable que eventualmente se produzca un patrón de suelo).

La confluencia de diferentes elementos dinámicos suele ofrecer zonas que con elevada probabilidad ofrecerán apoyo a los precios en un proceso descendente; al menos de forma temporal.

Existen también técnicas que permiten especular sobre la generación de niveles teóricos de apoyo: suponemos que los retrocesos que plantean las teorías de Dow y de Elliott (Fibonacci) en relación con las tendencias previas, los puntos de pivotaje, así como la parte central de los grandes cuerpos reales blancos de las velas, son referencias todas ellas que ofrecen soporte natural. Hemos creado multitud de técnicas para, si nos lo permite, «buscarlos».

Y qué bien funcionan todas de maravilla a toro pasado y en los libros. Como van a funcionar en este libro, que de eso nos vamos a encargar nosotros... ¿Lo dudaba? Recuerde, por favor, que lee usted el manual de un grupo de herejes, pero mantenga su mente siempre escéptica frente a todo lo que le cuente. Algunas de las aproximaciones técnicas al mercado han conseguido ponerse a la altura científica del psicoanálisis y lo cuadran absolutamente todo. *A posteriori*, por supuesto. Y sí, es verdad, lo nuestro es hacer amigos.

Intelectualmente, diría que podemos aceptar que los soportes sugieren la existencia de un claro interés en el mercado, por

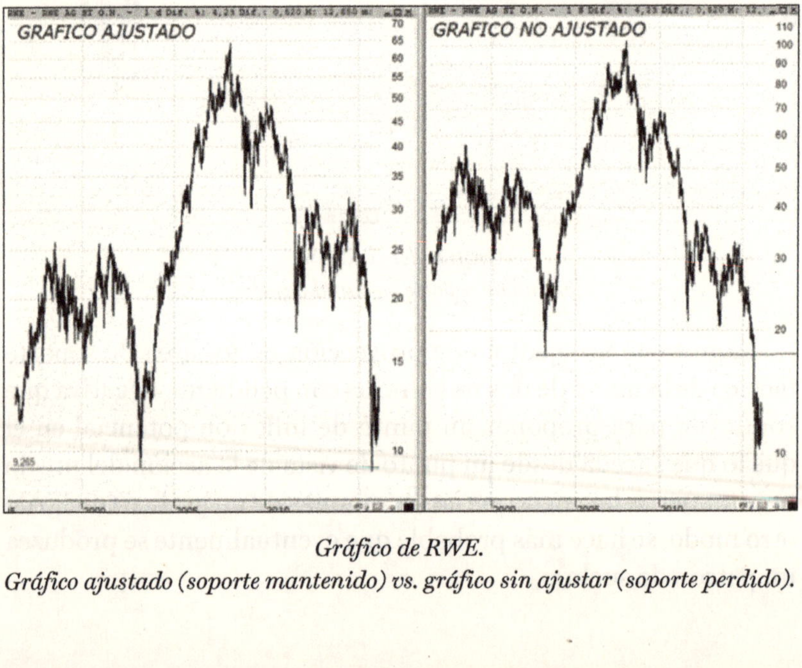

Gráfico de RWE.
Gráfico ajustado (soporte mantenido) vs. gráfico sin ajustar (soporte perdido).

parte de la demanda, en la adquisición de un activo financiero a un determinado nivel o zona de precios, lo que conlleva que se produzca un mantenimiento de dicho nivel o zona de precios al menos temporalmente.

No sin todo tipo de penurias muchas veces. Este interés puede ser tal que si el aumento del dinero que acude al soporte es suficiente se producirá, finalmente, un punto de inflexión de tal forma que se retomará la tendencia alcista previa —esto tiene que ver con los patrones de continuidad alcista— o se producirá un giro en la tendencia bajista en curso —patrones de vuelta (a) alcista.

Sin embargo, si la demanda que acude a dicho nivel en forma de dinero, pasado el tiempo, es insuficiente para absorber la oferta, el soporte será vencido y bien continuará la tendencia vendedora que estaba siendo corregida —esto tiene que ver con las formaciones de continuidad bajista—, bien empezará una pauta de cambio de tendencia (a) bajista.

En el entorno de los soportes se podrá considerar, como hipótesis de trabajo, que una tendencia alcista en fase de corrección puede encontrar apoyo e incluso punto de inflexión, o una bajista freno temporal o suelo; algo que sólo vamos a saber —y aquí es donde la historia se ha fastidiado por completo— *a posteriori*. Ya tardábamos... ¡Con lo claro que se ve en los libros! Por supuesto, para eso el que los vende ha elegido un ejemplo entre miles de gráficos posibles... ¿Cree usted que le van a poner uno que no sea exquisito? Ya sabe, el mundo de los traders, somos gente sin tiempo...

Aquí tiene otro ejemplo, sobre la alemana RWE. A un lado la tiene en caída libre y al otro manteniéndose a la perfección sobre su último nivel de apoyo horizontal. ¡La misma compañía con dos soportes para definir una tendencia principal completamente diferente!

Afortunadamente, ya hemos reflexionado sobre la necesidad de ajustar gráficos explicando que, aunque uno está siempre lejos de la realidad, esta cosa que tenemos sobre los hombros parece sugerir que uno está menos lejos que el otro por dejarse influir por cuestiones contables cuando su trabajo es centrarse en valorar el estado de las expectativas expresadas por el comportamiento de los inversores: por sus frutos los conoceréis.

Si entendemos que el gráfico nos acerca a aquello que el mercado piensa de un activo, a su «realidad», no podemos dejar de darnos cuenta de que el hecho de que RWE sea ella y sus circunstancias no significa que sea o pueda ser dos cosas a la vez. No querido amigo, las empresas no pueden tener doble personalidad. Esa patología se circunscribe estrictamente a los que trabajan en ellas y, sobre todo, a los que intentamos mantenerlas en pie. Aceptando que siempre estaremos lejos de la realidad a la que aspiramos conocer, aceptando que nos consolamos con ver las sombras de una realidad que se refleja a la luz de una hoguera. Y no porque estemos encadenados a una caverna, sino porque nuestras herramientas para comprender la realidad no pueden abarcar la complejidad de la misma. No puede haber dos representaciones igual de buenas de la realidad si la imagen que obtenemos es distinta.

Las conclusiones, usando las mismas herramientas y ninguna otra, no pueden ser diferentes ni nosotros considerar eso como parte del juego porque con más gráficos tenemos más argumentos para invocar al oráculo que es nuestra experiencia en comunión con las musas que iluminan nuestro arte. Y menos cuatro, como sucederá con los niveles proyectados por soportes descendentes y resistencias ascendentes, como sucederá si aceptamos una representación en escala semilogarítmica y otra en escala aritmética. Pero esto último debe esperar unos capítulos, nos queda mucho terreno por cubrir.

Así pues, tenemos un gráfico donde 9,25 es un soporte y otro en el que no existen soportes. Un día alguien nos dijo frente a un dilema parecido: pues en ese caso me quedo con el que ofrece soporte en 9,25... ¡Que al menos tengo un soporte! Pues claro, cómo no se me había ocurrido. Sí, se lo reconocemos, en ocasiones hemos sentido muchas ganas de retirarnos a nuestros aposentos y no volver a salir jamás. Incluso a veces lo hemos dejado caer. Los chicos de Ágora somos unos pecadores infumables.

Lamentablemente, para el que quiere operar eso no le va a servir en el campo de batalla. Usted debe elegir *ex ante*. Y que usted esté intentando capturar la irracionalidad del mercado no quiere decir que se tenga que comportar irracionalmente, querido amigo. Nada por aquí, nada por allá... ¿Dónde está la bolita?

¿Por qué funcionan los soportes?

Los técnicos tenemos unas pequeñas herramientas para intentar mejorar lo que se obtiene con la gestión pasiva, sobre todo en términos de la relación rentabilidad/volatilidad a base de evitar esos sustos de muerte que da el mercado cada cierto tiempo. Hay quien ya ha olvidado 2000 o 2008... O simplemente no estuvo allí.

Como en cualquier actividad ligada a la incertidumbre, dándolo todo y haciendo las cosas bien, muchas veces no se logran buenos resultados.

Los soportes son elementos clave en esta pelea, más que cualquier otra cosa, aunque a la gente le gusta más comprar en ruptura de resistencias, con la pantalla en verde y el miedo ya lejos del cuerpo, que en zonas de suelo potencial. Y si bien es cierto que este segundo camino es más sufrido —baja la fiabilidad— es también el que ofrecerá más claves para lograr sistemas de esperanza matemática positiva.

Si nos ha visto plantear operaciones públicamente en *El Confidencial* y otros medios, sabrá que siempre tratamos de venir largo antes de que se produzcan rupturas en patrones que vayan más allá del gráfico diario.

Los soportes no son más que la plasmación chartista, visual, de los posicionamientos de determinados grupos de interés que ofrecen —demandan— dinero en función de sus expectativas respecto del activo que es graficado, ya sea una compañía concreta, una divisa o el Índice General de Barbate.

En determinadas coyunturas, a determinados niveles de mercado, diferentes grupos de inversores entienden que algo se encuentra infravalorado a su juicio, ofreciendo una buena oportunidad de inversión. Su acción mediante órdenes de compra, si es dominante, generará soporte.

Debo, sin embargo, decir que los soportes son una buena pista, nada más, y que veo con desagrado como en muchas ocasiones se pone un excesivo énfasis en cualquiera de los muchos soportes que pueden encontrarse en los gráficos, confundiendo un discurso que debería centrarse en la tendencia.

Un soporte debería ser visto como un elemento capaz de condicionar una tendencia, pero no como la tendencia misma.

Las resistencias

Después de los soportes sólo pueden venir las resistencias. En el siguiente gráfico del Euro Stoxx 50, en su versión *total return*, puede disfrutar de una combinación de niveles horizontales y

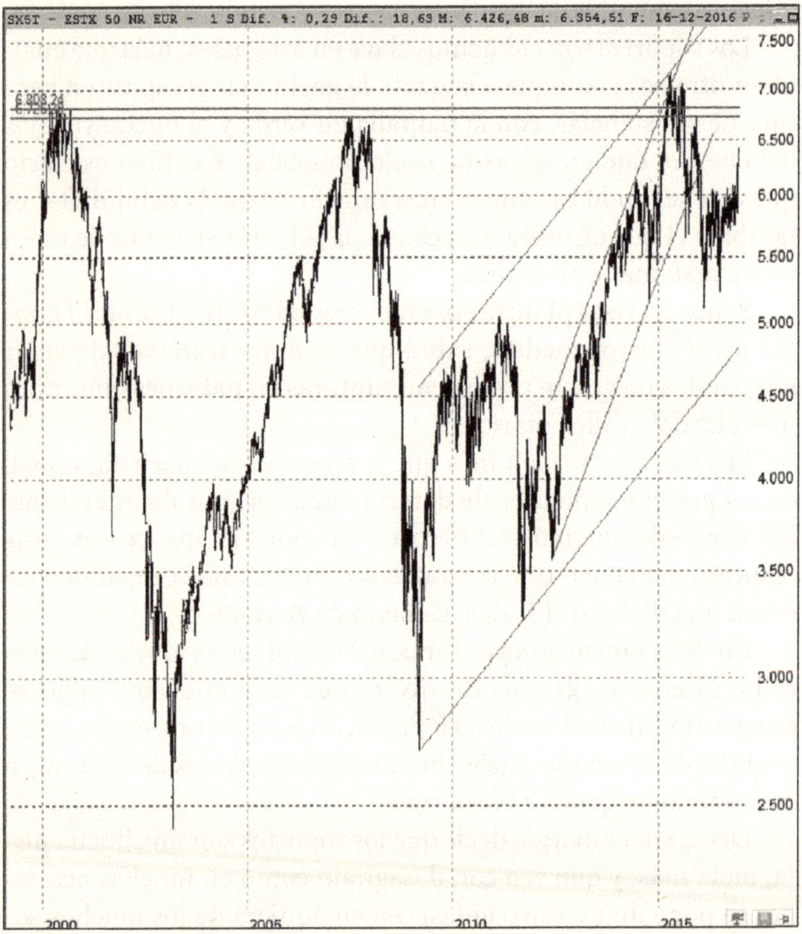

Gráfico Euro Stoxx 50 total return.
Resistencia muy visible en niveles horizontales.

doble proyección de niveles de resistencia ascendente. Esto y hacerse millonario con posiciones cortas, como imaginará, no son dos cosas que vayan intrínsecamente unidas.

Definiríamos resistencia como un nivel de precios en el que puede decirse que se ha producido o podría producirse un claro afloramiento de papel, tal que los precios se mantengan por debajo de él. Pueden ser niveles horizontales, o determinarse proyectando referencias perpendiculares en forma de los diferentes tipos de líneas de oferta con las que se unen máximos crecientes o mínimos descendentes.

En el entorno de las resistencias se podrá considerar, como hipótesis de trabajo, que una tendencia alcista puede encontrar techo temporal o absoluto, así como que en ellas pueden agotarse las fases de rebote que se producen dentro de una tendencia bajista.

De la misma forma que sucede con los soportes, existen multitud de técnicas para jugar a las adivinanzas que funcionan extraordinariamente bien a toro pasado y generan un efecto maravilloso en nuestras sesgadas mentes... Si no le ha quedado claro lo que es el sesgo de confirmación, por favor vuelva a leerse el capítulo. Los renglones torcidos del razonamiento inductivo le serán muy familiares.

Existen por supuesto también múltiples técnicas que permiten especular sobre la eventual aparición de resistencias como pasa con los soportes: retrocesos o proyecciones que plantean las teorías de Dow y de Elliott (Fibonacci), puntos de pivotaje y otras «enajenaciones» chartistas ofrecen resistencia natural. Supuestamente al menos, aunque los herejes y las ovejas negras tenemos siempre presente que hay mucho de fe en todo esto. El escepticismo protege la viña.

Recuerde, por favor, que está usted en un lugar —el mercado— donde conviene poner en duda todo lo que a uno le cuentan. Y créame, no lo hacemos. Dudar no es negar, y sepa que la psicología clínica ya ha demostrado que en el hombre común no se activa ese trocito de nuestro cerebro que se ocupa de dudar cuando se sienta delante de alguien que le presentan como un experto.

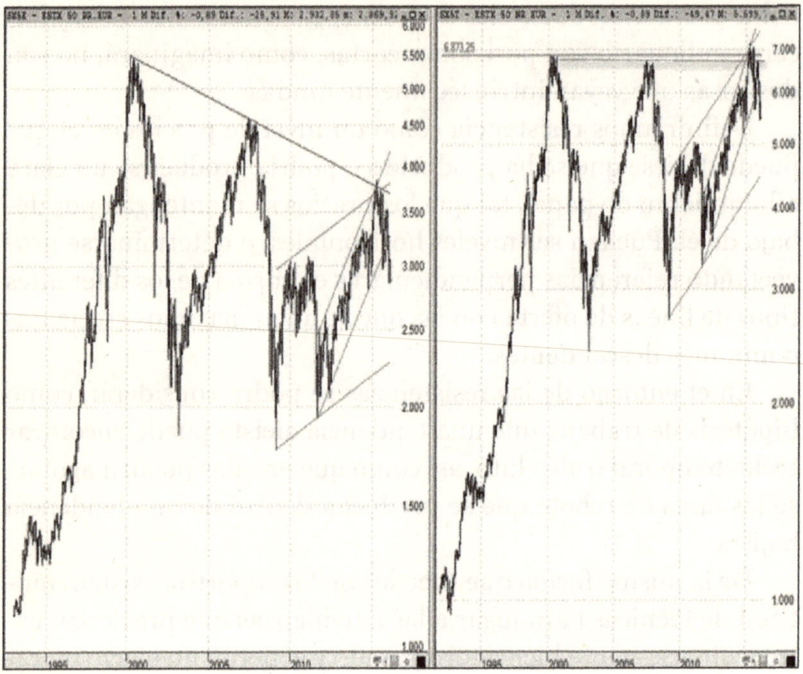

Gráfico Euro Stoxx 50 total return.
Total return *(ajustado) vs.* Price return *(sin ajustar).*

Recuperemos el gráfico del Euro Stoxx 50 TR que hemos visto hace un momento y contrapongámoslo a su más conocida versión, *price return*, de cuya clarividencia nos habremos sentido admirados en el año 2015.

A veces, directrices bajistas como la que ofrecía la versión *price return* del índice aparecen por casualidad. No les otorgamos la menor credibilidad por real que sea por el mismo motivo de siempre: o vemos lo mismo con diferentes lentes, o una no está funcionando como debería aunque lo que veamos tenga una pinta estupenda. Usted sabe que puede pasar, piense en el amor de juventud. El análisis técnico no es distinto, y está bien que así sea porque así debe ser. En el terreno de la economía, como en el de la política, un ser humano inteligente sabe que elige entre lo malo y lo peor.

Y, sin embargo, la gente da por bueno con toda tranquilidad el mensaje del gráfico de la izquierda porque así se lo han vendido desde siempre. Le aseguro que nosotros hemos hecho el ejercicio de constatar cuál de las dos versiones genera más señales falsas.

Las resistencias sugieren la existencia de un desinterés temporal o definitivo en el mercado por parte de la demanda en la adquisición de un activo financiero a un determinado precio o zona de precios, lo que conlleva que se produzca un paulatino rechazo a dicho nivel. Este desinterés puede ser tal que, si el aumento del papel que acude es suficiente, se producirá finalmente un punto de inflexión tal que se retome la tendencia bajista previa o se produzca una inversión de la tendencia alcista en curso. Sin embargo, si la demanda que acude a dicho nivel en forma de dinero, pasado el tiempo, es suficiente para absorber la oferta, dicho nivel será finalmente vencido por mucha resistencia que haya de tal modo que o bien continuará la tendencia alcista que estaba siendo corregida, o bien emergerá una como sucede al superarse la zona clave de un patrón clásico de cambio de tendencia como veremos pronto.

¿Por qué funcionan las resistencias?

Por lo mismo que lo hacen los soportes. Las resistencias son la plasmación gráfica, visual, de los posicionamientos de determinados grupos de interés que ponen papel —ofrecen— en un activo en función de sus expectativas, ya sea un índice, una materia prima o un derivado sobre bonos. Y puede considerarlo algo relevante siempre que se den las premisas de participación pública y libertad.

En determinadas coyunturas, a determinados niveles de mercado, diferentes grupos de inversores entienden que los activos o mercados en cuestión se encuentran sobrevalorados, por lo que a su juicio ofrecen una buena oportunidad de venta en corto o desinversión. Su acción mediante órdenes de venta, si es dominante, generará estos efectos gráficos.

Pero recuerde que éstos son una pista y nada más, sólo una pequeña parte de lo que la historia dispondrá finalmente. Una resistencia debería ser vista como un elemento capaz de condicionar una tendencia pero no como la tendencia en sí misma. Hablamos enseguida mucho de ello.

El principio de polaridad

Puede aceptarse con el uso de los gráficos que una resistencia superada, en ocasiones —no vaya usted a considerar que generalmente—, se convierte en soporte. Y viceversa. Es lo que se conoce como principio de polaridad.

Argumentamos los técnicos que esto no es fruto de la casualidad, sino de la naturaleza psicológica del mercado: aquellos que vendieron/compraron pensando que el mercado no sería capaz de perforar determinado nivel de cotizaciones serían los mismos que comprarían/venderían para deshacer sus «errores» en tablas. Los grupos que durante un tiempo han tomado una referencia como infranqueable a la hora de plantear sus estrategias de inversión se ven obligados por la realidad del mercado a reaccionar —si no quieren incurrir en la posibilidad de grandes pérdidas una vez que constatan que la tendencia está en su contra—, de modo que cualquier movimiento a la zona en la que establecieron estrategias o ideas que ahora se entienden equivocadas por la acción del mercado será aprovechado para la cancelación de dichas posiciones; e incluso para la apertura de posiciones de signo contrario.

Todo muy creativo, y por supuesto increíblemente convincente cuando uno puede escoger el gráfico para demostrarlo. Obviamente tomará uno como el que sigue —que para eso lo elegimos nosotros—, y por arte de magia daremos por hecho que se cumple en todos los demás.

Queremos que se fije en varias cosas del chart que tiene arriba. La primera: la zona 0,712 en la relación euro/libra fue una gran resistencia. Se superó en 2007, y luego los precios estuvieron moviéndose algo por encima, zigzagueando por encima de la antigua zona de resistencia, ya soporte. Bien, observe como éste fue perforado ligeramente durante ese movimiento lateral. Si usted pone un stop bajo el mismo le habría saltado y luego se habría producido lo que supuestamente cabía esperar de la ruptura. O sea, olvídese de eso de ir poniendo stops bajo un nivel superado o por encima de un soporte perdido si se plantea una

operación en corto. Es una gran idea para conseguir ecuaciones riesgo/beneficio descomunales, pero en la mayor parte de las ocasiones lo van a expulsar antes de que se produzca lo que busca. Si este tipo de estrategia funcionase, Ágora tendría un castillo con un simple ratio de aciertos del 50 por ciento. Por desgracia no lo tenemos, y francamente en este gráfico la penetración es completamente marginal.

La segunda: fíjese en cómo el mismo nivel ofrece soporte años después. Bueno, casi el mismo soporte. Si usted vuelve a comprar en esa zona y pone un stop por debajo le dan tres paseítos antes de que funcione. A pellizcos también se muere, así que tampoco es el camino. Los niveles de soporte y resistencia no son cifras mágicas, sino referencias que en muchos casos no funcionarán y en muchos otros lo harán de cualquier forma menos milimétricamente. Zonas con potencial para invertir temporal o definitivamente los precios. Quédese con la idea porque es doble: zonas y potencial. Nada más.

Y tercera: constate como la antigua zona de soporte de 0,776 se convierte en resistencia durante algunas sesiones. Luego la perforación es nítida. Tenga presente que podría haberse roto del tirón y sin problema. Que una zona pueda ofrecer soporte o resistencia no significa que se materialice. Y si la ofrece, no significa que vaya a ser el tiempo suficiente como para que su idea resulte rentable.

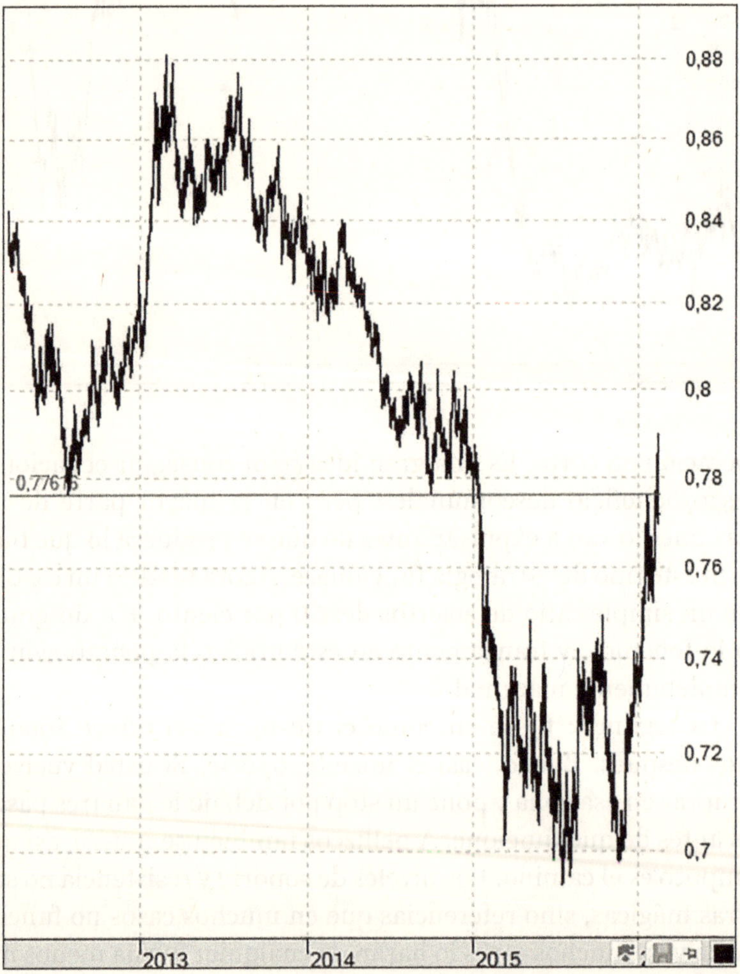

Y además, puede verse de nuevo la primera circunstancia, se bate y días después los precios se vienen de nuevo abajo. La gente opera como si esto no fuera a suceder, así que va a tener que ir entendiendo que el camino no está en acertar o fallar, sino en lo que sea capaz de hacer con lo uno y con lo otro.

La mayor parte de la comunidad inversora circula sin stops, sin una protección establecida *a priori*, de la misma manera que entra en un cine sin pensar en dónde está la salida de emergencia. Hasta no hace demasiado tiempo la mayor parte de la gente conducía su automóvil sin cinturón de seguridad porque las consecuencias percibidas, salvo fatalidad, eran mínimas. De la misma forma se circula por el mercado, hoy como siempre, pues a diferencia de lo que ahora sucede con la carretera, nadie nos inhibe en las bolsas con la amenaza de una severa sanción si no lo hacemos. Además, en el mercado siempre tendremos al cuidador y a los hombres de negro para sentirnos mejor. Somos genios de la política, todos llevamos dentro un gurú de las finanzas y está deseando tomar el control.

La interiorización es un proceso que llega a través de la educación financiera, si hay suerte, y sobre todo por la experiencia personal, algo que en un mercado tarda muchos años en completarse porque el ciclo del mismo, al tener que ver con la sociedad, trasciende a los individuos.

Tipos de tendencia

Si hay una pregunta que nos han hecho veces y más veces es: ¿Qué es el medio plazo? Bueno, después de cuál es el corto, el largo, o el medio/largo plazo, claro, ésas son otras...

Lo cierto es que es una pregunta sin respuesta. Lo que puede ser largo plazo para nosotros puede ser un suspiro para el mercado, un ratito para un gestor de un fondo de pensiones o una eternidad para el operador apalancado del mercado de la soja. Y para clasificar las tendencias por clases deberíamos primero estar hablando del mismo perfil de acercamiento a las mismas.

Charles Dow, nuestro san Pedro, el creador de las medias más célebres del mundo, hizo una comparación hablando de la marea, la ola y el rizo que ha llegado a nuestros días.

Dow estableció una teoría sobre relaciones entre índices que ha sido un modelo seguido por los analistas técnicos desde entonces, e imitado constantemente en base a relaciones entre referencias distintas a los promedios Industrial y Transportes.

Dow ya trabajaba con medias una década antes de la creación del Dow Jones Industrial, ya había podido constatar la importancia de tener un enfoque de mercado. Dow consideraba algo que ya le sonará: cualquier factor que afecte a la oferta y la demanda deberá trasladarse a los precios, y desde éstos a los índices. Sostenía Dow que incluso los desastres naturales y los actos «divinos» —sucesos imprevisibles que no son cuantificables de ninguna otra forma durante un muy largo período de tiempo— tenían una rápida repercusión sobre los promedios al tenerla sobre los precios de las acciones. Y, admitido esto, empezó a sostener que las medias nos permiten «valorar» la trascendencia de todo.

Dow definió la existencia de una tendencia alcista o bajista desde un punto de vista tan simple como coherente, sosteniendo que en tanto que cada máximo o mínimo sucesivo del mercado sea más alto/bajo que el anterior máximo/mínimo relativo, el mercado estará en una tendencia alcista/bajista.

Definida la tendencia, las subdividía en tres grandes grupos: primaria, secundaria y terciaria.

Sobre la primaria, sostenía que es la propia de un movimiento superior a un año, participada por la comunidad inversora, que tenía naturaleza tendencial, y, en una analogía con el mar, la comparaba con la marea.

De la secundaria, corrección de la primera, decía que va de las tres semanas a los tres meses, que recorre entre un tercio y dos tercios del impulso primario que corregía, y que está participada básicamente por los operadores. La comparaba con la ola.

En cuanto a la terciaria, que consideraba relativamente aleatoria y esencialmente incomprensible, no se sentía capaz de diseccionarla y la consideraba en términos de simple composición de las dos primeras. Sostenía Dow que, por lo general, no duraba más de tres semanas y la comparaba al rizo de la ola.

Muy poético, tiene poco que ver con el moderno mundo del trading de alta frecuencia, aunque probablemente manda un mensaje muy inteligente: céntrese en la parte del proceso que está a su alcance. No todos podemos jugar en todas las ligas. Y no pasa nada.

Quiero insistir en que, más allá de la poesía, todo esto nos parece un constructo de manual con nulo sentido práctico que puede llevar fácilmente a engaño. Existe una tendencia principal para usted, que puede no tener nada que ver con la del vecino de mi rellano o la del analista que escucho todas las semanas en Capital Radio.

¿Qué puede cada uno de nosotros considerar como corto, medio o largo plazo? Consúltelo con la almohada, porque ahí está la auténtica respuesta.

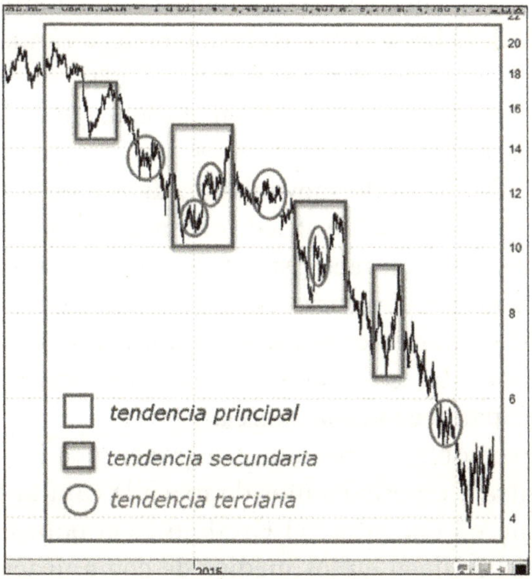

Tipos de tendencia.
Tendencia principal, secundaria y terciaria.

Puede verse en el gráfico que, según esto, una tendencia terciaria respecto al proceso principal sería en realidad secundaria para ésta, que a su vez pasaría a ser perfectamente primaria si bajamos el marco temporal (*timeframe*). Un lío.

Como comentábamos, se ha dicho desde los tiempos de Dow que las tendencias secundarias son las que se desarrollan por un período de entre tres semanas y tres meses, y que están participadas básicamente por los operadores del mercado.

Pero como no podemos tener claro cuál es la tendencia principal de un modo general, tampoco podremos ubicar la tendencia secundaria fuera de un discurso estrictamente personal... Ya sabe que esto es también un arte.

En relación con las cosas que suponemos que caracterizan a tendencias terciarias, un momento para hablar de su supuesto carácter aleatorio, su carácter «ruidoso» dentro de los procesos mayores para la mayoría de inversores y traders... Salvo que operen en el más corto plazo y apalancados, claro. Tiene sentido, si uno no se hubiera dado cuenta dos décadas después de leer estos temas de que en el resto de las cosas de la vida no hay mucho más. Hace tiempo que los estadounidenses intentaron construir una historia de la bolsa. Y la conclusión no ha terminado, aún no se han puesto de acuerdo sobre la causa del 50 por ciento de los grandes movimientos. Esto no es una broma, puede leer a Mandelbrot para confirmarlo.

Toda tendencia, todo movimiento, dentro de los mercados financieros, forma parte de otra de orden mayor, y que por tanto está influida por las características de ésta. El mercado es una colección de matrioskas rusas. Al final son las necesidades y los objetivos del operador los que acaban por definir la tendencia y sus clases, por establecer qué se entiende en cada caso por tendencia principal, secundaria o terciaria.

Cada inversor es un mundo. Un trader, un sistema, puede ser un mantra a repetirse antes de irse a la camita para aquellos que quieren encontrar el Grial entre el popurrí de voces que se escuchan/leen en los medios de comunicación. Obviamente, los conceptos de trading no son los mismos para un accionista que para un *scalper* del mercado de futuros, para un gestor de fondos de cobertura que para uno de fondos de pensiones, pudiendo ser la tendencia principal una década en unos casos, o franjas tan cortas de tiempo como las horas o fragmentos de hora en otros.

El mercado, el producto y el perfil de trading/inversión de aquel que hace uso de una tendencia, o de aquel para quien se usa una tendencia, cuestiones todas que condicionan el modo de uso del producto, son por tanto consideraciones muy importantes. Estas circunstancias acaban marcando la percepción que se tiene de una clase concreta de tendencia y, por tanto, el uso de las herramientas técnicas sobre ellas.

Tendencia alcista

Ni siquiera aquí tenemos consenso: Dow consideraba que sólo existen tendencias alcistas y bajistas (los laterales serían períodos de no-tendencia, y cuando pensamos en ello podemos comprender sus motivos), dentro de las cuales identificaba tres etapas a caracterizar, según sean alcistas o bajistas, de la siguiente manera:

La fase uno de una tendencia alcista, que llamaba de «acumulación», consiste en un período de negocio deprimido, en el que abundan las malas noticias en el entorno económico-financiero, con un público inversor muy disgustado que abandona el mercado de valores. En esta etapa se estarían posicionando los «informados».

La fase dos, que denominaba de «avance», supone un notable incremento de la actividad, las noticias económico-financieras mejoran paulatinamente y en ella se produce una mejora anímica del gran público. Ésta es la etapa en la que la mayoría de sistemas de especulación en tendencia darán entrada a los analistas e inversores.

Por último, el mercado vivirá una etapa que denominaba de «éxtasis», en la que se da un incremento sin precedentes de la actividad, se vive en medio de un clima de euforia inundado por inmejorables noticias económico-financieras y se genera una conciencia colectiva próxima a la consideración de que se vive en el mejor de los mundos posibles.

En ella, se suceden los splits, afloran las compañías que desean colocar su papel en el mercado, y los llamados chicharros suben como cohetes mientras los *blue chips* (empresas bien establecidas) no acompañan proporcionalmente. Siempre según Dow, claro, que consideraba que en esta etapa se produce la salida del mercado por parte de los «informados».

Tendencia bajista

La primera fase de un mercado bajista se inicia con un período que Dow llamaba de «distribución». Coincide con el final del mercado alcista y se da en medio de un gran volumen de negocio que empieza a crecer en los descensos y a disminuir en las recuperaciones. Las noticias económico-financieras son inmejorables pese a que los precios son incapaces de marcar nuevos máximos, la prensa habla de toma de beneficios, pero los inversores empiezan a sentir gran frustración. Existe una gran participación pública, que es aprovechada por los «informados» para su salida total del mercado.

La segunda etapa de un *bear market* (mercado bajista) es la que Dow llamaba de «pánico». En ella se reducen progresivamente los compradores, al tiempo que se multiplican los vendedores. Se produce un gran volumen de negocio en medio de caídas muy acentuadas en porcentaje. Existe una alta participación con un clima en el que se desatan las peores noticias.

La última fase de un mercado bajista, que denominaba de «desánimo», está caracterizada por un descenso muy fuerte del volumen de negocio, una desaceleración del descenso de los precios —ay, madre, que Dow también usaba escala aritmética en lugar de semilogarítmica— y por una total falta de noticias positivas. Los chicharros se han hundido literalmente mientras que los *blue chips* moderan paulatinamente su descenso.

Yo, que no pasaré a la historia, se lo voy a simplificar:

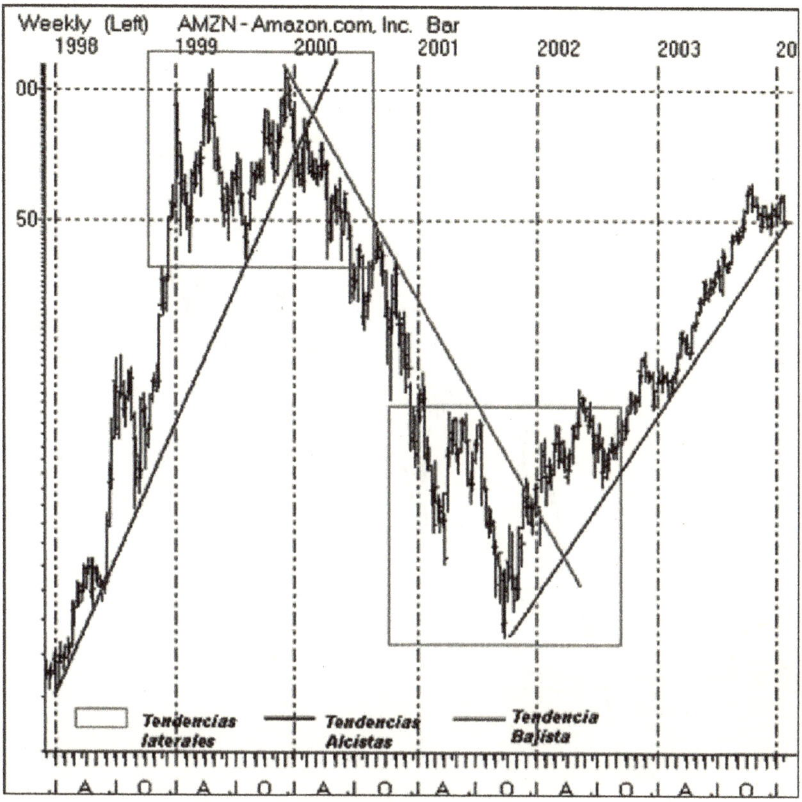

Tipos de tendencia.
Tendencia alcista, bajista y lateral.

Son tendencias alcistas aquellas que presentan un movimiento dominante de los precios de tipo ascendente, con secuencia de mínimos y máximos de ciclo que se van elevando con el paso del tiempo. La propia para especular en el sentido largo —comprador— del mercado. En este tipo de tendencias los movimientos laterales o descendentes son en cierto modo irrelevantes aun pudiendo generar un considerable dolor y conformar tendencias en sí mismos de gran desgaste, y tienen una importancia vital para demasiados inversores: vamos, como lo sucedido con el S&P TR entre 2007 y 2009, con un leñazo del 55 por ciento que llevó a que la aceptación del «comprar y mantener» entre el público estadounidense registrase el nivel de mayor rechazo desde que se pregunta a la gente por ello...

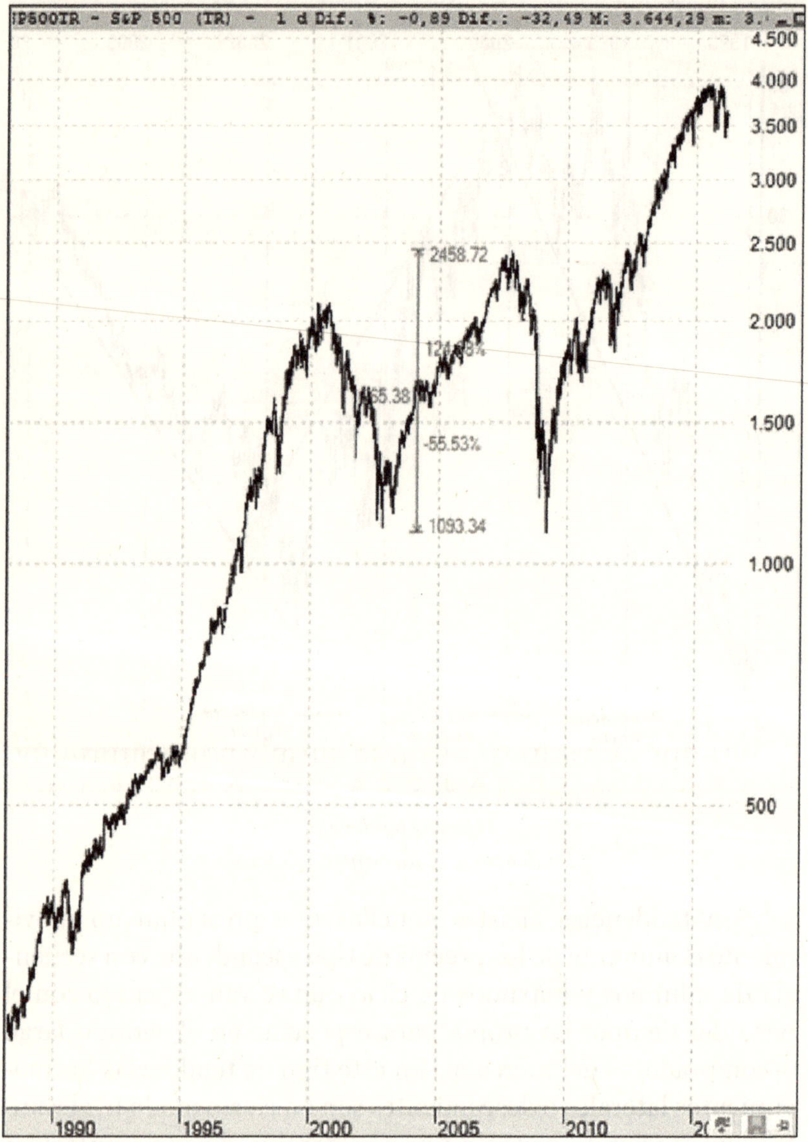

Tipos de tendencia.
Movimiento lateral de amplio rango.

Son tendencias bajistas aquellas que presentan un movimiento dominante de los precios de tipo descendente, con secuencia de mínimos y máximos de ciclo que van disminuyendo con el paso del tiempo.

La propia para especular en el sentido corto —vendedor— del mercado. En este tipo de tendencias los movimientos laterales o ascendentes son en cierto modo irrelevantes. Pues no se lo crea sin meditar qué tipo de cosas va a soportar antes de que sucedan, pues todo movimiento empieza siendo considerado un rebote.

Por último, podríamos definir las tendencias laterales como aquellas que carecen de movimiento dominante sostenido en la dirección de los precios. Son épocas de reflexión en las que éstos oscilan en gamas más o menos amplias, pero sin dirección; son zonas de equilibrio, de debate en esa ágora que es el mercado. En estos períodos el mercado está sometido a reflexiones más o menos importantes sobre su futuro, según el rango y el tiempo que se tome la tendencia lateral en su desarrollo.

Estos equilibrios aparentes son en realidad debates que mantiene consigo mismo el mercado a fin de decantarse por un nuevo desequilibrio, por una nueva tendencia. Esto, lejos de sorprendernos debería parecernos de lo más obvio. Al fin y al cabo, el universo es entrópico.

Las tendencias laterales son momentos de duda y desgaste. Se nos ha dicho que el trader debería evitarlas a la hora de especular siempre que sean de un orden inferior a la clase de tendencia en la que se mueve. Sin embargo, son decisivas tanto porque van a permitir al analista estimar la probable continuidad de los movimientos vigentes o el giro de los mismos, como porque es en los extremos de éstas donde se encontrarán las mejores ecuaciones riesgo/beneficio para trabajar la tendencia de orden superior, aunque sea a costa de una menor fiabilidad.

Tenga presente que las tendencias laterales forman parte del común de los escenarios, que pueden llegar a suponer la mitad del tiempo, de modo que no pueden ser ignoradas a la hora de diseñar estrategias de inversión.

Vaya por delante que no es tarea fácil identificarlas pronto, y que muchas veces cuando se tiene consciencia de ellas es porque se han desarrollado tan clarísimamente ante nuestros ojos que probablemente el desenlace, la salida hacia un nuevo desequilibrio alcista o bajista, esté ya cercano. No sobreestime la capacidad de los laterales para extenderse una vez que los haya localizado, y recuerde que todo reloj parado da bien la hora dos veces al día.

Para terminar, habrá escuchado la expresión mínimos y máximos relativos ascendentes o descendentes. Ojo con esto de relativos, pues es la pomposa simpleza del que puede hacer sólo la «o» con un canuto siempre que le hayan regalado el canuto.

Dentro de un ciclo puede haber mínimos y máximos relativos en dirección contraria a la inercia dominante sin que ésta, alcista o bajista, se rompa. Es la expresión propia del analista de línea gruesa que todo lo cuadra, del que se gana la vida escribiendo dado que no ha podido hacerlo operando. En el país de los ciegos, un tonto de baba puede parecer el rey después de haber escrito un librito sobre velas.

Los huecos

Un gap o hueco, una «ventana» en argot oriental, es un área de gráfico en la que de una jornada a otra no se ha producido ninguna transacción. O sea, en un hueco alcista la apertura de una nueva barra del gráfico se produce por encima del cierre del día anterior, mientras que en un hueco bajista la apertura se produce por debajo del cierre del día previo.

Se habla mucho de huecos, y lo cierto es que visto así tenemos fenómenos de esta clase casi todos los días. Pese a ello, tienen mucho que ver con el lado psicológico de cada sesión y por ello son un factor determinante en la construcción del cuerpo de conocimiento de las velas japonesas.

Con todo, a este lado del debate, el occidental, necesitamos que un gap sea intenso, diáfano, para que gane auténtico valor chartista.

Gráfico del futuro del Bund, vencimiento a marzo de 2016. Tres huecos claramente delineados.

Y en ese plano, un hueco con gran carga técnica debería llevar a los precios en apertura por encima del máximo del día anterior cuando es alcista y por debajo del mínimo del día previo cuando es bajista. En la dirección de la tendencia en curso, los huecos son señales de fortaleza.

Hay diferentes tipos de huecos según el lugar que ocupan en el devenir de los precios. En el gráfico tiene unos cuantos reforzados por el volumen de negocio desplegados en el futuro del Bund vencimiento marzo de 2016.

Aceptando por hueco aquel movimiento que genera auténtica conmoción en relación con la barra del día/semana/mes/año previo..., podemos establecer una clasificación que, como siempre, es más fruto de nuestra obsesión por clasificar para crear una guía que nos permita «prever» que por la pretensión de un honesto ejercicio que nos permita establecer características de los fenómenos que se producen en el mercado y su posible, incluso probable, significado.

Hueco o gap **común**: sin significado técnico. Tienen lugar muy frecuentemente en activos estrechos —poco líquidos— del mercado, o dentro de bandas de operación horizontal de una tendencia. En estas circunstancias muy pocas órdenes pueden provocar el fenómeno, y éste es más fruto de la falta de interés que de otra cosa. La mayor parte de los analistas los ignora en sus análisis.

Hueco de **ruptura**: suelen producirse justo en el momento, inmediatamente antes o poco después, de completarse una pauta técnica. En el gráfico del Bund que nos acompaña se despliega un hueco de ruptura en la jornada de superación de resistencia horizontal —para confirmación de una formación técnica de tipo doble suelo (trataremos de ellas más adelante)—. Es el segundo de los tres que señalo en el chart.

Este tipo de hueco sugiere, salvo cierre que anule la idea, el inicio de un tramo de mercado nuevo y significativo en la dirección del mismo. Se da por hecho que suelen ir acompañados de un fuerte volumen, aunque el gráfico nos muestra que esto puede ser no queda nada claro.

Por norma estos gaps no suelen cerrarse, aunque sí pueden cubrirse, durante movimientos correctivos posteriores. Suelen por tanto hacer las veces de soporte o resistencia y ser utilizados como referencias de stop muy agresivas.

Hueco de **agotamiento**: se producen al final de una tendencia y siempre deben ser cerrados para denotar problemas para la tendencia de orden superior en la que fueron desplegados. Frecuentemente son los terceros de una serie, aunque como podemos ver en el gráfico anterior del Bund no necesariamente debe ser así. Nos atreveríamos a decir que no es así en la mayoría de los casos, pero no hemos analizado todos los huecos dejados por las cotizaciones desde el Pleistoceno.

Huecos como áreas de resistencia y soporte

Los gaps, como elementos relevantes en tanto en cuanto se producen por acontecimientos que han conmocionado los precios en un mercado o activo del mercado, son, frecuentemente, elementos a tener presentes como soportes o resistencias de cierta importancia.

Se ve muy claramente en el chart del Nasdaq 100 cómo el hueco dejado a finales de 2015 mantuvo los precios a salvo de los bajistas hasta que, con otro hueco de por medio, la zona cayó rota en los primeros días de 2016. Pero no sólo de soportes vive el hombre, así que los huecos bajistas harán el papel de resistencia. El mercado es fractal.

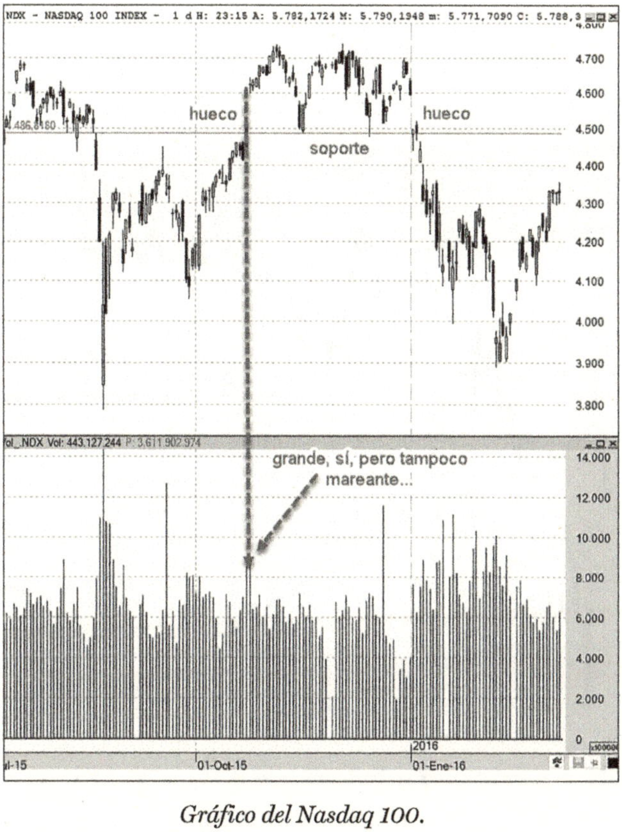

Gráfico del Nasdaq 100.
Hueco actuando como soporte, roto con otro hueco.

Cubrir o cerrar un hueco

Existe una diferencia nada sutil en esto. La cobertura de un gap es lógica y normal, y no tiene implicaciones técnicas.

El cierre, por el contrario, puede plantear el agotamiento potencial de un movimiento vendedor o comprador avanzado o la frustración de un intento de salida alcista o bajista.

Cerrar un hueco es algo que sólo puede hacerse al final de un período: al cierre de la sesión, de la semana, del mes... Quede claro esto: cubrir un hueco no es cerrar un hueco. Para cerrar, el evento debe producirse al cierre diario en un chart diario, semanal en un chart semanal, etcétera.

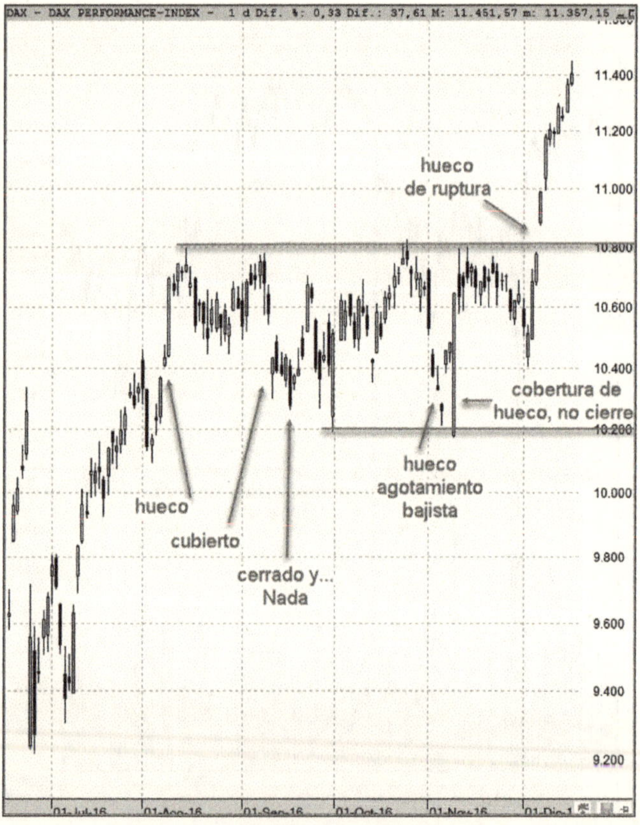

Gráfico del IBEX 35.
Situación tras el 11 de septiembre de 2001.

Una de las anécdotas más sonadas de Carlos tiene que ver de hecho con un hueco. El IBEX 35 dejó un hueco de apertura bajista unas pocas sesiones después de la tragedia del 11 de septiembre de 2001. Un hueco que fue inmediatamente cerrado. Consciente de que ese gap podía ser un elemento de abdicación, de claudicación —algo que es más fácil de ver *a posteriori* que durante el momento de su despliegue—, lo planteó con toda su inocencia en un programa de televisión en el que por entonces era entrevistado con asiduidad.

Gráfico del IBEX 35.
Situación tras el 11 de septiembre de 2001.

Por aquel entonces, los que durante mucho tiempo se negaron a aceptar la realidad bajista que dominaba el mercado de valores desde principios de 2000 hallaron de repente argumentos para encontrarse en el peor de los mundos. Estas claudicaciones colectivas suelen coincidir con movimientos de giro inesperados en el mercado si se producen cuando las tendencias están muy avanzadas. Era el caso. El cierre del hueco fue un elemento que advertía de que éste, lejos de suponer una mayor presión bajista a corto plazo, era un gap de agotamiento y representaba el principio de un fuerte rebote.

Plantear este elemento técnico como un acontecimiento que presagiaba una fuerte recuperación le valió a Carlos una reprimenda por parte de un presentador de Bloomberg TV en su día. ¡Qué joven además de verbalmente imprudente era Carlos entonces!

Su respuesta se guarda aún en los anales del canal: ¿Que no está de acuerdo? Claro, por eso usted es periodista y yo analista. Si le preguntan, Carlos reconoce que resultó completamente innecesario. Juventud, divino tesoro.

La directriz de tendencia

Vamos a empezar, con el espíritu de oveja negra que tiene este libro, a hablar de aquello que lleva a tantos «analistas técnicos» a la mayor de las aberraciones: la línea de tendencia o directriz. Confundir tal cosa con una tendencia se ve todos los días. Y sí, es una aberración.

El concepto de línea de tendencia

Estamos ante un elemento, por lo general, sobreestimado. Mucho. La mayoría de procesos tendenciales no presenta directrices, y la pérdida de líneas de tendencia, en general, no advierte de cambios de tendencia, sino de una simple pérdida, de momento, de aceleración. Sin embargo, es continua la referencia a éstas como si fuesen el marco sacrosanto e inviolable que permite que la interacción entre oferta y demanda mantenga un rumbo determinado...

Abracadabra, párate cabra. Si algo pretendemos cuando escribimos, es colaborar con la ruptura de esa aureola de «esoterismo» que parece haberse establecido en torno a lo técnico. Somos unos escépticos, especialmente en lo que a nuestras pequeñas herramientas se refiere. Hemos afirmado que esto es un arte, pero también que tiene sus porqués.

La línea de tendencia es la forma de representación gráfica más simple que existe de estructura direccional, sea alcista o bajista, en un activo. Mas, aunque las directrices han sido asimiladas a la columna vertebral del cuerpo humano, como si al romperse éstas el discurso del precio tuviera que plegarse por el efecto de una fuerza de atracción o de la de la gravedad, lo cierto es que no es así.

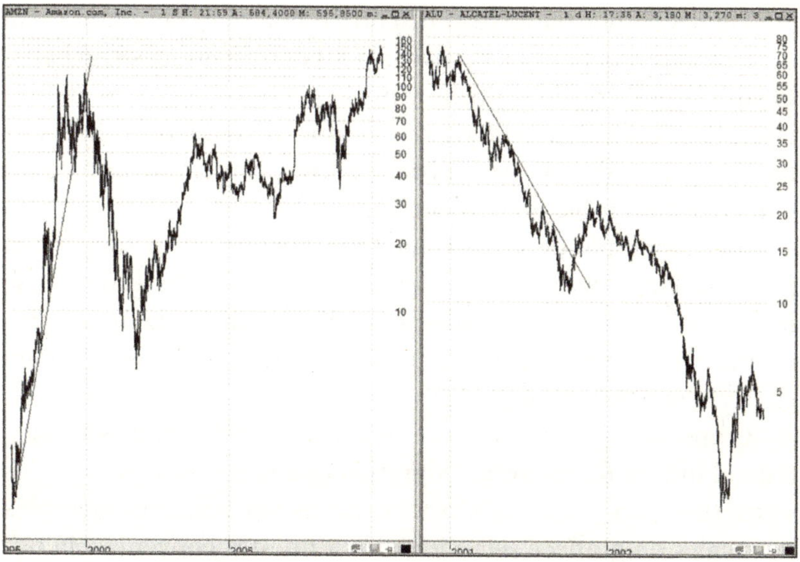

Gráfico ajustado mostrando líneas de tendencia.
Izquierda: directriz alcista. Derecha: directriz bajista.

Es un acto de prepotencia sin límites considerar tal cosa siendo como es una línea de tendencia algo que pone a mano alzada un analista. Algo que, además, tiene diferente pendiente en una escala semilogarítmica que en una escala aritmética. Llegaremos a eso para comprobar el colmo del delirio.

Básicamente, una directriz alcista se obtiene por la unión de mínimos relativos sucesivamente más altos, crecientes.

Una directriz bajista, por contra, se obtiene por la unión de máximos relativos sucesivamente más bajos, decrecientes.

Puede verse claramente en el gráfico anterior. Sí, es un gráfico en escala semilogarítmica, como lo son todos los que utilizamos en Ágora salvo error.

Es simple: una directriz se traza uniendo mínimos crecientes o máximos decrecientes. Pero una tendencia alcista/bajista, como sabemos, viene definida por los mínimos ascendentes/descendentes de la misma y no por esas líneas que hemos puesto a mano alzada. Y eso es lo que cuenta realmente.

Puede verse como en el primer caso la pérdida de la directriz podría haber sido una oportuna señal de venta, durante largo tiempo al menos.

De hecho podría incluso discutirse que se tuviera una señal de venta óptima por dos motivos: la tendencia no se volvió bajista sino lateral tras la ruptura, y fue la ruptura de esta tendencia lateral a la baja la que dio paso al cambio de tendencia. Entraremos más a fondo en esto en breve porque está en la base de los patrones de cambio de tendencia...

En el ejemplo de la derecha del gráfico anterior tomar una posición larga podría haber sido algo nefasto si el error no se hubiera gestionado adecuadamente. Prescindir de la línea parece una ventaja en lugar de un inconveniente en este caso, si bien es cierto que el ejemplo lo hemos buscado nosotros.

Como siempre, nos acercamos a los libros de análisis técnico bajo el influjo de ese sesgo cognitivo que nos hace creer que los «expertos» no mienten. Créame, no es verdad. Con ejemplos puntuales de gráficos seleccionados a nuestra conveniencia podemos construir una teoría, la contraria y algo que pase por en medio.

Lamentablemente, en los libros de análisis técnico no solemos ver errores, y eso que nos los vamos a encontrar en grado sumo en la diaria convivencia entre el mercado y nuestras herramientas.

Volviendo a la línea de tendencia, debemos decir que hemos visto demasiadas veces cómo se confunde la pérdida de una con un cambio de tendencia. No es así en muchas ocasiones, especialmente si la pendiente de progresión de los precios viene siendo muy elevada. Podemos considerarlo un indicio, pero no más. Una tendencia sólo puede haberse roto cuando caen mínimos relevantes para la misma, que en general deberíamos considerar que se corresponden con los últimos mínimos o máximos relevantes para el ciclo, o sea, aquellos tras los cuales se produjo una última secuencia de máximos o mínimos decrecientes en la dirección de la tendencia en curso. Recuerde que no debe inventarse sus stops.

Y hemos dicho «deberíamos», efectivamente; es lo que dice nuestra percepción de la realidad, no la realidad misma, que es algo sólo cognoscible *a posteriori* cuando tiene que ver con el futuro de los precios.

Trazado de la línea de tendencia

Son necesarios dos mínimos/máximos sucesivamente más/menos elevados para que pueda evidenciarse y trazarse una línea de tendencia directriz alcista/bajista.

La confirmación de cualquier posible directriz, así como de hecho el establecimiento definitivo de la idea de tendencia —en esto sí son casi cuestiones idénticas—, la tendremos con la ruptura alcista/bajista del máximo/mínimo previo en la dirección de la directriz alcista/bajista en formación.

Veamos un ejemplo de construcción y confirmación de directriz o línea de tendencia alcista.

Puede verse en el chart semanal de Yahoo! como la unión de los puntos 1 y 3 y su posterior prolongación constituyen la línea de tendencia. Una línea de tendencia que se confirmará al superarse el punto 2, y que será un soporte potencial, dinámico, con pendiente positiva (como ya vimos, no todos los soportes son horizontales).

Su ruptura por parte de la cotización constituiría simplemente una advertencia sobre la posibilidad de un cambio en la dirección de los precios. Simplemente eso, nada más, por lo que no debería considerarse una circunstancia suficiente como para tomar decisiones de compra/venta.

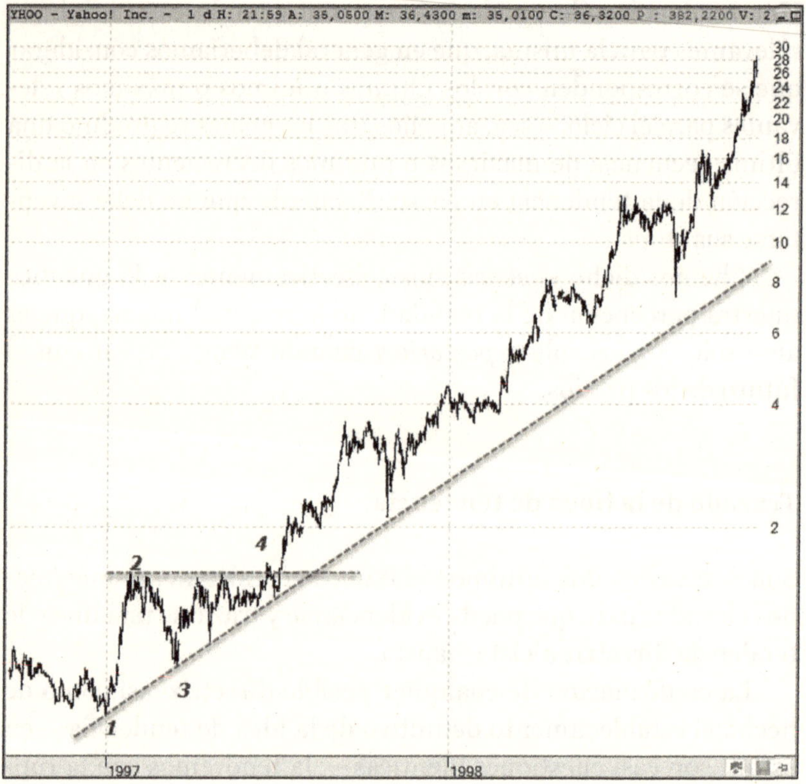

Gráfico de Yahoo!
Línea de tendencia en 1-3 confirmada superando el soporte 2- 4.

La mayoría de la convicción técnica que hemos generado se basa en un tremendo acto de fe, en unos gráficos convenientemente escogidos en los que se ve lo que uno quiere «demostrar»... Si no fuera porque lo conocemos a fondo —vivimos de ello—, diríamos que el chartismo es puro humo. Y aun así nos tememos que lo es en manos de quien no posee una dilatada experiencia.

Por tanto, no es en nada extraño que el análisis técnico genere susceptibilidad. Tenga muy claro que como en un puzle que usted pueda encajar razonablemente bien, de poco le van a servir las partes. Tiene realmente un fuerte componente de arte, con todo lo que eso significa.

Veamos otros ejemplos de directrices...

Perforación de la directriz de tendencia.
Ruptura con fuerte movimiento bajista y rupturas progresivas con continuación alcista.

Puede comprobarse la aparente gran utilidad de la directriz alcista, pues los precios no tardan en moverse claramente a la baja tras su ruptura. Podría suponerse, asumiendo que este comportamiento fuera generalizable, que la pérdida de una directriz es un método eficaz para la gestión de una posición larga y que, por cuestión de fractalidad, la ruptura al alza de una directriz bajista por parte del precio debe suponer una señal de compra.

Lamentablemente no es tan sencillo, y para demostrarlo no hace falta esperar mucho tiempo.

En el siguiente proceso de recuperación se rompen diferentes directrices alcistas y los precios siguen escalando sin el menor problema... Y hoy, unos pocos meses más tarde, el Nasdaq cotiza en máximo histórico.

Puede apreciarse en el segundo caso como se producen varias rupturas de línea de tendencia pero no cambio en la secuencia de despliegue de máximos y mínimos relevantes, que sigue siendo creciente.

De hecho, el argumento operativo que surge de asociar directriz y primer soporte (o resistencia) relevante es también discutible. Lo que realmente importa en un cambio de tendencia de alcista a bajista, por ejemplo, no es que perdamos directriz y soporte, o no sólo eso, sino que en realidad se haya producido un cambio en la secuencia del comportamiento de la tendencia, que es algo que puede haberse producido antes —infrecuente— o después.

Si se quiere, es mucho más simple: tenemos un cambio de tendencia cuando se pasa de mínimos y máximos crecientes (alcista) a máximos y mínimos decrecientes (bajista).

Pero tramo por tramo. Los precios pueden romper una secuencia de mínimos y máximos crecientes en el corto plazo y mantener la estructura alcista en una onda de orden superior.

¿Recuerda que eso de establecer la clase —primaria, secundaria o terciaria— de tendencia era una cuestión esencialmente personal? Todos los cambios de tendencia en procesos amplios empezaron siendo pequeñas tendencias en sentido contrario, y por ello podían calificarse como simples correcciones en su origen.

Cualquiera podrá comprobar que existen múltiples directrices posibles, pocas veces realmente claras... De hecho, ni siquiera encontrará directrices eficaces en muchas estructuras alcistas y bajistas.

Tendencia primaria, secundaria y terciaria.
El ejemplo previo dentro de un rango temporal de nivel superior.

Sin embargo, lo que siempre encontrará serán mínimos y máximos crecientes o decrecientes: tendencias. Es ahí donde hay que poner el énfasis, en lo que es general, y no en elementos que pueden ser atractivos por su aparente simplicidad pero que están muy lejos de ser auténticas herramientas de trading/inversión por sí mismas.

Cuando a continuación pasemos a diseccionar en detalle las diferentes formaciones técnicas que pueden formar parte de nuestro análisis conviene que mantenga este enfoque basado en la tendencia para poder vislumbrar el bosque en su conjunto y no sólo una sucesión de árboles.

Relevancia de la línea de tendencia

¿Es importante entonces la línea de tendencia? Pues por lo general no lo es. Siendo sincero con usted, todo lo que podemos afirmar sobre una ruptura de directriz es que plantea una aparente pérdida de momento, una deceleración del proceso de alzas o de las caídas en curso.

Quizá el mejor de los usos que pueda encontrarse a este tipo de instrumentos esté en la colección de herramientas antitendenciales que tienen los analistas: como soporte decreciente/resistencia ascendente, o como techo de canal alcista y bajista.

Es necesario incidir en que mucho de lo que vemos y hacemos desde un punto de vista técnico dista mucho de ser consecuente con la idea de tendencia. Y también resulta imprescindible darse cuenta con toda claridad de que trabajar la tendencia sin correr el riesgo de morir en el intento no pasa sólo por observar la dirección de los precios, sino por encontrar un modo de relacionarse con los altibajos de ésta.

Son los mínimos lo que más importa en una tendencia alcista. Y los máximos lo que más importa en una bajista.

Mas cuando uno lee a los analistas técnicos se da cuenta de que, por lo general, se pone énfasis en la ruptura de resistencias y soportes, en que crezcan los altos en tendencias alcistas y se perforen los mínimos en las bajistas. Debiéramos, insistimos, poner nuestro foco en lo contrario; asimilarlo nos permite darle un sentido racional a las pautas técnicas en las que vamos a entrar ya en breve.

Definimos tendencia como la dirección o sentido del mercado, percibida a través de los precios de cualquiera de los activos cotizados en éste.

Los precios en el mercado se expanden y contraen en ondas, con máximos y mínimos relevantes sucesivamente más altos en los movimientos alcistas, así como máximos y mínimos relevantes sucesivamente más bajos en los movimientos bajistas.

Éste es un concepto absolutamente esencial para el análisis técnico, que es básicamente un sistema de seguimiento de tendencias y de su discusión en niveles más sofisticados del mismo.

Operando sobre tendencia

El cuerpo teórico del análisis técnico es amplio en Oriente y Occidente, pudiéndose dividir a nuestro lado entre cuantitativo y chartista. La pretensión de este libro chartista es la de proponer un enfoque que consideramos eminentemente escéptico, y por tanto mejor que el que suele practicarse en la mayor parte de los textos técnicos, en tanto en cuanto lo habitual es hacer una especie de acto de fe con los gráficos.

Es para evitar eso por lo que este libro empieza planteando conceptos orientados a trabajar la convicción, razonando sobre la naturaleza de las ideas que se esconden tras el chartismo, en los porqués, no tanto para que se puedan aprender cosas, sino para interiorizarlas.

En nuestra opinión, la gente que se acerca a los gráficos ha corrido demasiado casi siempre, ha cogido su herramienta y se ha puesto a caminar sin pensar en los motivos por los que debía tomar el camino, en general por deporte, como alternativa a una decepción o como respuesta inmediata a la fascinación que provocamos algunos personajes y nuestras buenas rachas. Pensamos que hay mucho de nuestro fracaso en la manera en como llevamos las cosas a la práctica, en la actitud. Y sin un entendimiento profundo y convencido de los motivos que nos llevan a operar en uno u otro sentido..., ¿cómo podremos vencer a la incertidumbre que va asociada a cada nueva decisión? Sin todo ello, tarde o temprano, aquellos que no estamos tocados por la mano de los dioses tenemos francamente complicado hacer un trabajo que dé buenos resultados.

A nuestro juicio, un pequeño arsenal de herramientas básicas es más que suficiente para que un inversor pueda hacer crecer su cartera a largo plazo con la que debe ser la pretensión de un técnico: mejorar la relación rentabilidad/volatilidad que ofrece una gestión pasiva. Profundizaremos más en esta relación fundamental cuando hablemos de la formación de carteras.

Acumular experiencia y mejorar el uso de ese pequeño arsenal de herramientas que podemos proponer nos parece más útil que incrementar continuamente los conocimientos, sobre todo si no los asentamos intelectualmente, abandonándonos a una carrera hacia nuevas y continuas aproximaciones sin considerar la deontología a que obligan todos ellas.

La búsqueda del Grial finaliza siempre cuando das con el único secreto: no hay secreto. Y por cierto, este libro no es suficiente para estar listo. Como hemos dicho al principio de este párrafo, sin acumular experiencia no estamos listos. Es algo que quizá sólo tienen claro los budistas, que consideran conocimiento sólo aquello que de algún modo u otro proviene de la experiencia: el *bhavana, maya panna.* Entenderá ahora mejor el título de este libro: fundamentos.

El camino «deductivo» de la tendencia

Recuperamos el interés por Popper, del cual ya hablamos en el capítulo sobre los sesgos cognitivos, debido a nuestra admiración por las ideas de George Soros. Conociendo la crítica de Popper al método inductivo, puede resultar contradictorio pensar en términos de lo más probable como medio para sobreponerse a nuestra inexorable falibilidad, del modo en que lo hacemos también los técnicos mediante la consideración de patrones.

Hume advirtió de la falta de validez lógica que presentan las inferencias inductivas en el camino del establecimiento de leyes naturales. Pero éste, pese a su gran descubrimiento de que una ley natural no puede ser probada ni tampoco hacerse probable por inducción, siguió creyendo que los animales y los hombres aprenden precisamente por la repetición porque de otro modo difícilmente podrían sobrevivir.

Popper confuta esta concepción de forma aplastante desde un plano puramente lógico al advertir que el aprendizaje por repetición es una especie de ilusión óptica, dado que las repeticiones nunca son perfectas, que puede tratarse sólo de casos de gran similitud, pero nada más; advirtiendo, además, que de ello no pueden derivarse leyes naturales dado que ese tipo de planteamientos conlleva directamente a una regresión al infinito.

Sin embargo, al menos tal y como han venido planteándose

las cosas, es inducción casi todo lo que hacemos desde un punto de vista técnico. Todo consiste en la aceptación de que lo que hemos observado en el pasado se repetirá en el futuro... ¿Cómo superar este escollo?

Hay dos modos de asaltarlo, por un lado tener claro que nos dedicamos a otra cosa, nuestras pretensiones son menos elevadas y nuestros conceptos siempre mutables, nosotros los analistas técnicos no buscamos leyes naturales propias del mercado de valores, no estamos considerando la posibilidad de un modelo de comprensión, sino de un modelo de supervivencia justamente en el sentido en el que Hume asume la inducción como necesaria. Los técnicos no pretendemos comprender el mercado, sino cómo se comporta en ocasiones para servirnos de un método de especulación, para poder conseguir algo de capacidad predictiva bajo el mando de la incertidumbre.

Y ahí nos distanciamos también de Popper. Un distanciamiento que ya propone Soros al no considerar que el método de las ciencias sociales sea análogo al de las ciencias naturales habida cuenta de la existencia de reflexividad. Si las pretensiones de las ciencias sociales y las ciencias naturales deben ser distintas en términos de verdad, ello será aún más necesario para el mundo de la especulación/inversión, donde estar en sintonía con la percepción de la realidad es más importante que descubrir una realidad —o verdad— a la que tarde o temprano deba tender el mercado en el supuesto de que exista; pues como habría afirmado Keynes, uno puede arruinarse antes de que se inicie el período de transición desde la una a la otra, antes del cambio en la percepción de la realidad que de la realidad tienen los agentes. No conviene, en este sentido, olvidar eso que Soros denomina «función manipulativa del mercado», o de cómo éste puede alterar el futuro de los fundamentales.

De todos modos, y pese a que la simple supervivencia parece darnos licencia en el uso de la inducción, nuestro objetivo sigue siendo el de conseguir un acercamiento distinto... ¿Por qué, sino escribir sobre los fundamentos de algo de lo que se ha escrito muchísimo? Y en ese sentido «deductivo» trabaja este manual, porque entiendo que el análisis técnico ha sido propuesto de un modo que no es beneficioso para su credibilidad a largo plazo y ha conllevado estúpidos mitos como el que sostiene que se trata de un enfoque para el corto plazo o que se autocumple.

Cambiar estos prejuicios pasa necesariamente por razonar. Alejarnos un poco, al menos dialécticamente, del discurso meramente inductivo que parece haberse impuesto radicalmente en el análisis técnico permitiría que fuera un método más apreciado por las instituciones, y reforzaría las convicciones y la actitud de los traders. Nuestros mayores errores han sido problemas de actitud, y seguimos incurriendo demasiadas veces en ello pese a toda nuestra experiencia.

El análisis técnico debe salir de su discurso simplista si quiere ser aceptado. Su enfoque tradicional, puramente inductivista, ha provocado una visión de «bola de cristal». Es en definitiva nuestra pretensión fundamental con el presente libro: salir del enfoque puramente inductivo, dejar de ver al análisis técnico como una simple colección de figuras cuando en realidad es algo que puede tener también un buen fundamento lógico si se comprende que éstas se derivan, se «deducen», de la idea de tendencia que hemos aceptado como premisa, permitiría una mejor relación con otros acercamientos al mercado. La idea es darse cuenta de que el chartismo no es una teoría sobre formaciones gráficas —teoría fácilmente refutable en la medida en que uno tardará muy poco en constatar que las predicciones que hacemos fallan, y mucho—, sino una teoría sobre la existencia de tendencias. Las pautas fallan por la existencia de tendencias de otro orden y que interactúan con la que tomamos, imponiéndose cuando no resultaba lo esperado *a priori*. O porque las malinterpretamos, obviamente.

Hace algunos años, Carlos tuvo el placer de dar una charla en el Colegio de Economistas de Madrid para algunos analistas. Durante la exposición, una compañera fundamentalista le planteó que estaba de acuerdo en lo de las tendencias, pero que se negaba a aceptar que determinadas pautas gráficas tuvieran el poder de anticipar los acontecimientos futuros con cierta probabilidad. Lo que no entendió la compañera es que no todos los chartistas consideran las figuras técnicas como revelaciones marianas, sino precisamente como expresiones de la tendencia.

Las pautas técnicas tradicionalmente aceptadas, como el doble suelo, el cabeza y hombros o el triángulo, no son más que modos en los que se produce la continuidad o el cambio de tendencia tras aparecer momentos de equilibrio en el mercado en forma de tendencias más o menos laterales. Alrededor de esta idea se articulan todos los patrones chartistas.

En torno a esto gira todo: la tendencia. ¡La tendencia es el gran ausente en la mayoría de libros de chartismo! Y es simple y llanamente a partir de ésta que puede derivarse la existencia de todo el compendio de pautas que «ven» cada día en los gráficos los analistas. Curiosamente, somos introducidos a las formaciones técnicas como si de apariciones mágicas se tratase. Que de ahí procede el halo de esoterismo que envuelve al análisis técnico en general y al chartismo en particular.

Es desde la existencia de tendencias, una de las premisas del análisis técnico, desde donde vamos a deducir la aparición, en ocasiones —remarquémoslo porque es importante—, de determinadas formaciones o patrones gráficos. Estas pautas son fundamentales para la operativa de un trader chartista, pero no porque tengan poder predictivo en sí mismas, sino porque lo tienen en relación con la tendencia que las precede.

Si alguien cree que el mercado se autocumple es que no ha entendido nada. Una formación desarrollará su potencial independientemente de cuántos la visualicen, y de hecho poco tenemos que decir en el juego los que las identificamos y mostramos. Una formación llega a confirmarse porque existe un desequilibrio de fuerzas en el mercado que acaba mostrando el temporal dominio de alcistas o bajistas, y tras este dominio existe una configuración de argumentos que no desaparece tras la confirmación de un patrón. Bien al contrario, esa configuración se mantiene y seguirá empujando a los precios en la misma dirección tras la ruptura. Eso es lo que explica que el patrón desarrolle su potencial, no el patrón per se.

Todo debe girar en relación con nuestro punto de partida, con el axioma que establece la existencia de tendencias. De este modo conseguiremos dotar al chartismo de un sentido más racional, lo que afianzará nuestra convicción en lo que hacemos. Y esto es esencial porque sólo desde ésta conseguiremos desplegar sobre el teatro de operaciones la actitud que necesitamos en un entorno cambiante y caracterizado por una enorme incertidumbre como es el del mercado financiero. Que el análisis técnico quiera capturar la irracionalidad no quiere decir que deba comportarse irracionalmente, sino todo lo contrario.

Visión operativa de la tendencia

Podemos definir una tendencia alcista en el mercado como una secuencia de mínimos y máximos relevantes ascendentes, y una tendencia bajista como una secuencia de precios en lo que sucede lo contrario. Una tendencia lateral, por supuesto, es aquella en la que los mínimos y los máximos relevantes de un movimiento no consiguen definir tendencia. Así de simple. En torno a esto gira todo.

Nuestro querido Popper, el gran filósofo de la ciencia, consideraba que el estudioso debe renunciar a la idea de una tesis final, siendo el conocimiento un proceso dialéctico y continuo donde una mejor hipótesis, una conjetura, va ocupando el lugar de otra anterior. Hoy entendemos que es así como avanza cualquier conocimiento.

Y, lógicamente, así sucede con el mercado, que es información, conocimiento, donde una idea deja paso a otra en una cadena sin fin que refuerza o cambia la dirección de los precios, que retroalimenta a las convicciones existentes en la tendencia o invierte el sentido de las mismas cuando la inercia en curso cede ante la presión a la que se ve sometida por una percepción de una realidad que es eternamente cambiante. Las tendencias son convicciones, la aceptación de un conocimiento, y lógicamente se estructurarán del mismo modo: ninguna es para siempre.

El discurso del precio consiste en la continua concatenación de tendencias, y en la interacción de procesos tendenciales de diferente grado que frecuentemente presionan en direcciones contrapuestas. Las tendencias se integran unas dentro de otras, como muñecas rusas, planteando la idea de una estructura, de un camino. Pero en un determinado momento, una tendencia de orden inferior que *a priori* parecía un alto en el trayecto se mostrará no contingente, crecerá en adeptos y ganará jerarquía hasta provocar el final de una o más tendencias de orden superior.

Así se produce el *sorpasso* entre ondas de diferente grado, sin el cual no es posible dar por finalizada una tendencia. Cada inversor, cada trader, debe seleccionar, según su perfil y pretensiones, la clase de tendencia en la que va a trabajar, y a ella deberá adaptarse continuamente; a fin de estar no sólo en sintonía con el mercado durante la mayor parte posible del tiempo, sino sobre todo en sintonía con lo que quiere para sus posiciones.

Identificar una tendencia es importante a la hora de definir un sesgo de trabajo, pero debe tenerse presente que al considerarse una inercia como alcista, lateral o bajista, simplemente se establece una hipótesis sobre el mercado y el orden que lo gobierna en un momento determinado. Una hipótesis que, como toda conjetura en el sentido popperiano del término, será puesta en duda continuamente para ser finalmente refutada, dándose con ello paso a otra nueva idea, a otra tendencia que deberá ser tomada como marco de referencia en el discurso por el que progresan los precios en el mercado hasta nueva orden.

Deje de inventarse sus stops

Popper afirmaba que si alguien proponía una teoría científica debía ser capaz de responder, como Einstein, a la pregunta: ¿Bajo qué condiciones debería admitir que mi teoría es insostenible? Dicho de otro modo, ¿qué hechos concebibles aceptaría como confutación o falsificación de mi teoría? Para invertir debiéramos considerar absolutamente necesario tener un criterio de falsifibilidad, establecido *ex ante*, como primera norma a la hora de establecer hipótesis de trabajo. Por tanto y a nuestro juicio, buena parte de la tarea a la que está dedicado un análisis debe consistir en la búsqueda de aquellos elementos que lo advertirán potencialmente fallido. No tratamos tanto de saber dónde estamos como, sobre todo, de saber dónde no.

La mayoría de analistas están, como tantos hombres, intentando justificar sus ideas en lugar de adaptándolas, cambiándolas, para que estén siempre lo menos alejadas de la realidad que les resulte posible. Unos buscan excusas, otros establecen zonas de stop. Esto es algo que por supuesto no le sorprenderá a alguien auténticamente convencido de su falibilidad, pero que, sin duda es pasado por alto a la hora de la verdad por buena parte de los análisis.

En gran parte de ellos —y no escapan ni los técnicos—, haciendo mejores o peores reflexiones sobre la cuestión que se discute, se pasa completamente por alto esta parte esencial que debe acompañar a cualquier hipótesis según las palabras de Einstein: ¿Cómo saber que estoy equivocado?

Deberíamos ver el mercado como un ser vivo, como algo cambiante. De hecho, estamos ante un hecho reflexivo. Resulta clave conseguir definir el tipo y clase de tendencia ante el que estamos para estar operando allí donde debemos hacerlo, para adquirir una predisposición correcta a la hora de operar que se ajuste a nuestras posibilidades y objetivos, pero no será menos importante el saber determinar qué elementos refutan dicha hipótesis, definir elementos de control para nuestras ideas.

Si establecemos una hipótesis sobre el comportamiento futuro de los precios en el mercado, no pueden faltar en ésta los elementos que nos debieran permitir darnos cuenta de que la situación considerada como marco referencial ha cambiado, que ha sido descartada, refutada, invalidada por la realidad, y, por tanto, que no tiene sentido mantenerla. Los stops de protección del beneficio o de asunción de pérdida deberán estar ligados a estos acontecimientos —*a priori*—. Admitiendo la siempre necesaria flexibilidad que pide un futuro en cuyas condiciones no sabemos cómo vamos a llegar, éstos debieran contener una lógica ligada a los razonamientos que nos llevan a tomar una predisposición alcista o bajista.

La lógica de un stop

¿Se ha preguntado por qué le saltan en falso los *stop loss*?

Porque no se debe a que el cuidador le tenga manía, ni a que se gaste cientos de contratos para ir a por esos pocos CFD con los que usted opera. No es verdad, no van a por nosotros, nos irrita pensarlo durante el día pero nos ayuda a dormir por las noches. Nos encanta engañarnos, entre otras cosas porque tendemos a sobreestimarnos.

Los científicos en finanzas conductuales lo consideran un sesgo común de nuestra mente, como también es un sesgo habitual creer que nuestra mente no está sesgada (a esto último se lo conoce como el «prejuicio del punto ciego»).

¿Qué sentido tiene por tanto establecer stops aleatorios, por ejemplo, referencias vinculadas a un porcentaje de pérdida «x»? ¿Porque otra cosa más hace pupa? ¡Esto es propuesto incluso por expertos! ¿Hay que poner un stop? Pues vamos a inventarnos uno y santas pascuas... No.

Técnico o fundamental, el stop debe estar ligado a los argumentos que llevaron al establecimiento de una posición. ¿Por qué cerrar una posición si los argumentos considerados no han variado? Los gráficos ofrecen una ventaja porque sus criterios son de precio, podemos por tanto establecer, aproximadamente al menos, cuál será el desgaste monetario *ex ante* si nos equivocamos.

Así, no sólo debemos hablar de una definición positiva de tendencia, según estén creciendo o decreciendo los mínimos y los máximos relevantes, sino que se hace aún más necesario acudir a una definición negativa. La definición positiva habla sobre el pasado y el presente del precio. La definición negativa se enfrenta al futuro, y en tal caso no podremos establecer qué debe haber sucedido con los precios, pero sí qué no debe haber sucedido.

En realidad, nos acabamos dando cuenta de que el análisis del mercado nos dice poco sobre cómo son las cosas en realidad, pero mucho de cómo no son; y de ese modo nos sesgamos operativamente en una dirección que puede ser fallida, pero que es la única racionalmente posible si se quiere operar en sintonía con la tendencia.

Los precios en el mercado se expanden y contraen en ondas, con máximos y mínimos relevantes sucesivamente más altos en los movimientos alcistas, así como máximos y mínimos relevantes sucesivamente más bajos en los movimientos bajistas.

Van a por mí

¿Quién no ha escuchado aquello de van a por mi stop? Casi parafraseando a nuestro estimado Emilio Duró, y disculpen la escatología, ofreceremos el ejemplo que él suele poner en sus ponencias sobre optimismo e ilusión: imagine el planeta Tierra en el universo. Una caquita. Luego ubique su ciudad en el mundo, una caca ya respetable. Entonces puede imaginar su cuenta de trading dentro de su ciudad como un excremento realmente grande y su *stop loss* como un supercagajón. Ahora, efectivamente, siéntase legitimado para pensar que a usted le caen todos los marrones... El mercado se pasa años buscando marrones, y cuando los encuentra, se gasta millones de euros en forma de contratos para concentrarlos todos en ese lugar de la península Ibérica que habita usted para que le salte el *stop loss*...

Por tanto, ¿si le saltan habitualmente los stops qué significa?

Alternativa uno: el dios Mammón le tiene manía. Poco probable, usted no es tan importante.

Alternativa dos: el marrón es usted, y los atrae. Esto ya es más probable, que diría Emilio. Desde luego si hace las cosas aleatoriamente, y además quiere perder poco dinero en una operación, resulta francamente fácil que salte su stop una vez tras otra.

No busque explicaciones a los errores fuera de sí mismo. El culpable siempre es uno, aunque tenga una explicación que merezca la pena conocerse para que podamos hacerlo mejor en una próxima ocasión.

¿Dónde situar un *stop loss*?

Se trata de usar la cabeza: un stop es algo que pretende sacarle del mercado si está equivocado. Luego, debe ejecutarse si sus argumentos desaparecen. Si opera técnicamente y acepta la idea de que una formación técnica bajista es una secuencia de máximos decrecientes, mientras éstos decrezcan usted no tiene una tendencia alcista y por tanto no puede ejecutar su *stop loss* aunque los precios se metan dentro de la zona en la que antiguamente estaban teóricamente lateralizados.

La antigua zona de soporte clave ofrece un punto de freno mejor que otros, cierto, pero su superación no anula el patrón porque un patrón no es nada en sí mismo. Y si aceptamos que pueda ser algo, no desaparece mientras no es anulado. ¿Cómo se anula un patrón bajista? Por encima de la pauta, por supuesto. ¿Puede cancelar una posición antes? Claro, si aparece un nuevo patrón que lo cuestione en la tendencia que quiere trabajar. Y a esta altura usted ya no ignora que tendencias hay de muchas clases.

Por supuesto, hacer uso de un stop completamente direccional, el que emana de la anulación de la pauta que se ha tomado como base de operaciones, no significa que no vaya a saltarle en falso.

Seguirá fallando innecesariamente. Pero menos y le compensará a largo plazo si puede permitirse este tipo de stops. No abuse, en cualquier caso, de las posiciones bajistas en renta variable porque, salvo en momentos concretos de la historia y/o para coberturas y operaciones *long/short*, son un camino equivocado.

El objetivo mínimo teórico

Las formaciones técnicas permiten estimar un objetivo mínimo teórico para el desarrollo subsiguiente de los precios, que se cumplirá frecuentemente. Es importante insistir en lo de mínimo y lo de frecuentemente, pues los precios pueden ir hasta allí o mucho más lejos y ésa es la pretensión de todo sistema de trading en tendencia, pero toda vez que el chartismo está lejos de ser infalible muchas veces los precios no conseguirán, finalmente, sus objetivos. El propio análisis —recuerde que hablábamos de la autoevaluación constante como una de las virtudes de este método— le advertirá casi siempre de ello.

El objetivo mínimo teórico es el nivel de precio que, como mínimo, debiera recorrerse al alza o a la baja en el caso de que se confirme una formación técnica. En cualquier formación, el objetivo mínimo se obtiene midiendo la distancia existente entre el máximo punto alcanzado por el mercado en la pauta y su punto de confirmación.

Conocidos el objetivo mínimo teórico de un patrón y el *stop loss*, sólo hay que contraponerlos para tener una ecuación riesgo/recompensa. Sin embargo, sabemos que tenemos dos escalas para hacerlo y que van a proponernos objetivos mínimos diferentes.

Stop y objetivos. La (estricta) ecuación riesgo/beneficio

Como ya sabe, la estricta ecuación riesgo/beneficio es el ratio que se obtiene de medir el objetivo mínimo que plantea un patrón frente a su *stop loss*. En cualquier formación, ya lo hemos dicho, el objetivo mínimo se obtiene midiendo la distancia existente entre el máximo punto alcanzado por el mercado en la pauta y su punto de arranque.

Éste es un concepto absolutamente esencial para el análisis técnico, que es básicamente un sistema de seguimiento de tendencias y de su discusión en niveles más sofisticados del mismo. Ahora ya estamos preparados para comenzar con las formaciones técnicas.

Parte III

Las formaciones técnicas

Normalmente, se pasa de puntillas sobre la idea de tendencia, convirtiendo el chartismo en una especie de acampada en el zoológico de los nombres, en una colección de garabatos que parecen tener poderes sobrenaturales y poca o ninguna correlación con la tendencia fundamental de la que emanan.

Tenerla presente hace difícil aceptar esa línea divisoria que parece existir entre patrones de cambio de tendencia y pautas de continuidad en la tendencia propia de los enfoques habituales de los manuales técnicos.

Pensamos que esta diferenciación es completamente irreal y ha cooperado a la sensación de irracionalidad, de esoterismo incluso, que puede trasladar el análisis técnico sin un enfoque meditado y continuamente relacionado con la tendencia.

Recuérdelo: el mercado es un ágora.

Si hay mercado todos los días es porque no hay claridad, porque la confusión y la incertidumbre predominan. De otro modo, en una situación de claridad, habría consenso y los ajustes serían inmediatos.

Pero en lo social el consenso no existe más que como burda aproximación. El mercado, que es un democracia cualitativa

—cada agente tiene una fuerza directamente proporcional al dinero que gestiona y por tanto completamente distinta al resto de los participantes—, está en perpetuo cambio y reflexión.

Y no podría ser de otro modo a la luz de algo innegable: las situaciones cambian constantemente y por definición en las cuestiones sociales. Y como nos diría George Soros, de un modo reflexivo. Puede que la economía sea la cuestión social por excelencia.

El mercado tiene entre sus funciones la de expresar el cambio continuo que se produce en la percepción de la realidad de los agentes —recuerde, el conocimiento de la realidad como tal nos está vedado— y el análisis técnico si esos cambios tienen efecto sobre la tendencia. Y éste no sólo reflejaría la realidad, sino que también crearía parte de la misma. Soros lo denomina «función manipulativa del mercado».

El mercado es por tanto un lugar de debate, donde los argumentos se concretan en la toma de decisiones y se miden en dólares, yenes o euros. Las discusiones intelectuales que se producen en esta ágora van más allá de las ideas, pues están implícitas todas las palabras y las acciones que tengan efectos de alguna clase en el mercado en forma de decisiones de órdenes de compra y de venta.

Sea cual sea el motivo por el que un participante toma una decisión, y puede haber cientos diferentes a cada lado de la tendencia y perfectamente razonables muchos de ellos en ambos lados, lo cierto es que todo coadyuva a la agregación de argumentos en una dirección del mercado.

Toda decisión, a medida que ganan o pierden fuerza los argumentos de cada agente, facilitará una retroalimentación de los posicionamientos propios o un cambio en el alineamiento de fuerzas.

Durante las tendencias habrá una razón dominante aunque se den argumentos para todos los gustos. Los mínimos y máximos crecerán mientras los argumentos dominantes sean optimistas con respecto al activo, sea valor, bono, materia prima o divisa. De la misma forma, los mínimos y máximos decrecerán mientras las ideas dominantes sean pesimistas.

Habrá momentos en que las tendencias dominantes serán

puestas en tela de juicio, en los que se producirán reflexiones trascendentales en el ágora de las que alguna clase de tendencia saldrá reforzada, deteriorada o rota. Estos debates tomarán a menudo la forma de pautas identificables, de patrones que son el reflejo de momentos en que existe un cierto equilibrio en el mercado, momentos de remanso que, como siempre, darán paso a una nueva tormenta, a un nuevo paso en la dirección dominante o a un cambio en la situación de la tendencia vigente, invirtiéndola.

Quédese con la idea de que el mercado es una criatura viviente, un lugar social. Lo que observaremos a continuación tiene que ver con este pensamiento, y cómo se articula este pensamiento con la idea de tendencia.

Propensión y metamorfosis. Continuidad y cambio de tendencia: no hay más en realidad.

Queremos insistir en que nos resulta un misterio el motivo por el cual se habla de patrones de cambio de tendencia y de continuidad. Un análisis tranquilo de la realidad nos permitirá ver que todas las formaciones pueden romper por un lado y salir por el otro, que una transición puede derivar en un cambio de tendencia o en la continuidad de la misma de forma muy parecida si no exactamente igual.

No hay mejor modo para demostrarlo que empezar a hablar de patrones, algo que intentaremos hacer con nuestra molesta costumbre de razonar técnicamente.

El cabeza y hombros invertido

Para describir figuritas hay ya tanto material publicado que nos daría vergüenza colgar una sola línea que pudiera parecerse algo más de lo estrictamente necesario a lo que puede encontrarse por ahí sin demasiado problema. Y como hay que empezar a demostrarlo por un algún lado, empecemos por un patrón legendario.

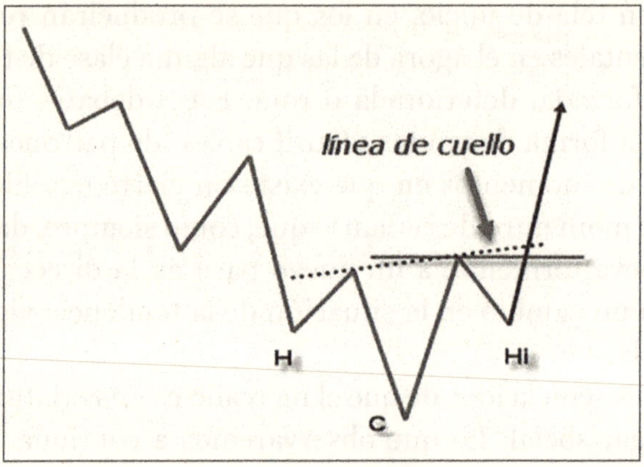

Como puede verse, durante un cierto tiempo los mínimos y los máximos —pongamos énfasis en los máximos durante tendencias bajistas— descienden claramente. Llegado el momento, dejan de hacerlo para iniciar un movimiento lateral.

La pauta no se ha completado porque los mínimos y máximos ya no decrezcan con claridad. La confirmación del patrón se producirá sólo cuando los máximos sean crecientes... ¿Cómo si no íbamos a poder hablar de un (aparente al menos) cambio de tendencia?

Y por tanto no, la confirmación no viene cuando se perfora lo que se conoce como línea clavicular (o *neck line*) y que se obtiene por la unión de los últimos máximos relevantes (podemos considerarlo filtro de importancia para confirmación cuando dicha línea sea ascendente).

Recuerde que las líneas las ponemos nosotros, y eso ya debería hacernos imaginar lo poco importantes que son. Hay por supuesto quien ve el patrón desde la misma zona de mínimos (C), y es que la imaginación es poderosa. En el mundo de los analistas técnicos, que es un mundo muy *freak*, la realidad no supera la ficción.

Vamos con un ejemplo real... Puede verse en el chart de Telefónica que la secuencia de mínimos y máximos decrecientes es una constante al principio. Llegará un momento en que esa inercia bajista se agotará, los máximos dejarán de decrecer claramente y los mínimos empezarán a crecer. Se entra en un debate,

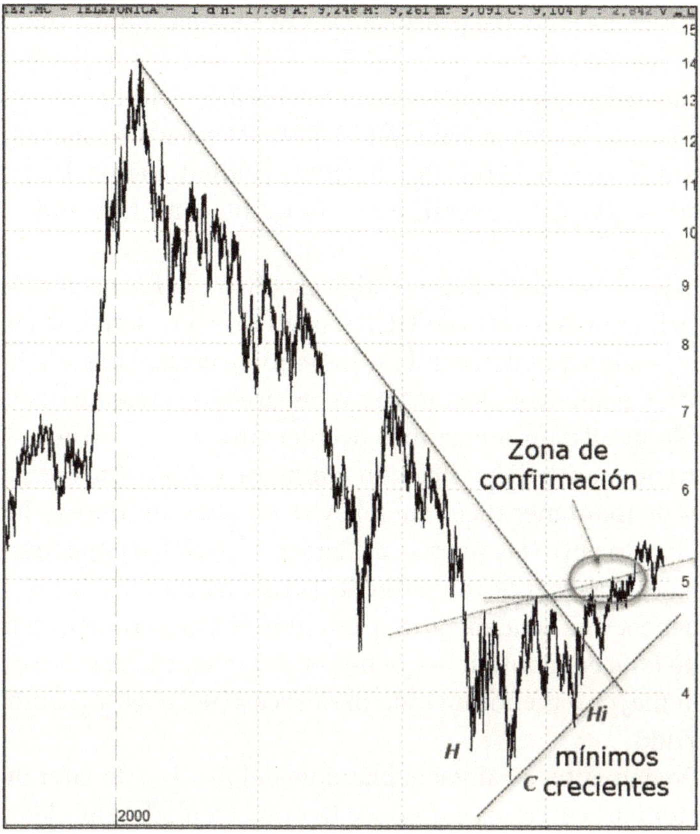

Gráfico de Telefónica.
Cabeza y hombros invertido.

un período de equilibro entre alcistas y bajistas que los precios expresan con lateralidad.

Desafortunadamente para los bajistas, el resultado final será comprador, con un despliegue de máximos crecientes por primera vez en mucho tiempo.

Insistiremos una y otra vez en que esto es lo importante, pues eso es todo —además del proceso de lateralidad (acumulación)— lo que merece la pena destacarse. El resto está en nuestra imaginación. Y es tan obscena la de los que nos acercamos al mercado con gráficos que demasiadas veces resulta grotesca.

En realidad, todo lo que se ha producido es un cambio en las convicciones del mercado, expresadas durante la tendencia bajista en el discurso del precio con continuos mínimos y máximos decrecientes.

Las fuerzas dominantes, aparentemente y tras un período de reflexión, se invierten para que el dominio pase a ser alcista. Por sus frutos los conoceréis. No hay más; aparentemente, las expectativas —que se concretan en acciones de compra/venta— han cambiado.

Lejos de ser un milagro o algo esotérico, la formación de cabeza y hombros invertido (HCHi) no es más que uno de los pocos modos en que pueden cambiar las tendencias bajistas a la luz de nuestros pequeños ojos: primero los precios retroceden, en ondulaciones, dejando máximos decrecientes como corresponde a toda tendencia bajista; llega un momento en que éstos son incapaces de mantener dicha inercia y se entabla un proceso lateral —el debate entre las fuerzas del ágora— donde los máximos dejarán de decrecer con tan indudable claridad y los mínimos —con frecuencia una tendencia va a intentar continuar aunque finalmente falle en el intento— ya no serán sostenibles, sino crecientes en mayor o menor medida para el caso del cabeza y hombros invertido.

Obviamente, estamos hablándole del proceso de lateralidad, del momento en que se produce la señal de alerta para los osos. Finalmente, cuando se produzcan máximos crecientes, se habrá confirmado el cambio de tendencia. Ya está, así de simple.

Tan simple como que fallará en un número mucho más importante de ocasiones del que nos haría sentir cómodos operando hasta que muchas cosas no se hayan interiorizado por completo.

Viéndolo así —no hay muchas formas de dejar de caer por muchos pies que le busquemos al gato—, como algo que refleja el cambio de mentalidad en el mercado, donde se produce una menor presión por parte de unos bajistas —que salen del mercado o cambian de bando— al tiempo que, probablemente, va creciendo el peso de los alcistas, supone dejar de ver el cabeza y hombros invertido como algo mágico. Y, además, impide ver formaciones que no existen. No hay patrón sin confirmación.

Dándonos cuenta de que una formación de cabeza y hombros

invertido es simplemente un reflejo del cambio de dirección de la tendencia, nada más, obtendremos mucha mayor confianza y plasticidad a la hora de operar.

A partir de ese momento, dejando de ver algo «sobrenatural» tras las formaciones, no sólo reforzaremos nuestra comprensión y por tanto nuestra confianza a largo plazo en la operativa que desarrollamos, sino que estaremos más preparados para algo tan o más importante que lo anterior: reconocer el error.

El cabeza y hombros invertido no es una aparición que nos habla desde el cielo, sino simplemente la tendencia invirtiéndose de uno de los pocos modos en que es posible físicamente (y por tanto gráficamente): primero los máximos y mínimos dejan de descender, posteriormente los mínimos y máximos crecerán.

Esto, que puede parecer una obviedad que debería entender un niño de doce años, luego no parece resultar tan evidente. Será que nos hacemos mayores.

Y no lo decimos sólo porque como creyentes en la fe chartista hemos padecido esa aproximación cándida a los gráficos en nuestros primeros años como profesionales, donde la gran tendencia de la década de los noventa del siglo XX tuvo que ver mucho más de lo que queríamos creer en nuestro éxito como traders, sino porque desde el rechazo al análisis técnico puede producirse el mismo tiempo de delirio pero por el lado contrario.

Sin convicción en un método nunca se tendrá la actitud necesaria para sacarle partido, porque especular es un arte, que, cuando hablamos de chartismo, consiste esencialmente en una colección de reglas que configuran una *techné* estadística que deja de ser tal cosa si no las hay.

El arte no es improvisación, ni puede resultar anárquico. Por ello, la actitud es la parte más importante en la ecuación que explica el éxito o el fracaso a largo plazo. Si se está preguntando qué pasó con Telefónica ya se está equivocando. Eso no importa. ¿Acaso cree que íbamos a ponerle un gráfico que falle? ¡Por Zeus, que somos analistas técnicos!

Pero ¿qué se «esconde» detrás de cada formación? La tendencia. Veamos paso a paso qué es lo que sucede en la formación y confirmación de un patrón de cabeza y hombros invertido de la mano de otro ejemplo: el que desplegó el Dow Jones Industrial durante la segunda mitad de 2002 y la primera de 2003.

Este gráfico del Dow Jones Industrial es un buen ejemplo para aquellos que piensan que el chartismo es sólo una herramienta de corto plazo. Si tardas un año en desplegar un patrón y debes sacarle al mercado tres o cuatro veces lo que arriesgues de media a un buen «trade» para ir realmente bien cuando haces trading en tendencia y quieres tener una esperanza matemática positiva en tu cartera...

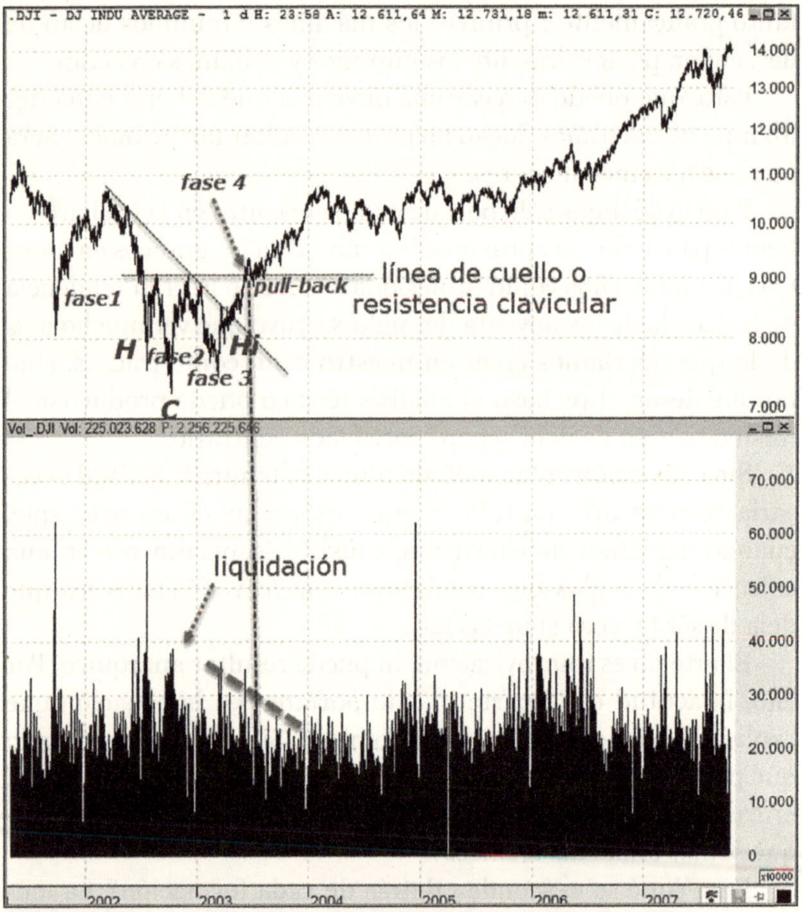

Gráfico del Dow Jones Industrial.
Cabeza y hombros invertido en el largo plazo.

¿A qué viene lo de pensar que ésta es una metodología de corto plazo? O nos hemos olvidado de leernos las premisas que sustentan el análisis técnico, empezando por la fractalidad, o la memoria es muy corta y la credibilidad nos la hemos ganado gracias a aquellos entornos temporales en los que parece que el mercado no atiende a razones, en los grandes mercados bajistas.

Porque luego, cuando regresa la tendencia alcista de muy largo plazo, la que perdona casi todos los errores durante lustros, todo se olvida.

Desarrollo por fases

Fase 1

Durante meses es constante el descenso de los precios, con un despliegue de nuevos mínimos y máximos decrecientes en los que cada reacción del precio se agota por debajo de la anterior.

Fase 2

Tras la caída de una directriz bajista, y a veces sin ella, pueden pasar muchas cosas. Y frecuentemente ninguna como la que tenemos aquí a la vista: que la tendencia cambie. Es algo que ya hemos visto...

Estamos en la fase de acumulación, en la que mínimos y máximos dejan de tener una clara dirección. O mejor dicho: en la que forman una tendencia lateral. Los libros de análisis técnico están repletos de referencias al volumen en esta fase, parametrizando toda la secuencia con referencias al comportamiento que debe tener éste. Puede usted perder todo su tiempo en buscar alzas y bajas del nivel de negocio. Si tiene suerte encontrará algunas para hacer un librito de chartismo más. Quizá lo más relevante y frecuente que pueda verse en términos de volumen en un patrón de vuelta de tendencia bajista a alcista es un pico de volumen en la parte final de la formación, una liquidación o pánico bajista. Y con mucha suerte, un incremento en la ruptura.

Como puede verse, en este caso no sólo no hubo incremento del negocio con la confirmación —veremos ahora eso— de la misma, sino que la primera parte del proceso de recuperación tuvo un claro volumen descendente... Así que ya sabe: no tome posiciones porque la pauta de cabeza y hombros invertido (HCHi) no es canónica...

FASE 3

Los mínimos han empezado a crecer con claridad en tendencias de orden inferior, pero aún no se ha superado claramente la última zona de máximos decrecientes que se disponen en el proceso previo, las referencias que parecen delimitar el gran proceso lateral posterior al de tipo bajista previo.

En el intento de frenar la caída que viene mostrando el índice durante meses se ha formado una resistencia muy evidente; en este caso es horizontal, pero podría ser ascendente o descendente, y desde luego mucho menos clara que en este caso.

Esa resistencia pone límites al debate, al proceso de tipo lateral en el que alcistas y bajistas intentan medrar sin éxito hasta el momento. Ya tenemos una línea clavicular o resistencia clave que nos permite delimitar un nivel por encima del cual se dará por confirmado un cambio de tendencia que, debemos recordar, se consigue porque se rompen máximos decrecientes y no porque un ángel se haya hecho carne.

FASE 4

Punto de confirmación del patrón, al que deberá asignarse el filtro técnico que se prefiera. La tendencia ya es alcista en un plazo de orden superior, pero aún no lo sabemos, y por supuesto no tenemos patrón. No hay patrón sin confirmación, sólo mente.

Sentimos hacerle saber que podemos dar por ciertas las cosas bastante más tarde de lo que nos gustaría para forrarnos, pero que es el peaje que pagamos para no estar fallando mucho más de lo estrictamente necesario y dejarnos los dientes haciendo *market timing*.

Tenga presente también que del mismo modo que no existen formaciones con poderes sobrenaturales, tampoco existen líneas mágicas. Contra la idea generalmente aceptada que liga la confirmación a la línea de cuello o clavicular, lo cierto es que resulta evidente que la confirmación final de cualquier formación y, por tanto, del cambio de tendencia de bajista a alcista se produce con la rotura de un máximo anterior que resulta relevante para la tendencia vendedora que suponemos está cambiando.

Es en este momento, formado al completo el segundo hombro (Hi), y nunca antes, cuando se puede hablar de figura de vuelta en cabeza y hombros. Sí, ya sé que su vecino y su bloguero favorito hacía mucho que habían advertido de que teníamos un suelo... Pero ellos tienen poderes psíquicos y nosotros no.

Antes de la confirmación podemos ser todo lo alcistas que consideremos pertinente en base a otras cuestiones. Pero no por la presencia de un patrón.

Pull-back

En ocasiones, tras el movimiento que ha llevado a los precios a conseguir la confirmación alcista de la pauta, éstos vuelven a la antigua zona de resistencia clave, ahora soporte, principio de polaridad.

Esto es llamado de forma general *pull-back*, aunque en las formaciones de corte alcista hay quien los llama *throw-back*.

Se trata de una segunda oportunidad, pero debe quedar claro que no es algo que deba producirse necesariamente.

Continuidad alcista

Una formación técnica, cualquiera de ellas en lo que respecta a la colección de patrones del chartismo occidental clásico, no sólo se encuentra siempre en los dos lados de la tendencia para cumplir con el principio de fractalidad, sino que además debe poder darse como patrón de vuelta y también como de figura de continuidad.

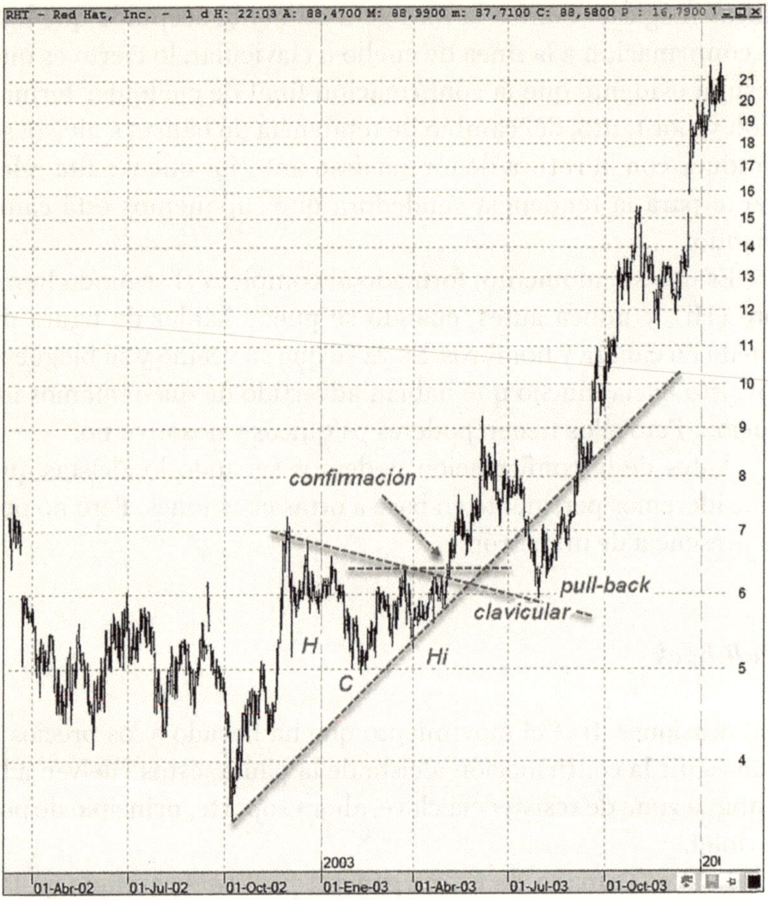

Gráfico de Red Hat.
Cabeza y hombros invertido con continuidad alcista.

No estamos ante algo mágico. Sencillamente hablamos de momentos de equilibrio, de reflexión, y por tanto de condiciones abiertas que pueden resolverse tanto a favor de la oferta (por el lado bajista), como de la demanda (por el comprador).

En este ejemplo, de la estadounidense Red Hat, puede verse como la pauta de tipo cabeza y hombros invertido (HCHi) no aparece tras una secuencia de mínimos y máximos decrecientes o tendencia bajista, sino como simple fenómeno de consolidación de un proceso de mínimos y máximos crecientes previamente desplegado.

Un patrón es una reflexión, un receso, un debate, un período de equilibrio temporal. Nada más.

La figura de vuelta en cabeza y hombros invertido es una victoria de la demanda tras un tiempo en que la oferta campó a sus anchas en el mercado, mientras que la formación de cabeza y hombros invertido en continuidad alcista es una pauta chartista en la que la demanda se impone tras un momento de reflexión que ajusta en tiempo una tendencia alcista previa. Los máximos y mínimos del proceso previo no son manifiestamente decrecientes.

Operativa

¿Cómo debe operar un cabeza y hombros invertido?

Hemos preparado los conceptos que consideramos deben tenerse presentes para identificar la pauta. Sin falacias ni florituras. Estamos mucho más desnudos de lo que creemos cuando nos acercamos al mercado con nuestros gráficos, y su fiabilidad nos es mucho más ajena de lo que queremos creer.

Sí, ya sabemos que hay gente que está conectada con la fuerza de tal forma que es capaz de discriminar, por algunos elementos específicos, lo bueno de lo mejor e incluso de lo malo. También hay gente que hace medicina con el agua. No es nuestro caso, y seguramente tampoco será nunca el suyo. Debería aceptar su pequeña humanidad.

En nuestra opinión, el mejor modo de aumentar el grado de acierto es operar sólo en favor de la tendencia dominante. Eso aumentará la fiabilidad. Un poco al menos, ese poco que puede ser la diferencia entre ganar dinero o perderlo a largo plazo. Tenga presente por tanto para empezar que en los índices de renta variable la tendencia dominante a muy largo plazo es alcista siempre. Incluso si se vive en Grecia o Venezuela. No se preocupe; se lo mostraremos en un capítulo posterior.

Las pautas no sólo tienen de partida ecuaciones riesgo/beneficio menos sugerentes por el lado bajista, sino que también fallan más por ahí. Aumentará su fiabilidad si trabaja en la direc-

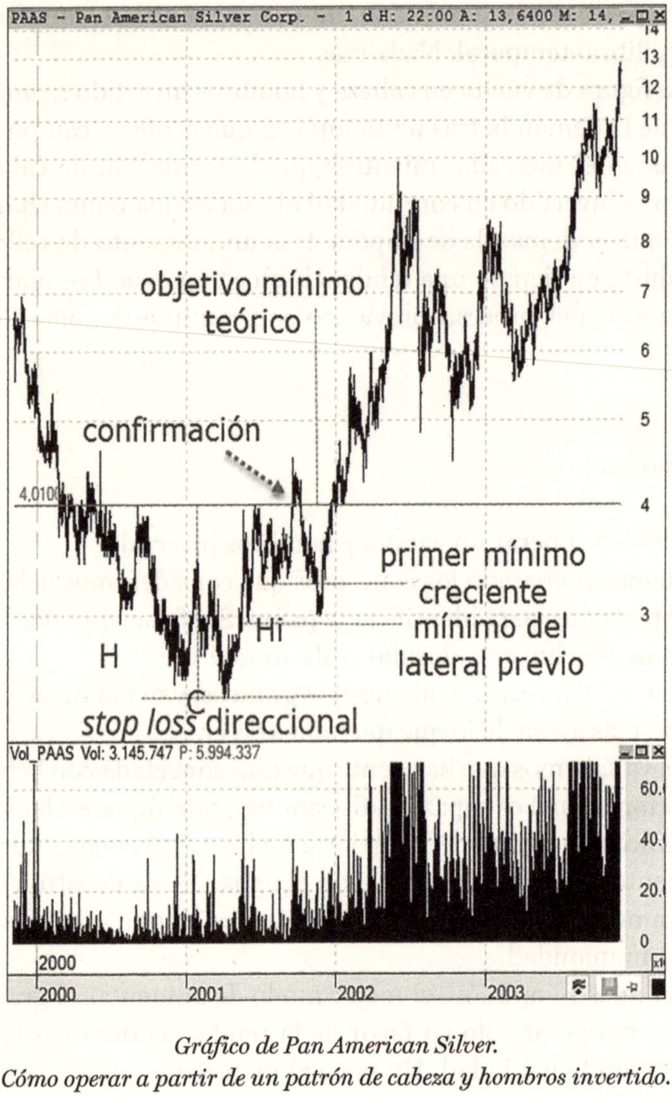

Gráfico de Pan American Silver.
Cómo operar a partir de un patrón de cabeza y hombros invertido.

ción en la que estén operando el mercado en general y el sector en particular cuando use títulos.

En el gráfico, Pan American Silver y su vuelta en cabeza y hombros invertido de hace tres lustros. Primero, su tendencia bajista previa. Luego un movimiento/tendencia lateral de envergadura proporcional, donde pueden verse incluso algunos matices importantes desde el punto de vista del volumen en los movimientos de expansión y contracción. Sí, esos que teóricamente deben producirse durante la formación de la pauta, aunque ya hemos confesado nuestro escepticismo respecto a ello salvo que se quiera reducir la operativa al grado de francotirador. Finalmente, ruptura de zona clave y el desarrollo de una tendencia alcista. ¿Cómo debiera operarse algo así?

SI SE TIENE UNA POSICIÓN BAJISTA

Con una secuencia de mínimos y máximos crecientes que tipificamos como cabeza y hombros invertido, no cabría otra cosa que cerrar posiciones cortas y considerar un cambio de sesgo de trading, de bajista a alcista, una vez que se produce la ruptura de la línea de cuello situada en los 4 dólares.

SI SE TIENE UNA POSICIÓN ALCISTA

Con la superación de los 4 dólares, momento en que se rompe la clavicular, que coincide con el primer nivel de resistencia horizontal, el valor sugiere la toma de posiciones. Bien en ese preciso momento o bien en un eventual *pull-back*.

OBJETIVO MÍNIMO TEÓRICO

Hemos hablado de ello pero insistamos en lo más básico: con el objetivo que marca la distancia que existe en escala semilogarítmica desde la citada clavicular de la formación confirmada hasta el punto más bajo de la misma.

Ése será el objetivo mínimo teórico, que en nuestro caso no está muy lejos de los 7 dólares, pero hay que partir de la convicción de que los precios pueden ir mucho más allá y de la voluntad de acompañarlos si se quiere hacer trading en tendencia, algo frecuentemente insatisfactorio porque a nuestro cerebro no le gusta perder ni a las chapas, y el trading en tendencia obliga a soportar fases de corrección importantes e incluso en algunas ocasiones a convertir operaciones que alcanzan su objetivo mínimo en pérdidas.

De otro modo, las ecuaciones riesgo/beneficio —la relación stop/objetivo mínimo teórico— no son especialmente atractivas casi nunca de cara a un sistema de esperanza matemática positiva cuando quieres hacer trading en tendencia. Tener la probabilidad a su favor, lo que pretende con los charts, es acertar más de un 50 por ciento de las veces.

¿Esperaba mucho más? Le entendemos, nosotros también lo esperamos al principio. No es así. No es mucho más, pero es suficiente para hacer dinero si deja correr el beneficio lo máximo posible y contiene la pérdida, incluso aunque de ese modo tenga un mayor porcentaje de operaciones perdedoras en total (menor fiabilidad) de las que hubiera tenido liquidando siempre en el objetivo mínimo teórico.

¿DÓNDE SITUAR UN *STOP LOSS*?

Varias posibilidades y una estupidez.

Primero la estupidez: stop bajo la zona de confirmación.

Este tipo de protecciones de la posición es una de las costumbres más extendidas y lamentables que hemos visto. Y es, sin duda, el motivo fundamental por el que a tantos inversores les «saltan» sus stops.

Quejarse de los resultados de una aplicación irracional del análisis técnico es también un vicio nacional. Por encima o por debajo de la zona de confirmación, una vez superada ésta, los precios son alcistas si atendemos a la definición de tendencia, porque los mínimos y los máximos crecen pese a la recaída. Su papel es decidir si detrás de una posición tomada en base a una figura técnica se encuentra la idea de la tendencia o una especie de «fe» en ciertas formas gráficas.

Es lo segundo lo que está haciendo con este tipo de stop al uso. Y obrando de este modo, por supuesto, opera irracionalmente. Drama.

Vincular un *stop loss* al antiguo nivel de confirmación sería como admitir que las formaciones técnicas tienen «poderes». Estando lejos de esa convicción esotérica, no hay más nivel que el que marquen los precios en su relación con la tendencia para fijar stops.

Comprendemos que ponerlo más abajo de lo que nos gusta es asumir una pérdida dolorosa, pero es lo que hay. El juego es así y no lo hemos inventado nosotros.

Si quiere stops más pequeños debe trabajar tendencias de orden inferior —bienvenido al intradiario, algo que debería estar vedado a aquel que no se dedica exclusivamente al mercado— y/o con menor potencial técnico *a priori*. Lo siento.

Segunda posibilidad: stop de pérdidas muy agresivo, por encima del primer mínimo creciente. Como observará en el gráfico, este tipo de stop habría saltado en la fase de *pull-back*, pues éste se pasa de frenada para acercarse a los 3 dólares.

Cuando cae ese primer mínimo creciente empieza a quedar en entredicho el estado de la tendencia. Pero no el patrón. Lo que se está produciendo es un movimiento contra la parte del mismo que genera el momento exacto del cambio de tendencia, contra la tendencia alcista de orden inferior; pero no se anula en absoluto el hecho de que hemos revertido al alza un proceso de corte lateral, amplio y trabajoso tras una tendencia bajista notable.

Por tanto, aun con los precios por debajo de dicho nivel la formación no está invalidada y aún tiene una significativa probabilidad de alcanzar su objetivo si se tiene más tiempo y paciencia de la que nos gustaría tener.

De hecho, la pauta de vuelta en este caso ni siquiera está deteriorada aunque tengamos pérdida de momento y los precios estén recayendo hacia la neutralidad, pues no se constatan mínimos y máximos decrecientes, sino una especie de corrección lineal.

Sin embargo, y salvo en un escenario general claramente alcista —a nivel de índices y sector del activo que se trabaja—, no tiene por qué ser poco saludable recoger velas o, al menos, cerrar una parte de la posición, reduciéndose el riesgo asumido en la medida en que surgen dudas sobre la estructura alcista.

Tercera posibilidad: stop de pérdidas agresivo, bajo el segundo hombro de la formación. Caer bajo ese nivel supone romper algo más que una tendencia de muy corto plazo, es dejarse el proceso de acumulación final en el proceso de vuelta y plantea nítidamente la posibilidad de que los precios estén aún en lateral y puedan volver a la zona de mínimo previo —solemos decir los chartistas en estos casos que el mercado puede estar trabajando un proceso de vuelta más amplio— para poner a prueba niveles de stop direccional.

Cuarta y última posibilidad: stop de pérdidas conservador o tendencial, por debajo del mínimo de la formación chartista. Sí, éste es el auténtico nivel de stop que exige el patrón. Pero a veces resulta muy poco aconsejable asumirlo en términos de riesgo monetario, porque con tres o cuatro fallos gordos podemos caer en fase de apalancamiento asimétrico muy difícil de remontar sin una «ampliación de capital» que vuelva a llenar nuestra cuenta.

Carlos no duda en afirmar que hubo un tiempo en que los gráficos lo tenían engañado. No se había dado cuenta de que son un arte y que encontrar su camino pasaba por aprender a utilizarlos. Incluso una vez hizo una tontería sin ser tonto del todo. Fue con la antigua Hidrocantábrico... ¡Qué tiempos tan ignorantes y felices los noventa! (Para él, por supuesto...)

Estaba él por entonces en la facultad y de repente, con aquel Metastock pirata que le había pasado el profesor —sí, ha leído bien, pirata y profesor—, vio un cabeza y hombros invertido. Era 1994; oh, prodigio.

No fue tan fácil como parece: le estamos hablando de un tiempo en que internet llegaba por vía telefónica y tardabas varios segundos, cuando no minutos, en bajarte una página. Entonces no teníamos a mano y gratuitamente un Visual Chart. Y en 1994 debería haberse salido... Pero no fue así.

Carlos tomó su posición un 3 por ciento por encima de la línea de cuello, como buen niño disciplinado que ha escuchado al profe. Lo cierto es que nadie le había contado dónde se ponía el *stop loss*. O quizá sí y está idealizando a su viejo profesor.

Lo cierto es que puso un stop un 3 por ciento por debajo de la línea de cuello —es el filtro que su profesor de facultad planteaba como el comúnmente aceptado y Carlos es un tipo coherente, así que le pareció que tenía lógica—. Y sí, el stop saltó en vano, pues tras ello Hidrocantábrico subió locamente y él tuvo que buscarse otro valor para disfrutar de ello.

Fueron años buenos pese a ese mal golpe del azar, quizá demasiado... La suerte forma parte esencial del camino, sobre todo cuando no posees más que una idea teórica —y por tanto superficial— de lo que tienes entre manos.

Usemos la cabeza. Un stop es algo que pretende sacarnos del mercado si estamos equivocados. Luego, debe ejecutarse si los argumentos por los que hemos tomado la posición desaparecen. Y si operamos técnicamente y aceptamos la idea de que una formación técnica alcista es una secuencia de mínimos crecientes, mientras éstos crezcan no tenemos una tendencia bajista y por tanto no parece lógico que ejecutemos un *stop loss* aunque los precios se metan dentro de la zona en la que antiguamente estaban lateralizados bajo la línea de cuello.

La antigua zona de resistencia clave ofrece un punto de freno mejor que otros, ciertamente, pero su pérdida no anula el patrón porque un patrón no es nada en sí mismo. Y si aceptamos que pueda ser algo, desde luego no desaparece mientras no sea anulado.

¿Y cómo diablos se anula un patrón? Pues cuando desaparece. No hay que ser muy listo para darse cuenta de que un patrón alcista sólo desaparece si los precios lo perforan por el lado contrario hacia el que, en teoría, deberían haberse movido los precios. Por debajo de la pauta, vamos.

Y sí, hace pupa.

¿Puede cancelar una posición antes? Claro, si aparece un nuevo patrón que lo cuestione en la tendencia que quiere trabajar. Y a esta altura usted no ignora que tendencias hay muchas. Pero eso no anula el patrón.

¿Y obrando así ya no fallará jamás sin que sea estrictamente necesario? No. Seguirá fallando innecesariamente. Pero le compensará a largo plazo si valora más el riesgo y la volatilidad que la rentabilidad, opera más al alza más que a la baja, y se centra, a ser posible, en valores con tendencias sólidas de orden superior.

Sí, hay que olvidarse de los valores más bajistas que tanto nos gustan, del chicharro loco que sube como la espuma, y de nuestra afición por la satisfacción inmediata, esa trampa que nos tiene atados a las redes sociales y a la mensajería instantánea. No hemos venido aquí a divertirnos.

GESTIÓN DE LA POSICIÓN

Veámoslo con un gráfico de Telefónica...

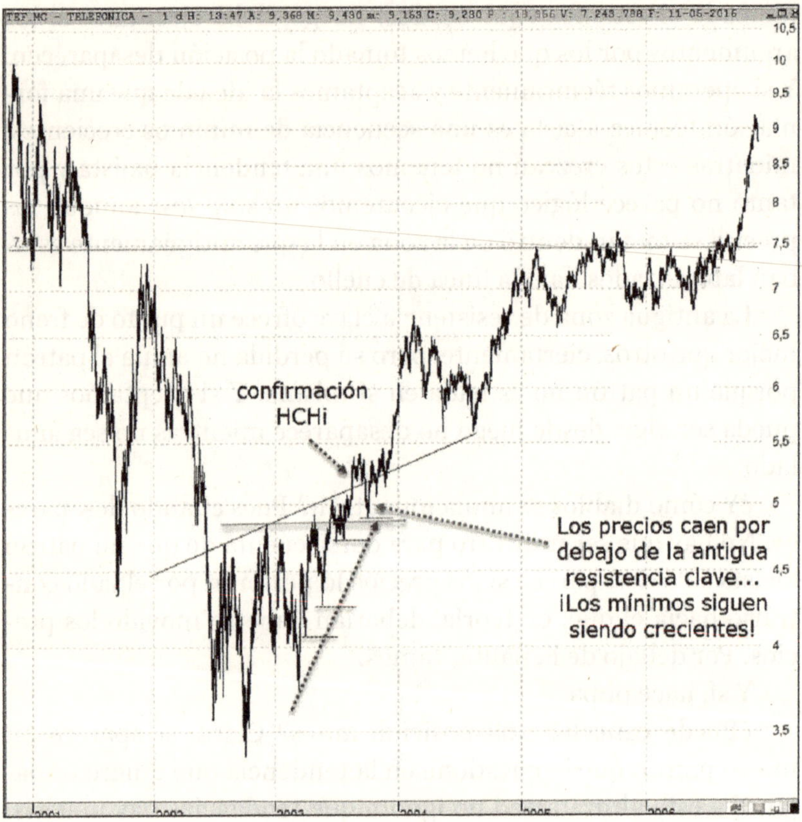

Gráfico de Telefónica.
Los precios caen, pero el patrón de tendencia no se anula.

Fíjese en el brutal proceso tendencial que se produjo tras la confirmación de la formación de cabeza y hombros invertido (HCHi), y en la cantidad de mínimos y máximos decrecientes que se ven puntualmente.

Ésas son las referencias que permiten elevar las zonas de *stop loss*, y para tenerlas hay que pasar por las correcciones laterales o bajistas que plantean elevando sólo la zona de stop cuando tenemos un nuevo mínimo creciente tras éstas.

Aprender a aceptarlas, discriminar los que alteran las tendencias en las que quiere participar de los que simplemente las corrigen, es algo que requerirá de su esfuerzo y experiencia.

No es fácil hacer trading en tendencia; es contraintuitivo, exige capacidad para apartar los placeres inmediatos de su mente, y demanda más y más capacidad para aceptar un movimiento en contra a medida que se escala hacia tendencias de orden muy superior a aquellas en las que se tomó la posición.

Tiene varios de los sesgos cognitivos que ha revelado la economía conductual en su contra.

Pasar a la macroonda sin ser expulsado requiere pulmón financiero —y a veces estómago—. Si lo expulsan, busque otra tendencia o el momento de subirse de nuevo al tren cuando tenga definido un nuevo stop que pueda aceptar en términos monetarios, o adapte la talla de la posición para que éste sea aceptable aunque eso suponga tener que invertir mucho menos de lo que le gustaría en una idea que le parece excitante. Es importante que entienda que no hacemos trading para divertirnos. Ni un minuto.

Ésta es la fase en la que se diferencian los grandes «jugadores». Aquí ya es usted el que fija el modo de actuar en función de su nivel de plasticidad y de su aversión al riesgo. Con el análisis técnico no se va a hacer rico, se va a ir capitalizando a lo largo de los años asumiendo un riesgo más controlado que el que debe asumirse para hacer dinero por otros caminos.

Como puede verse, los precios rompen al alza niveles de resistencia horizontal clave y el filtro correspondiente en forma de línea clavicular ascendente... Pero luego pueden caer tranquilamente por debajo de antiguas zonas clave sin que la tendencia cambie. Mínimos y máximos siguen creciendo. De hecho, podrá ver también que más adelante dejan de hacerlo, pero la tendencia sigue siendo alcista. Y ahí llega la dificultad...

¿Qué mínimos son los que tienen que ver con la tendencia que intento trabajar? Evidentemente no hay que confundir los que son relevantes para la tendencia de más corto plazo con los que lo son para el proceso de fondo si es que queremos trabajar en él.

Lógicamente, trabajar en éste exige aceptar stops más y más laxos —mayor riesgo monetario y volatilidad— a medida que se expanden las tendencias. Y no ha de extrañar que así sea tras haber hablado de tipos y clases de tendencias.

La ecuación riesgo/beneficio

Conocidos el objetivo mínimo teórico de un patrón y el *stop loss*, sólo hay que contraponerlos para tener una ecuación riesgo/recompensa.

No es el momento de entrar a fondo en ello, pero hay que introducir la necesidad de que esto se haga en escala semilogarítmica. Veremos más adelante el porqué para que pueda entenderse el motivo de un modo más convincente. Y es que según se use escala aritmética o semilogarítmica se obtendrán objetivos diferentes.

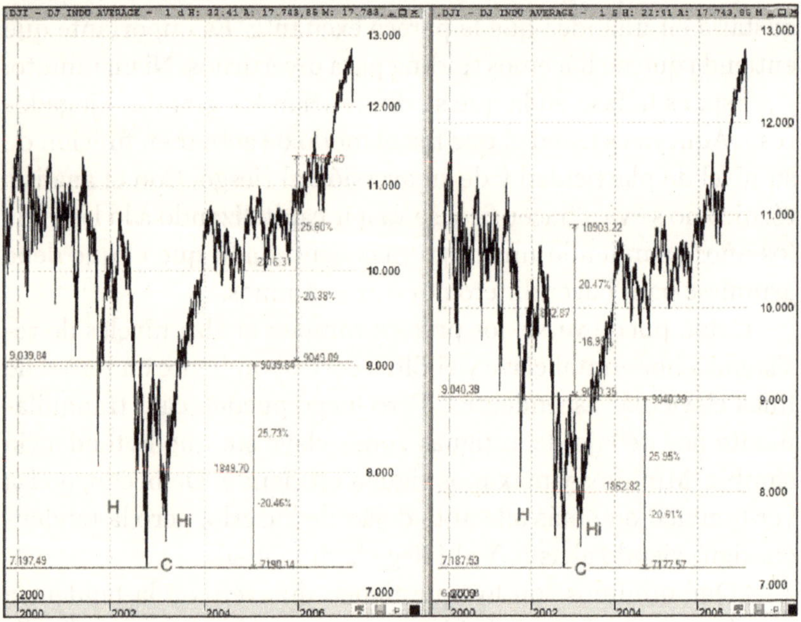

Gráfico del Dow Jones Industrial.
Izquierda: escala semilogarítmica. Derecha: escala aritmética.

Fíjese en el chart del Dow Jones Industrial y en sus patrones de cabeza y hombros invertido (HCHi). El mismo índice, dos realidades distintas si lo mira bien. A la izquierda una escala semilogarítmica y un objetivo mínimo del 25 por ciento versus un stop del 20 por ciento a la derecha en escala aritmética.

Lo cierto es que tenemos ecuaciones riesgo/beneficio distintas hablando del mismo activo... *Pabernos matao.*

En cualquier caso usted estará pensando que, esencialmente, objetivo mínimo y stop bajo el patrón en una formación compradora están relativamente parejos. Y así es, por lo que es difícil acometer un trading en tendencia de éxito sólo por aquí...

Por ello dejar correr el beneficio es, al final, esencial para conseguir un sistema ganador. Esto, al final de camino, no es una colección de pautas. Cuando se lleva al terreno del dinero, se trata de convertirlo en un juego de esperanza matemática positiva a largo plazo.

Porque... ¿no habrá pensado que la mayor parte de las pautas que va a utilizar funcionarán bien, verdad? No se equivoque, no es así. La falibilidad es algo con lo que hay que convivir, y en general es mucho menor de lo que nos gusta pensar.

Esto falla. Y mucho. Aprender a descartar patrones para aumentar la fiabilidad es parte del trabajo. Y operar en los momentos más adecuados, sobre todo en términos de sentimiento contrario —que es justo cuando la mayoría de la gente no se atreverá a hacerlo porque está completamente contaminada por el ruido mediático—, es una manera de aumentar la fiabilidad considerablemente; pero es un ejercicio que pide muy poca operativa y largos períodos de paciencia. Incluso de frustración al ser una herramienta antitendencial.

En un trabajo donde una pauta pide fácilmente un stop del 10 o 15 por ciento, no se puede permitir demasiados errores antes de empezar a funcionar. Así que la gestión del dinero es tan importante como conocerse a uno mismo, y por supuesto mucho más que conocer figuras técnicas.

Para forrarse, haga usted un buen análisis fundamental, créame. De ello hablaremos más adelante. Eso sí, prepare sus pulmones y entrene su estómago porque cada cierto número de años va a visitar el planeta Dolor Extremo. Y si le toca a determinada edad, lo siento pero usted no va a volver a ver tiempos felices.

Piense en Japón.

El cabeza y hombros

La formación de cabeza y hombros es la especular del cabeza y hombros invertido que vimos con anterioridad. Lo mismo pero al revés. De hecho todos los patrones de cambio de tendencia son la misma cosa, y no estamos lejos de quien considera que bastaría con llamarlos figuras de vuelta para alejarnos de la tontería.

Ésta es su secuencia ideal:

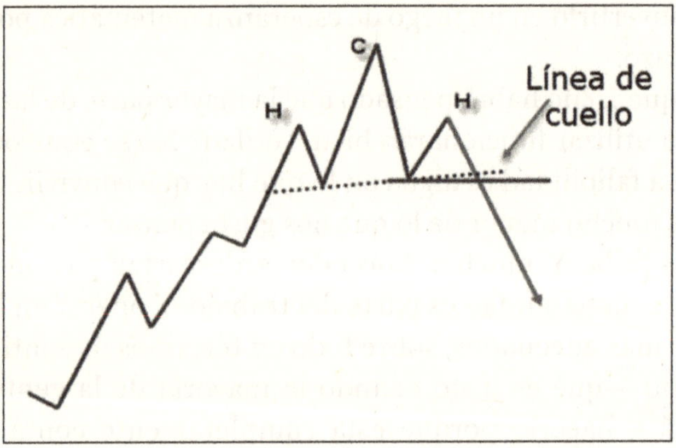

Como puede verse, durante un cierto tiempo los mínimos y los máximos —ponga énfasis en los mínimos durante tendencias alcistas— ascienden. Llegado un momento, dejan de hacerlo para que se inicie un movimiento lateral que acabará convertido en formación de cabeza y hombros. La confirmación de la pauta sólo se producirá cuando los mínimos y los máximos sean decrecientes, y no cuando se perfore la línea de cuello que une los últimos máximos relevantes; elemento que podemos considerar un filtro de importancia cuando la línea en cuestión sea descendente. Recuerde una vez más: las líneas las ponemos nosotros y eso ya debería clarificarnos lo poco importantes que son.

NOTA: Cierto, hay quien ve el patrón desde la misma zona de máximos (C). En pocos lugares está tan desarrollada la imagina-

Gráfico del índice DAX 30.
Los precios caen, pero el patrón de tendencia no se anula.

ción ni convive tanta gente con poderes como en el mundo de los analistas técnicos.

En este chart del DAX 30 puede verse como la secuencia de mínimos y máximos crecientes es una constante al principio. Llega un momento en que esa inercia alcista se agota, los mínimos dejan de ser claramente crecientes y los máximos empezarán a descender.

Se entra en un debate, un período de equilibrio entre alcistas y bajistas que los precios expresan con lateralidad. Desafortunadamente para los alcistas, el resultado final será vendedor, con un despliegue de mínimos decrecientes por primera vez en mucho tiempo.

Esto es todo lo que merece la pena destacarse, el resto es paja o parte de nuestra imaginación... Todo lo que se produce al desplegarse y confirmarse un patrón de vuelta de tipo cabeza y hombros es un cambio en las convicciones del mercado, expresadas hasta su aparición por unos precios configurados por continuos mínimos y máximos ascendentes.

Las fuerzas dominantes se equilibran después, y finalmente el dominio pasa a ser bajista. Por sus frutos los conoceréis. No hay más, las expectativas —que se concretan en acciones de compra/venta— han cambiado después de un proceso de reflexión.

Lo siento pero la formación de cabeza y hombros (HCH) no es la buena nueva en forma de eso. Sencillamente, se trata de uno de los pocos modos en que pueden cambiar las tendencias alcistas a la luz de nuestros limitados sentidos: primero los precios ascienden, en ondulaciones, dejando máximos crecientes como corresponde a toda tendencia alcista, llega un momento en que éstos son incapaces de mantener dicha inercia y se entabla un proceso lateral —el debate se abre en el ágora— donde los mínimos dejarán de crecer con tan indudable claridad. Los nuevos máximos, una tendencia frecuentemente va a intentar continuar aunque finalmente falle en el intento, ya no serán claros y sostenibles. Hemos entrado en el proceso de lateralidad que produce la señal de alerta para los toros, pero sólo cuando se produzcan mínimos decrecientes se confirmará el cambio de tendencia.

Viéndolo así, no hay muchas formas de dejar de subir por muchos pies que le busquemos al animal, como algo que refleja el cambio de mentalidad en el mercado (donde se produce una menor presión por parte de los alcistas —que abandonan el mercado cerrando sus posiciones o cambian de bando invirtiéndolas— al tiempo que, probablemente, crece el peso de los bajistas), supone dejar de ver al cabeza y hombros como algo mágico. Y, además, impide ver formaciones que no existen. No hay patrón sin confirmación.

Dándonos cuenta de que una formación de cabeza y hombros es simplemente un reflejo del cambio de dirección de la tendencia, nada más, obtendremos mucha mayor confianza y plasticidad a la hora de operar.

A partir de ese momento, dejando de ver algo «sobrenatural» tras las formaciones, no sólo reforzaremos nuestra comprensión y por tanto nuestra confianza a largo plazo en la operativa que desarrollamos, sino que estaremos más preparados para algo tan o más importante: reconocer el error. El cabeza y hombros no es una aparición que nos hable desde el conocimiento, sino únicamente la tendencia invirtiéndose de uno de los pocos modos en que es posible físicamente (y por tanto gráficamente): primero los máximos y mínimos dejan de ascender, posteriormente los mínimos y máximos decrecerán. Esto, que puede antojarse una obviedad, luego no parece resultar tan evidente, habida cuenta de lo que podemos contemplar habitualmente en los medios.

Nosotros también fuimos unos creyentes, y tenemos muy claro que otorgarle a un patrón más valor del que tiene genera muchos problemas nocivos para el trading. El más importante de todos ellos: el apego. Quítele hierro y le será más fácil ser flexible. Su cartera puede depender de ello.

Desarrollo por fases

Veamos paso a paso qué es lo que sucede para la formación y confirmación de un patrón de cabeza y hombros de la mano del que desplegó el DAX 30 Performance en 2000.

Por cierto, ¿sabía que el DAX 30 es un índice ajustado por dividendos? ¡Caray, resulta que llevábamos toda la vida usando un índice *total return* sin saberlo! Y aún peor: comparándolo con otros que no lo son, como el IBEX 35. ¿No le da que pensar, o recelar, del discurso mediático habitual?

Fase 1

Todo vino precedido de un movimiento aparentemente invulnerable, de constante al alza de los precios, aunque no sin sobresaltos. El índice había sido tomado por la tecnología, y representaba más bien mal el futuro del mercado en aquellos días. Llegó un momento en el que el despliegue de nuevos mínimos y máximos

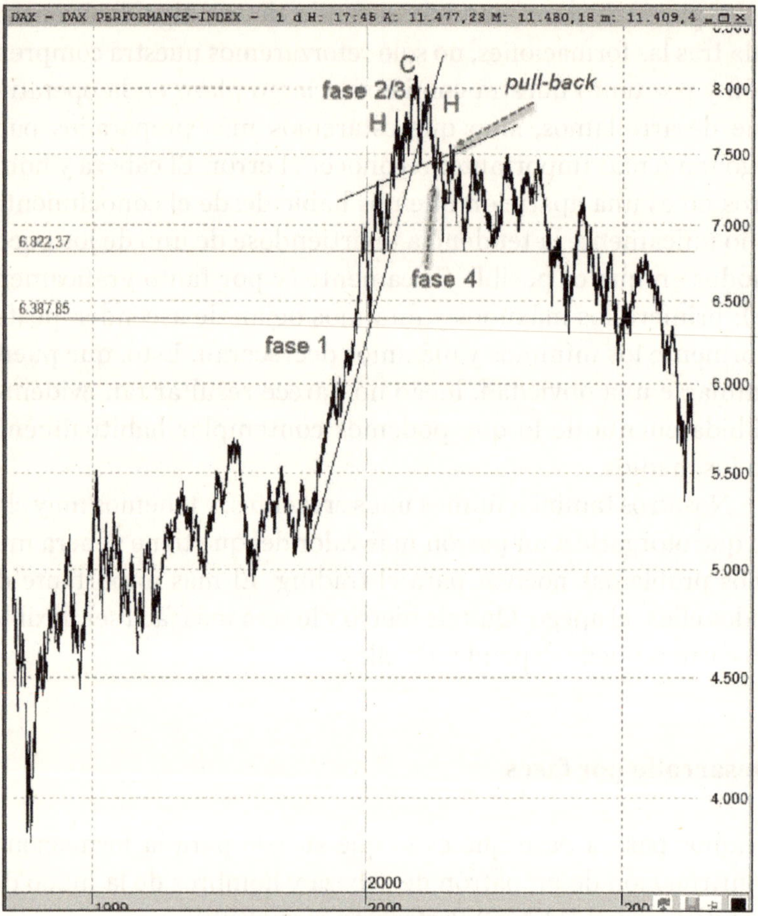

Gráfico del índice DAX 30.
Formación de cabeza y hombros.

crecientes se detuvo para lateralizarse a corto plazo como en otras ocasiones. Sin embargo, en esta ocasión cayó la directriz alcista, aunque no tendría por qué ser necesariamente así para que tuviésemos este tipo de patrón o cualquier otro...

¿Puede advertir la confirmación de una pequeña pauta como la que se proponía en 2000 un gran cambio de tendencia?

Nos pareció por aquel entonces algo difícil de aceptar, abducidos por veinte años de tendencia alcista; aunque los niveles de PER alcanzados por el S&P 500 eran los más altos de la historia, se esperaba que aquella vez fuera diferente.

Carlos, que era un jovenzuelo, llegó a creérselo... Aunque aquello que sucedió con la manía tecnológica, que vimos crecer y desvanecerse, donde sufrió su más importante derrota —curiosamente invirtiendo fuera de ella meses antes del derrumbe—, fue lo que le ayudó a negarse a comprar un pisito como le obligaba su cuenta vivienda en 2006.

Sí, querido lector, con este libro no sale preparado para la vida en el mercado, va a necesitar sus diez mil horas y hacerse viejo en él. Este libro sólo pretende clarificar algunos conceptos técnicos que usted tendrá que ser capaz de incorporar a una metodología propia a lo largo de una vida de inversiones.

Pero volvamos al patrón... ¿Si hubiéramos tenido una gran formación en el tiempo hubiéramos podido prever lo que vino después? En absoluto, aunque hubiera ayudado a verlo venir... Lo cierto es que de los excesos suele salirse sin grandes avisos.

En cualquier caso, un analista técnico no puede conocer *ex ante* cuán larga será la tendencia bajista que emerge de una formación técnica de esta u otra clase. De hecho, cuando algo deja de ser alcista/bajista puede pasar a simple lateral, no tiene que convertirse en bajista/alcista necesariamente. Y no será así demasiadas veces como para hacer fácil el trading en tendencia. ¡Empieza a comprender que es difícil hacerlo mejor que el mercado! Y espero que comprenda que al final el objetivo de un técnico debería ser hacerlo mejor en términos de relación rentabilidad/volatilidad. Volveremos a ello.

No se puede dar por concluida una tendencia alcista porque se plantee una formación bajista, sino que ésta se irá mostrando a medida que se desmoronen referencias de la tendencia alcista previa en sus diferentes órdenes, a medida que se vayan perdiendo los soportes clave dentro del proceso alcista previo.

Fases 2 y 3

El proceso de vuelta en 2000 fue casi en «V» en los índices de gran peso de compañías «tecnológicas» como era el DAX 30 por aquellos días. Tras la caída de una directriz bajista pueden pasar muchas cosas, como ya sabe, y frecuentemente ninguna, pero aquí acabó produciéndose cambio de tendencia radical y en medio/largo plazo.

Se desmontó todo con tal velocidad que las fases 2 y 3 se comprimieron en una sola; no se produjo un período claro de duda en el que mínimos y máximos dejaran de crecer de forma evidente, sino que las cosas cambiaron radicalmente tras unas pocas semanas de lateralidad.

Estamos por tanto ante la pauta espejo de la que vimos antes, pero nótese que su desarrollo es distinto en las formas. Déjese por tanto de esperar cosas canónicas, y comprenda que en el resto de patrones nos tomamos la licencia de insistir menos en ciertas cosas que acaban resultando accesorias. Lamentablemente, del mercado lo ignoramos casi todo.

Teníamos un proceso de tipo lateral en el que alcistas y bajistas intentaban medrar sin éxito: se había formado una línea clavicular o resistencia clave que permitía delimitar una zona que diera por confirmado un cambio de tendencia que, recordémoslo, se produjo porque se rompen mínimos crecientes y no porque un ángel se haya hecho carne.

Los libros de análisis técnico están repletos también de referencias al volumen en esta fase, parametrizando toda la secuencia con referencias al comportamiento que debe tener éste.

Puede usted perder todo su tiempo en buscar alzas y bajas del nivel de negocio. Como sucedía con el cabeza y hombros invertido, si tiene suerte encontrará algunas para hacer un librito de análisis técnico con muchos detalles que éste pasa por alto.

No se trataba de escribir páginas para que pesase más, y, sin duda, se ha dado cuenta de que el libro no pretende situarse a la derecha de los grandes padres del chartismo, sino más bien en el lugar que corresponde a las ovejas negras. Con todo, durante estas semanas se formó un soporte que resultaba muy evidente y que ponía límites al debate, al menos en el corto plazo.

Al final, que le llamen fantasma es casual pero le viene al pelo mucho más de lo que parece. Aquí funcionó de maravilla, pero le va a dejar tirado en muchas ocasiones; sobre todo cuando de bajar se toca.

Gráfico del índice DAX 30.
Formación de cabeza y hombros que fracasa.

¿Que no se lo cree? Pues cáigase del guindo con este otro chart sobre el mismo índice desplegado cuatro años después. Puede verse que no nos falta de nada: tendencia alcista incuestionable, pérdida de directriz, semanas de lateralidad y ruptura bajista en forma de fase 4.

Fase 4

La fase 4 nos ofrece el punto de confirmación del patrón, al que usted deberá asignar el filtro técnico que prefiera —hablaremos de ello—. Del mismo modo que no existen las formaciones con poderes, tampoco existen las líneas mágicas.

Contra la idea, generalmente, aceptada que liga la confirmación a la línea de cuello o clavicular (la que une los mínimos de la fase 2/3), lo cierto es que la confirmación final de cualquier formación vendedora y, por tanto, del cambio de tendencia de alcista a bajista se produce con la rotura de un mínimo previo que resulta relevante para la tendencia compradora que presupondremos que está cambiando.

Es en este momento, formado al completo el segundo hombro (H), y nunca antes, cuando se puede hablar efectivamente de figura de vuelta en cabeza y hombros.

Recuerde, su vecino bloguero tiene poderes, pero nosotros no. Antes de la confirmación podemos ser todo lo bajistas que consideremos justo y necesario, pero por favor que sea en base a otros argumentos y no en base a la presencia de un patrón de cabeza y hombros (HCH).

Por supuesto la tendencia bajista que sugería el patrón desplegado por el DAX 30 Performance podía haber vuelto a ser destructiva, pero no fue así. En este caso, gracias a la divinidad chartista, se más que desplegó el objetivo mínimo teórico.

También podría no haber sido así. Una vuelta en «V» —hablaremos de ellas más adelante— fue suficiente para neutralizar a los bajistas. Y el que no se sube al tren de las compras puede pasarlo muy mal. Ya no le hablo del que iba feliz con sus cortos creyendo que estábamos de regreso a la etapa siberiana de 2000-2003.

Una formación bajista puede generar mucho dolor cuando funciona, y sobre todo hacerlo rápidamente, pero no por ello está anunciándose la desaparición de todo lo que venía por detrás.

Ojo porque los técnicos tendemos a ver el final de los tiempos detrás de cada pauta bajista como consecuencia de nuestra mayor preocupación por el riesgo que por la rentabilidad.

Pull-back

En ocasiones, tras el movimiento que ha llevado a los precios a conseguir la confirmación alcista de la pauta, los precios vuelven a la antigua zona de resistencia clave, ahora soporte —principio de polaridad—. Y en ocasiones, como puede verse aquí, lo que propone es muy distinto.

Desconfíe de los *pull-back* que se producen una vez que se hayan alcanzado los objetivos mínimos de las formaciones más que sobradamente, aunque por favor no lo confunda tampoco con una garantía. Eso, desde ya, debería estar fuera de su cabeza. Absolutamente todo puede salir del revés a como usted espera.

Piense siempre en lo impensable.

Y por supuesto, como puede constatarse aquí, no sólo una formación puede derivar en un lateral en lugar de tendencia en sentido contrario. Un lateral que en esta ocasión se volvió a resolver en la dirección de la formación de cabeza y hombros, pero no puede sacarse la conclusión de que casi siempre vaya a ser así. Para nada.

Continuidad bajista

Una formación técnica, cualquiera de ellas en lo que respecta a la colección de patrones del chartismo occidental clásico, no sólo se encuentra siempre en los dos lados de la tendencia para cumplir con el principio de fractalidad, sino que, además, puede funcionar tanto como patrón de vuelta como de figura de continuidad.

No olvidemos que no estamos ante algo mágico, sino que sencillamente hablamos de momentos de equilibrio, de reflexión, y por tanto de condiciones abiertas que pueden resolverse tanto a favor de la oferta (por el lado vendedor), como a favor de la demanda (por el costado comprador).

En el chart, del BBVA, puede verse como la pauta de tipo cabeza y hombros (HCH) no aparece tras una larga secuencia de mínimos y máximos crecientes o tendencia alcista, al menos no una que cuestione la anterior.

El cabeza y hombros puede aparecer en forma de inmediato movimiento lateral tras el proceso de mínimos y máximos decrecientes previamente desplegado o, como en este caso, puede pro-

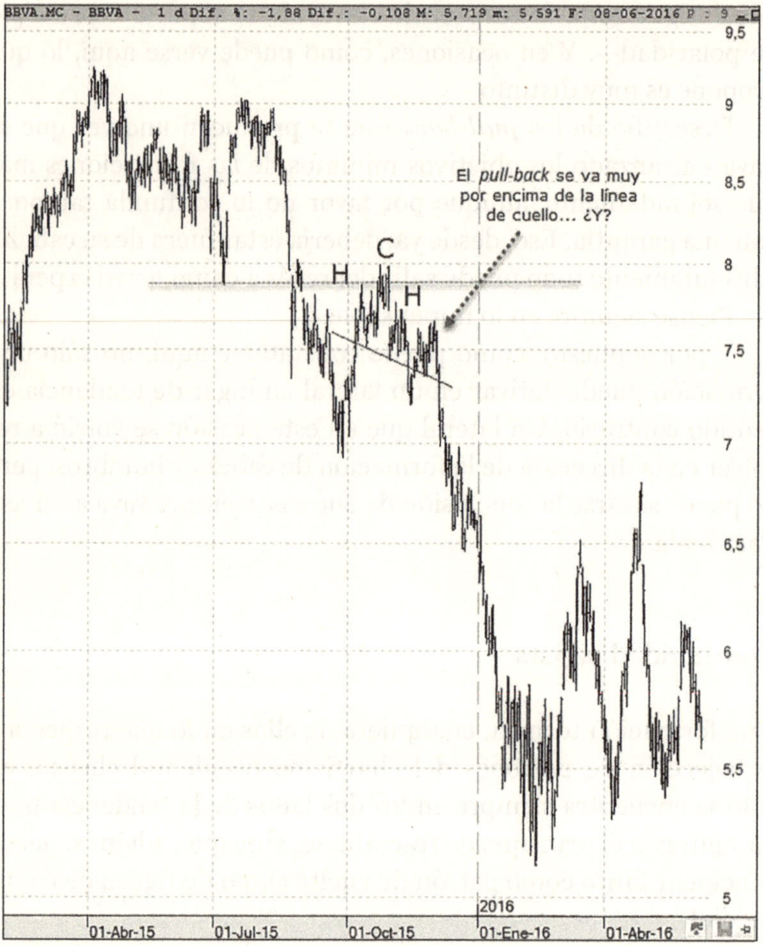

Gráfico de BBVA.
Formación de cabeza y hombros con pull-back.

ducirse tras un rebote que sólo sirve para que se ajuste la sobreventa generada.

Nos dirá con acierto que ese patrón de cabeza y hombros precisamente cierra ese rebote, y está en lo cierto, no siendo estrictamente una formación de continuidad bajista, sino un patrón vendedor tras una tendencia alcista de muy corto plazo. Perfecto, así es.

Permítanos, sin embargo, que lo hayamos tomado como ejemplo para que comprenda que no hace falta venir de una larga tendencia alcista para encontrarse con un patrón, sea del tipo que sea, que lo condene a un considerable varapalo.

El del BBVA es un cabeza y hombros dentro de una gran tendencia bajista, así que veamos un auténtico patrón de tipo cabeza y hombros —bicéfalo— en continuidad bajista: Sirius XM Holdings en 2008...

Gráfico de Sirius XM Holdings.
Formación de cabeza y hombros con pull-back *en continuidad bajista.*

Un patrón es una reflexión, un receso, un debate, un período de equilibrio temporal. Nada más. La figura de vuelta en cabeza y hombros es una victoria de la oferta tras un tiempo en que la demanda campó a sus anchas en el mercado, mientras que la formación de cabeza y hombros en continuidad bajista es una pauta chartista en la que la oferta se impone tras una reflexión que ajusta en tiempo una tendencia vendedora previa.

El mercado cuestiona la inercia dominante, pero los precios rompen a la baja el debate que se establece tras el proceso vendedor tras reducirse la sobreventa.

Tome nota de lo muy arriba que profundizan los *pull-backs* de este par de últimos ejemplos, y en cómo eso no evita que los bajistas sigan dominando. Cualquier stop vinculado a la clavicular o antigua zona de soporte clave habría sido machacado.

Operativa

Cuando trabaje patrones bajistas recuerde que son menos fiables y que trabajan contra la lógica aplastante de la renta variable: desde hace más de doscientos años el retorno medio del índice es del 6,7 por ciento haciendo ajustes por dividendo y demás si se toma el tiempo suficiente.

Eso es lo esperanzador para los bajistas: ese tiempo son cincuenta años. En cualquier caso tenga presente que una regresión lineal de largo plazo es adversa a los vendedores, y por tanto que el lado bajista es el más difícil de practicar con éxito. Centrarse en el lado largo de la renta variable aumenta la fiabilidad de cualquier sistema de inversión. Y nuestro consejo es que se centre en ello, porque salvo en dos o tres momentos de su vida en los que el mercado esté claramente por encima de su regresión a la media, como sucedió en el año 2000, el mercado girará al alza en la gran mayoría de casos antes de que usted encuentre una evidente figura de vuelta compradora.

En el gráfico del Dow Jones Industrial, en su versión *total return*, puede verse un primer patrón de tipo cabeza y hombros.

Se rompe la secuencia de mínimos de muy corto plazo pero el mercado encuentra soporte en un nivel de soporte inmediatamente inferior, desde donde se produce un rebote que, sin embargo, no anula la secuencia de mínimos y máximos descendentes.

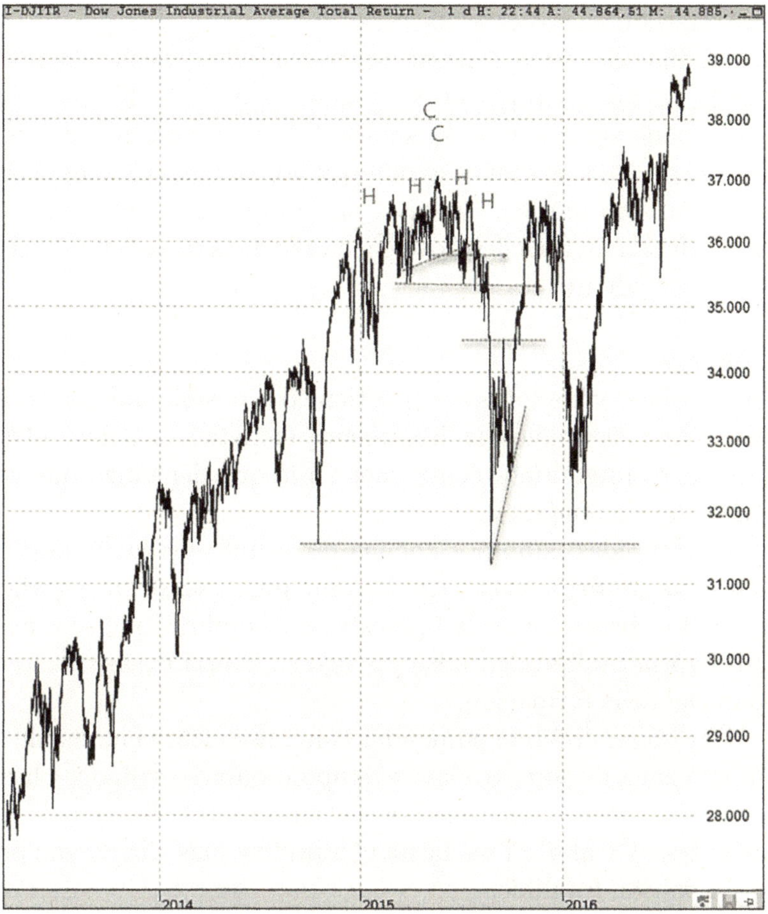

Gráfico del índice Dow Jones Industrial.
Cómo operar a partir de un patrón de cabeza y hombros.

El mercado ha planteado simplemente algo más amplio, que se confirma en forma de nuevo patrón de cabeza y hombros (letras moradas).

Si se tiene una posición alcista

Operar con una secuencia de mínimos y máximos decrecientes que tipificamos como cabeza y hombros; no cabría otra cosa que plantearse cerrar o reducir posiciones. Fíjese en que estamos siendo mucho menos expeditivos que con el patrón especular potencialmente alcista.

SI SE TIENE UNA POSICIÓN BAJISTA

Acompañando el movimiento hasta zona de soportes, manteniendo cortos mientras no se constaten dificultades para los osos. Puede verse como eso sucede sobre los mínimos de septiembre de 2014 tras un desplome que recorre varias veces el objetivo mínimo teórico. Un nivel de mínimo creciente que, sin duda, ofrecía un área de apoyo en la tendencia de orden superior realmente potente.

STOP LOSS

En un cabeza y hombros siempre tiene dos posibilidades aceptables y una estupidez habitualmente cometida... Caben otras ideas, pero intentamos centrarnos en lo que tiene algo que ver con la idea de tendencia.

La estupidez: stop por encima de la línea de cuello bajo la cual se ha confirmado el patrón. Como puede verse en el gráfico en las dos formaciones de tipo cabeza y hombros que se muestran habrían saltado en falso y luego se habría desarrollado el potencial de la formación.

Hay quien dirá que poniéndolo un 3 por ciento encima de la antigua zona de soporte clave el stop no hubiese saltado. Claro, porque el 3 es un número mágico. Cuando el 3 le falle puede rezarle al 4, al 5, al 6... Y así hasta el infinito y más allá en una posición bajista. Infalible.

Como ya hemos explicado, este tipo de protecciones de la posición es una de las costumbres más extendidas y lamentables que existen y uno de los motivos fundamentales por los que a tantos inversores les «saltan» sus stops.

Por encima o por debajo de la zona de confirmación, una vez superada ésta, los precios son bajistas si atendemos a la definición de tendencia porque los mínimos y los máximos decrecen pese al rebote.

Vincular un *stop loss* al antiguo nivel de confirmación sería como admitir que las formaciones técnicas tienen «poderes».

Segunda posibilidad: stop de pérdidas agresivo, por encima del segundo hombro de la formación. Como observará en el gráfico, este tipo de stop no habría saltado en esta ocasión porque precisamente las inmediaciones de ese nivel habrían sido respetadas por el mercado y con ello una impecable serie de mínimos y máximos decrecientes.

Tercera y última posibilidad: stop de pérdidas conservador o tendencial, por encima del máximo de la formación chartista. Sí, éste es el auténtico nivel de stop que exige el patrón, aunque a veces pueda resultar muy poco aconsejable asumirlo en términos de riesgo monetario porque con tres o cuatro operaciones fallidas de amplio rango uno puede caer en fase de apalancamiento asimétrico, circunstancia siempre muy difícil de remontar...

Es menos habitual en patrones bajistas porque el descenso de la volatilidad hace generalmente más fáciles de asumir los stops en las posiciones cortas que en las largas.

GESTIÓN DE LA POSICIÓN

Las referencias en este caso casi no habrían existido. El mercado se desplomó rápidamente tras la confirmación del segundo patrón de cabeza y hombros hasta la zona de primer soporte en medio plazo.

Sin esa ruptura, en una tendencia tan vigorosa como la que el mercado mantiene desde 2009, no hay más.

Si usted es lector de *El Confidencial*, de hecho, sabrá que ya en febrero de 2016 —exactamente el día 15— Carlos Doblado planteó una toma de posiciones en el S&P 500, basándose en diferentes argumentos después de algunas semanas advirtiendo de lo difícil que lo tenían los bajistas debido a cuestiones de sentimiento inversor.

Cuidado con la escala

Permítanos que esperemos hasta la formación de tipo doble techo para hundir la escala aritmética, pero queremos aquí mencionar que no es irrelevante utilizar esa escala frente a la semilogarítmica. Fíjese en el patrón bajista de Sirius...

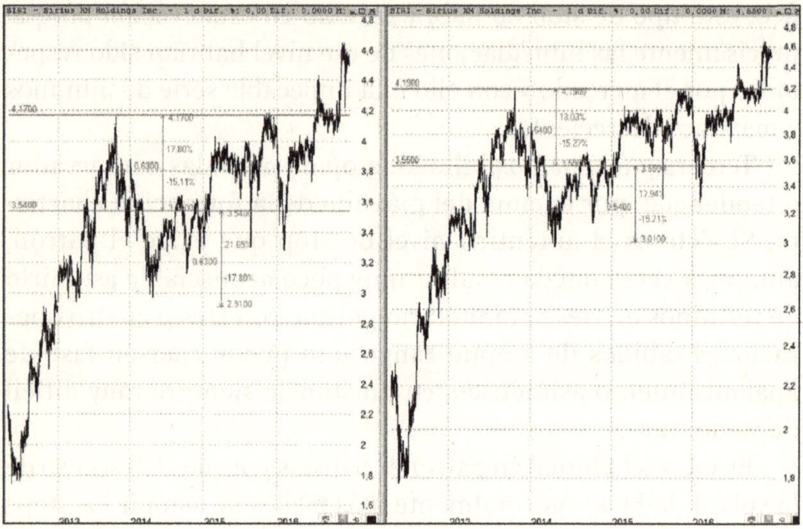

Gráfico de Sirius XM Holdings.
Izquierda: escala aritmética. Derecha: escala semilogarítmica.

Como puede ver, la escala aritmética, al contrario de lo que sucede con los patrones alcistas, sobreestima el rango de caída potencial de tal modo que en este caso deberíamos establecer que técnicamente no se logró el objetivo y se produjo un fallo de lo que cabía esperar desde un punto de vista chartista.

Dándome esto completamente igual, la verdad, conviene retener esta cuestión; aunque no va a ser hasta el patrón de tipo doble techo cuando empiece a entender que, desde un punto de vista de la razón, la escala aritmética debería ser desconfigurada de su programa de gráficos.

Ya llegamos...

El doble suelo

Descubrirá con el tiempo, sobre todo si es capaz de hacer lo que le venimos proponiendo respecto a considerar las pautas chartistas como un mero ejercicio de desarrollo de las tendencias, que todas las estructuras son la misma cosa. Podríamos hablar, y hacer justicia con ello, de simples formaciones de continuidad o vuelta. A secas, sin nada más que añadir. De todas formas vamos a ir viendo las más célebres una a una, aunque sin perder de vista que todas son variaciones de la misma cosa.

Empecemos con una representación de lo que podría ser la figura «ideal», a mano alzada y gráficamente, de la formación técnica de cambio de tendencia conocida como doble suelo o doble mínimo.

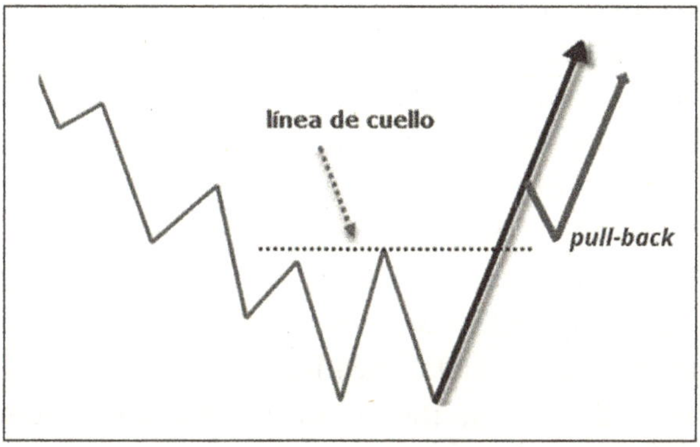

Antes de la llegada de la formación los mínimos y máximos decrecen. Llega un momento en que éstos entran en un movimiento lateral en el que los precios no consiguen refrendar ni una cosa ni la otra, lo que supone el establecimiento de un debate que, en el caso del patrón de vuelta, es previo a una resolución en dirección contraria a la de la tendencia de orden superior. Intentemos verlo como una cuestión física, durante el proceso de transición la tendencia vendedora intenta continuar tras un fuerte rebote y los precios recaen de nuevo hasta la zona de mínimo previo, a diferencia de lo que sucedía con el cabeza y hombros invertido. Desde esa zona se retoma el lateral en un intento de vuelta al alza que sólo queda refrendado en caso de ruptura alcista del mismo.

Como sucede con cualquier formación, el momento de confirmación —antes no hay patrón fuera de nuestra imaginación— se produce con la ruptura de la zona de resistencia clave o línea de cuello que establece la última zona de máximos decrecientes relevantes para el proceso vendedor. Dos contactos en una misma zona de soporte no son un doble suelo... De otro modo tendríamos un doble suelo sobre cada nivel de soporte hacia el que los precios recaigan, tras un rebote, para volver a marcar mínimos descendentes en la dirección de la tendencia. Se hinchará de ver planteada la idea de doble suelo en el punto donde la línea roja empieza a convertirse en azul. Y tan panchos.

Puede verse como durante cierto tiempo la secuencia de mínimos y máximos decrecientes es constante. Luego se entrará en una época de lateralidad, momento en que el mercado se debatirá entre la continuidad bajista y la vuelta alcista, que finalizará con la victoria del lado alcista de la tendencia por la ruptura de la zona de último máximo decreciente relevante en lo que es ya un proceso comprador que, presumiblemente, desplegará mínimos y máximos crecientes llegada la hora. Esto es lo realmente importante, esto es lo único que sucede, simplemente se da un cambio en las convicciones del mercado.

Como sucede en la pauta de cabeza y hombros invertido que hemos visto con anterioridad, esta formación consiste en un período lateral donde se produce una deserción de bajistas que salen del mercado o cambian de bando, creciendo directa o indirectamente por tanto el peso de los alcistas. Dejamos de ver la figura técnica como algo irracional, percatándonos de que es simplemente el proceso que gráficamente puede adoptar un cambio en el estatus de las fuerzas del mercado. Esta racionalización reforzará la confianza a la hora de operar, pues dejamos de ver algo «mágico». El doble suelo ya no es una aparición.

Como ejemplo, un gráfico semanal del BBVA de tres lustros, y con hasta cuatro patrones de tipo doble suelo —s1s2— maravillosos perfectamente confirmados, el segundo de ellos fallido durante un intento de construir ahí mismo otro más —s1s2?— de haberse producido ruptura de nivel de línea de cuello situada en 7,6 euros. Nunca llegó a existir patrón porque no hubo ruptura de la zona clave. En 2012 sí vemos un doble suelo —s1s2— dentro de otro —(S1)(S2)—, ambos confirmados.

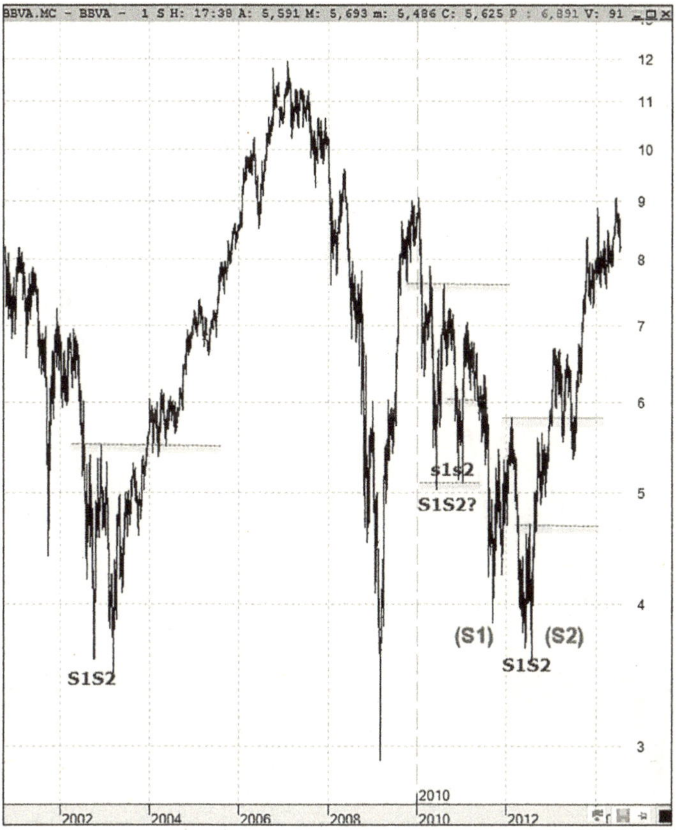

Desarrollo por fases

Intentemos no perder de vista la conexión que se «esconde» detrás de cada formación viendo paso a paso qué es lo que sucede para la formación y confirmación de un doble suelo.

FASE 1

Al principio tenemos un movimiento más o menos constante de caídas en los precios, aunque no sin tentaciones alcistas irrefrenables —y por experiencia lo sé—. Llega un momento en que el despliegue de nuevos mínimos y máximos decrecientes parece volverse infructuoso, y el mercado se lateraliza al menos en el más corto plazo. ¡Ya tenemos un doble suelo! Pues no, aún no.

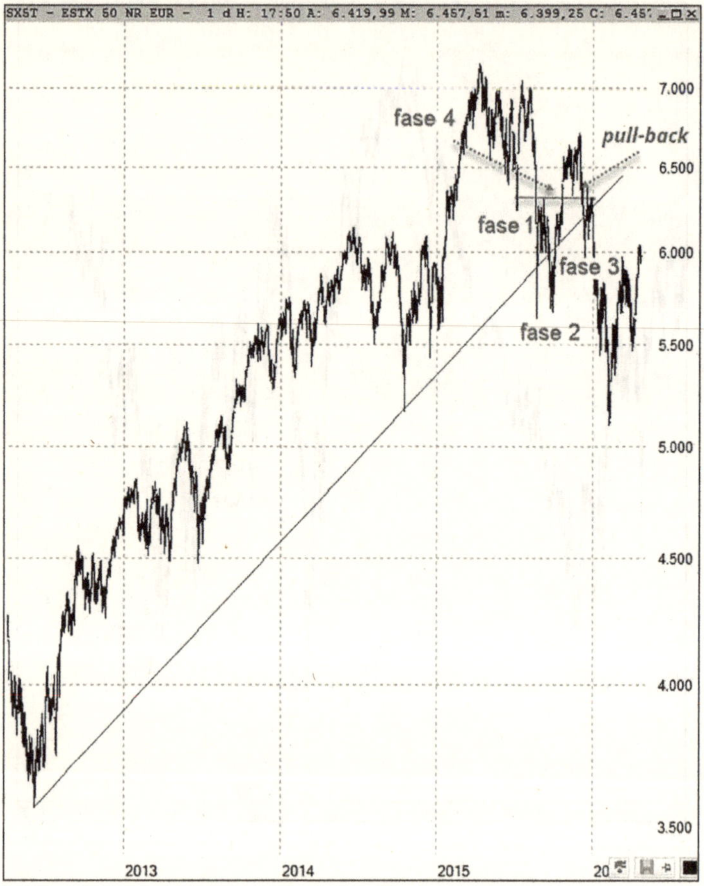

FASE 2

Tras las caídas se asiste a una fase de traslación lateral en la que mínimos y máximos dejan de tener una clara inercia vendedora. De momento no tenemos el final de la tendencia, sino en realidad sólo un ajuste de la misma.

FASE 3

Entienda que lo que importa no es el dibujo, sino lo que éste plantea: los máximos ya no decrecen, se han formado una resistencia y un soporte que resultan muy evidentes y que ponen límites al debate, al proceso de tipo lateral en el que alcistas y bajistas intentan medrar sin éxito. Se han fijado los elementos que darían por confirmado un cambio de tendencia en el caso de ruptura de máximos decrecientes. Ningún milagro.

FASE 4

El índice ya ha planteado un punto de confirmación del patrón, al que usted deberá asignar el filtro técnico que prefiera —hablaremos de ello—. Recuerde que la confirmación final de cualquier formación, y por tanto del cambio de tendencia de bajista a potencialmente alcista, se produce con la rotura de un máximo previo que resulta relevante para la tendencia vendedora que suponemos está cambiando. Nosotros no tenemos poderes gráficos, digo poderes mágicos. Es en este momento cuando se puede hablar de figura de vuelta en doble suelo. Antes de la confirmación podemos ser todo lo alcistas que consideremos justo y necesario, pero por favor que sea de acuerdo con otros argumentos y no a partir de la presencia de un doble suelo (S1S2). Y sólo *a posteriori* descubriremos que la tendencia ya es alcista. No fue éste el caso, porque el patrón fracasará sin conseguir su objetivo mínimo teórico.

Éste es un ejemplo de cómo puede fracasar una formación técnica. Un caso que resultaba aparentemente muy atractivo en base a una llamativa directriz alcista y un mercado estadounidense (correlaciones) que no se había deteriorado en la medida en la que lo había hecho el europeo. Fue, sin embargo, un caso afortunado gracias a que el movimiento lateral desplegado sobre la zona de *pull-back* alertó, con su ruptura bajista, del eventual fracaso —doble techo de orden inferior—. El análisis técnico puede ser tremendamente frustrante.

Pull-back

Habiendo fracasado, no podemos hablar de *pull-back* en esta ocasión. Que en cualquier caso no sería distinto al que pueda producirse en cualquier otra formación: vuelta hacia la antigua zona clave y precios de nuevo al alza, tal y como podrá ver en los gráficos con los que seguimos desarrollando el patrón...

Continuidad alcista y otras variantes

Como ya hemos afirmado, una formación de vuelta debe encontrarse siempre en los dos lados de la tendencia por cuestión de fractalidad, y, además, debe poder darse también como formación de continuidad. Un patrón es simplemente un tiempo de equilibrio entre alcistas y bajistas dentro de una clase de tendencia, y por tanto de condiciones abiertas que pueden resolverse tanto a favor de la oferta como de la demanda. Esencialmente, los técnicos no estamos aquí para prever sino para ayudarnos con los cambios. Lao-Tsé dijo: «Los que tienen conocimiento no predicen, los que predicen no tienen conocimiento».

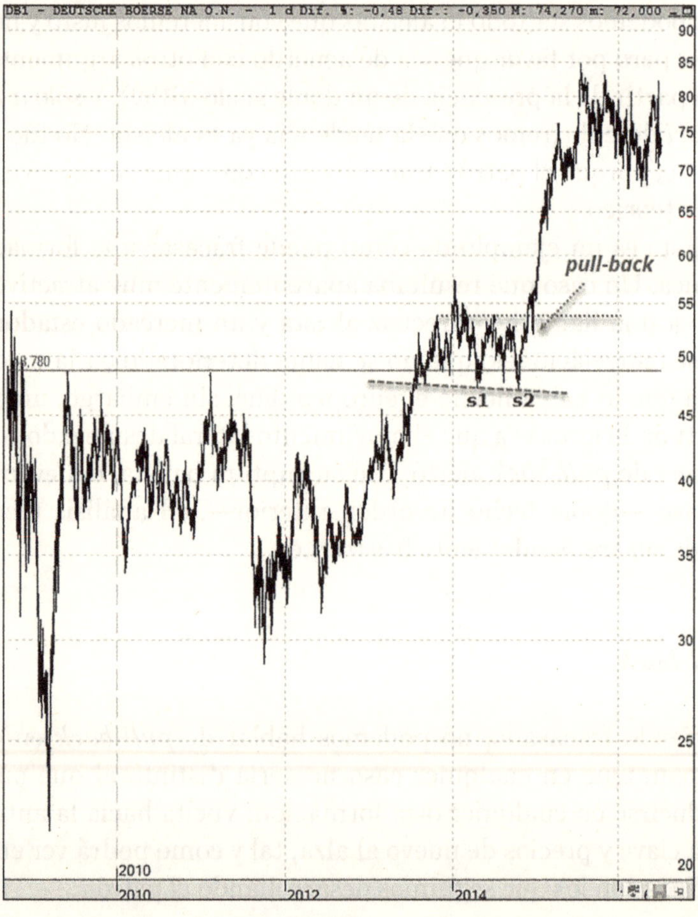

En este ejemplo, de Deutsche Boerse, puede verse como la formación de tipo doble suelo —s1s2— en continuidad alcista no aparece tras una secuencia de mínimos y máximos decrecientes o tendencia bajista, al menos no una que cuestione a la anterior siendo como es la que vemos una sucesión de mínimos y máximos crecientes en la tendencia principal.

Aparece como parte de un ejercicio de lateralidad que sirve para que se ajuste la sobrecompra generada por el proceso de mínimos y máximos crecientes previamente desplegado. Un patrón es un tiempo de reflexión, un receso, un debate. Nada más.

La figura de vuelta de doble suelo es una victoria de la demanda tras un tiempo en que la oferta campó a sus anchas en el mercado, mientras que la de doble suelo en continuidad alcista es sólo un ajuste en tiempo de la tendencia alcista en curso y de la previa en un orden inferior a ésta.

El mercado cuestiona la inercia dominante, pero finalmente los precios rompen al alza un debate que ha tomado forma de un recorte visible, pero en el que la situación de fondo no se altera.

Usted ya sabe lo que es un *pull-back*. En ocasiones, tras el movimiento que ha llevado a los precios a conseguir la confirmación alcista de la pauta, los precios vuelven a la antigua zona de resistencia clave, ahora soporte —principio de polaridad—. En ocasiones el movimiento puede ir incluso muy claramente por debajo de ésta, como sucede en este caso. Podría también no haberse producido.

EL TRIPLE SUELO

Puede que usted haya oído hablar también del triple suelo. Seguro que sí... Pues es la misma cosa que un doble suelo pero con tres pasos por el nivel de mínimo clave para el proceso lateral antes de que éste se rompa por arriba. Supongo que los viejos chartistas —y los no tan viejos— debieron pensar que sus libros se venderían mejor si los llenaban de mutaciones. Al fin y al cabo, los argumentos extensos parecen mejores aunque se haya dicho siempre que lo bueno si breve es dos veces bueno.

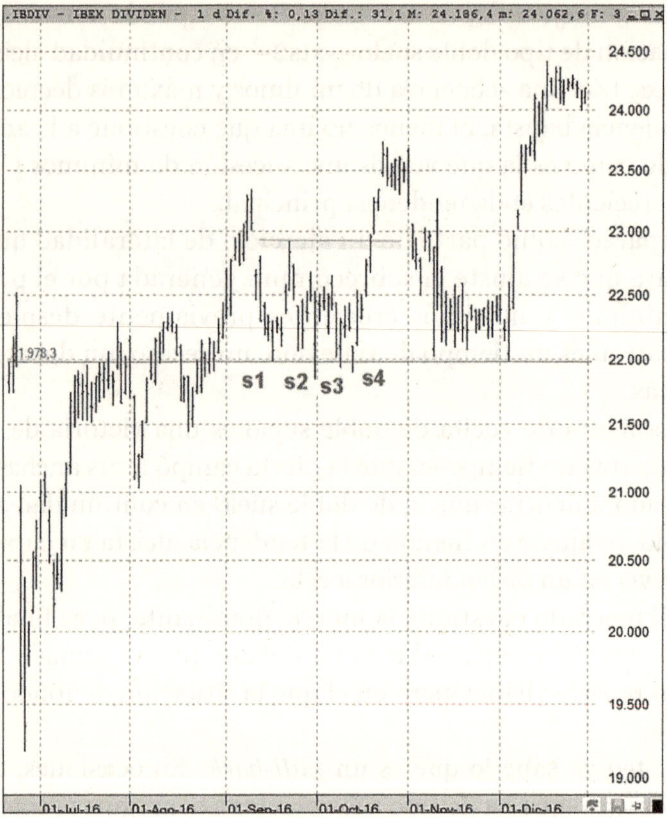

IBEX 35 total return.

Fíjese usted, nos ha salido cuádruple suelo en vez de triple... Son nombrecitos sin ninguna importancia. ¿Ha visto qué bien funcionan los mínimos del patrón como nivel de *stop loss*? Vaya poniéndolos más arriba, vaya...

El doble suelo con asa

Seguro que también ha escuchado hablar del doble suelo con asa, que viene a ser una especie de cabeza y hombros bicéfalo al que le falta uno de los hombros. Podrá encontrar un asa por los dos lados del patrón, aunque, sin duda, es más estimable si se produce a la derecha de la formación porque eso ofrece un mínimo creciente y por tanto un stop agresivo respetando la idea de tendencia, algo que no existe en las formaciones de tipo doble suelo al uso.

Vaya un ejemplo con el euro/dólar, donde como puede verse los precios establecen una clavicular ligeramente ascendente tras un primer intento de ruptura que no cristaliza. Esa recaída permite que se forme un nuevo mínimo creciente que, al caer la zona de resistencia ascendente, se convierte en el asa del patrón de vuelta (y en *stop loss* agresivo). Puede verse en este caso un doble *pull-back*, fijando la antigua zona crítica como nivel clave en tendencia de corto plazo (y nuevo stop en tendencia) cuando se rebota por segunda vez desde él, dado que de producirse recaída y ruptura del citado soporte tendríamos un patrón potencialmente bajista de tipo cabeza y hombros (HCH?). Recuerde, sin patrón no hay confirmación.

EL RECTÁNGULO

Veamos otros ejemplos para eliminar de nuestro vocabulario otro nombre chorra del chartismo más inútilmente prolijo: el rectángulo. Otros preferimos verlo como un tipo de doble suelo en continuidad alcista, o triple, o cuádruple... ¡Qué más da!

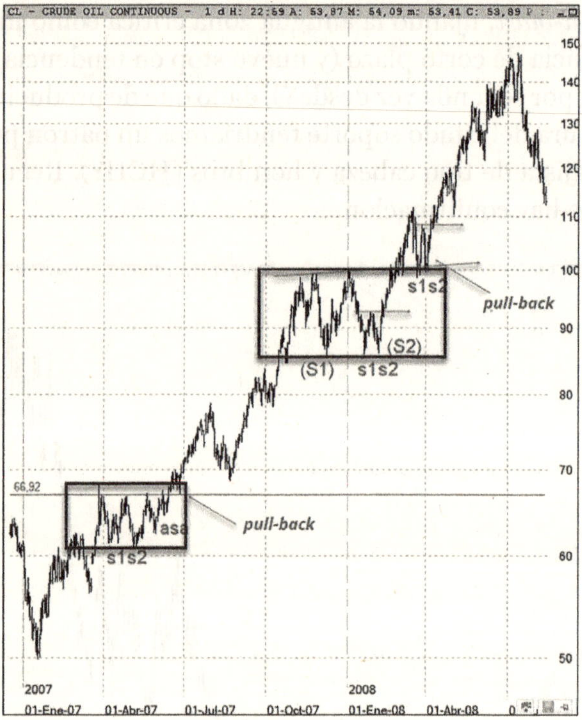

Crude oil *estadounidense.*

Pueden verse diferentes patrones de tipo doble suelo en continuidad alcista dentro de la tendencia principal. El primero de ellos es de hecho un doble suelo con asa en continuidad alcista. En dos de los cuatro se produjeron movimientos de tipo *pull-back* perfectos de gran precisión y en los que la antigua zona de resistencia crítica sirvió como soporte. De haberse perforado temporalmente esa zona, recuerde, no habría deteriorado la tendencia en curso y por ello esos niveles no deben ser usados como zonas de stop salvo en el caso de que sobre éstos se produzca un nuevo patrón, como sucede en el patrón más amplio —(11)(12)—.

Recuerde que son los mínimos ascendentes los elementos clave de un proceso comprador.

Operativa

Para gestionar una posición que arranca con este tipo de patrón puede tomar como referencia el siguiente artículo:

«Con los gráficos estamos mucho más desnudos de lo que creemos, y la fiabilidad nos es mucho más ajena de lo que queremos creer. Pero no acaba de entrarnos en la cabeza, porque nos encanta creer en las soluciones mágicas como vía para superar sin un esfuerzo grande y continuado nuestra pequeña humanidad. Si usted está aún aquí es porque ha elegido la pastilla roja sentado frente a Morfeo. La verdad, nada más».

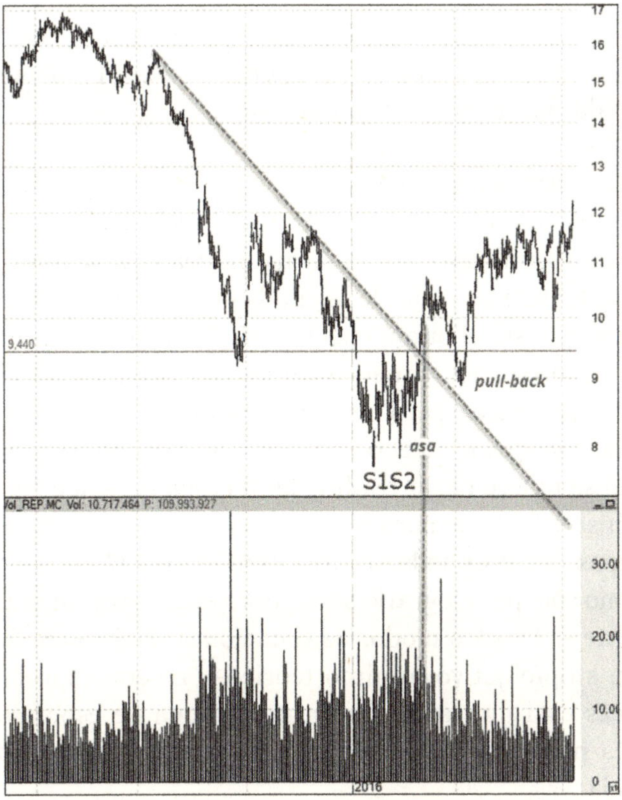

Éste es un gráfico de Repsol y su vuelta en doble mínimo con asa. Primero, su tendencia bajista previa. Luego un movimiento/tendencia lateral de envergadura proporcional, la superación de la directriz bajista y de la resistencia clave situada en los 9,44 euros para confirmación del patrón... ¡Con volumen decreciente! ¿No habíamos quedado en que esto tenía que ser de otro modo? Pues no, no habíamos quedado en eso, sino en ser especialmente escépticos con el nivel de negocio.

¿Cómo debiera operarse algo así?

Si se tiene una posición bajista

Con una secuencia de mínimos y máximos crecientes que tipificamos como doble suelo, tenemos una invitación a considerar un cambio de sesgo de trading, de bajista a alcista.

Si se tiene una posición alcista

Con la superación de los 9,44, momento en que se confirma la formación técnica, tomando posiciones largas o poniendo al valor en radar para comprar en *pull-back*.

Objetivo mínimo teórico

Como en cualquier patrón, con el que marca la distancia que existe en escala semilogarítmica —la aritmética infravalora el potencial mínimo teórico— desde la citada clavicular de la formación confirmada hasta el punto más bajo de la misma. Ése será el objetivo mínimo teórico, situado en nuestro caso en las inmediaciones de los 11,5 euros, pero hay que partir de la convicción de que los precios pueden ir mucho más allá y de la voluntad de acompañarlos si se quiere hacer trading en tendencia —algo frecuentemente insatisfactorio porque a su cerebro no le gusta perder ni a las chapas. Como puede ver, hay que aguantar correcciones y fuertes no sólo para lograrlo sino, sobre todo, para superarlo ampliamente—. De otro modo, las ecuaciones riesgo/beneficio —la relación stop/objetivo mínimo teórico— no son especialmente atractivas casi nunca de cara a un sistema de esperanza matemática positiva cuando lo que se quiere es hacer trading en tendencia.

STOP LOSS

Como de costumbre, varias posibilidades y una estupidez.

La estupidez: stop bajo de la zona de confirmación.

Su papel es decidir si detrás de una posición tomada a partir de una figura técnica se encuentra la idea de la tendencia o una especie de «fe» en ciertas formas gráficas. Es un tipo de stop tan tonto como el de proteger la posición en caso de pérdida de «x» por ciento. ¿Y por qué no «z»? ¿O «n»? No hay forma más evidente de tentar al azar cuando nuestro trabajo es combatirlo.

Puede verse en el gráfico como el *pull-back* penetra, y muy claramente, bajo la antigua zona de resistencia clave. Pese a ello, Repsol se convirtió en una de las grandes estrellas del mercado español en 2016.

Segunda posibilidad (sólo presente para las formaciones de este tipo que tengan asa): stop de pérdidas agresivo, bajo el asa de la formación.

Caer bajo ese nivel supone romper algo más que una tendencia de muy corto plazo, es dejarse el final del proceso de vuelta y plantea nítidamente la posibilidad de que los precios estén en un lateral aún y puedan volver a la zona de mínimo previo para, en el mejor de los casos para los alcistas, desplegar algo más amplio.

Tercera y última posibilidad: stop de pérdidas conservador, direccional o tendencial, llámelo como mejor le parezca. En cualquier caso éste se sitúa por debajo del mínimo de la formación chartista.

GESTIÓN DE LA POSICIÓN

Una vez más, a medida que se gane altura y se vayan produciendo correcciones en tiempo o profundidad que plasmarán la secuencia de mínimos y máximos ascendentes, tendremos oportunidades para ir desplazando al alza los stops para protegerla.

Pasar a la macroonda sin ser expulsado requiere pulmón financiero —y a veces estómago—. Y en ocasiones ni con ello. La de Repsol es una operativa que presentamos a los inversores desde Ágora y *El Confidencial* en 2016, y que cerramos con la pérdida del 10,5 euros donde habíamos situado un stop de protección del beneficio. Fue con el Brexit, por confirmación de un do-

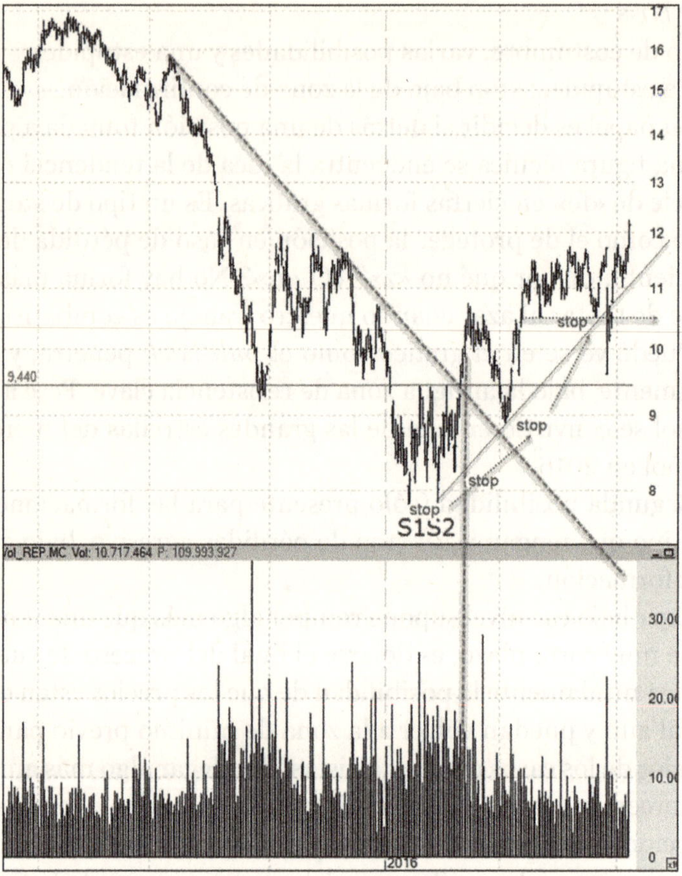

ble techo que alcanzó su objetivo mínimo teórico de golpe y porrazo, y no fue fácil volver a engancharse, la verdad... Salir es mucho más sencillo que volver a entrar, así que ojo con quedarse fuera de determinadas tendencias. Lo entenderá de maravilla cuando lleguemos a las vueltas en «V».

Si le expulsan, busque otra tendencia o el momento de subirse de nuevo al tren cuando tenga definido un nuevo stop que pueda aceptar monetariamente hablando. En cualquier caso, no olvide que en esta fase —la que determina a los grandes ganadores de los demás— ya es usted quien fija el modo de actuar en función de su nivel de plasticidad y de su aversión al riesgo.

El doble techo

Después de ver algunas de las pautas chartistas clásicas como un mero ejercicio de desarrollo de tendencias, seguramente se va dando cuenta de que los patrones técnicos son el reflejo del cambio (o la continuidad), no sus heraldos. Sí, algo ha cambiado antes de que se confirmen las formaciones, pero aún no podemos afirmarlo. No tenemos cambio de tendencia mientras no se confirma, y el patrón que lo rubrica no es más que uno de los modos en los que la tendencia puede variar: cuestión de física, y no precisamente cuántica.

Fácil de ver, complicado de rentabilizar por dos motivos: la probabilidad puede ser caprichosa más tiempo de lo que se mantenga en pie su solvencia, y es completamente traicionera para el que no opera de forma sistemática (lo que no quiere decir siempre, sino siempre que se den determinadas condiciones preestablecidas). La tarea no es prever, sino combatir el azar, y también requiere disciplina y algo de gestión monetaria; que no sólo de patrones vive el hombre. Más adelante profundizaremos en estos temas.

Abajo tiene la figura «ideal» que podríamos dibujar para intuir cómo es, gráficamente, la formación técnica de cambio de tendencia conocida como doble techo, doble «top», o doble máximo. Los mínimos y máximos crecen hasta que se produce un movimiento lateral que se resolverá a la baja una vez cruzada la última zona de mínimos crecientes relevante para el proceso comprador. Es en ese momento cuando podemos hablar de doble techo, no antes. Dos contactos en una misma zona de resistencia no son un doble techo, pues en tal caso tendríamos tal formación en cada nivel de resistencia que fuese atacado por segunda vez...

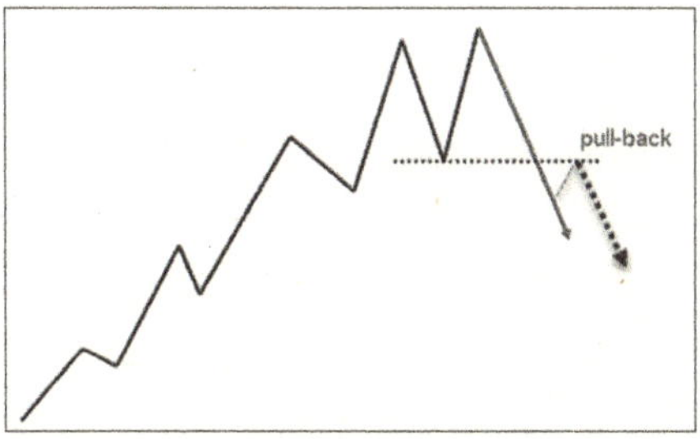

Puede verse como durante cierto tiempo la secuencia de mínimos y máximos crecientes es constante. Luego se entrará en una época de lateralidad hasta que llegue un momento en que esta reflexión entre toros y osos finalice con la victoria del lado vendedor de la tendencia por la ruptura de la zona de último mínimo creciente relevante. Se había entrado en un potencial proceso vendedor que, normalmente, desplegará mínimos y máximos decrecientes.

Esto es lo realmente importante, esto es lo único que sucede, presumiblemente se da un cambio en las convicciones del mercado, en sus expectativas.

Desarrollo por fases

Veamos paso a paso, con un gráfico del Nasdaq, qué es lo que sucede para la formación y confirmación de un doble techo con la pretensión de que no se pierda de vista la conexión que se «esconde» detrás de cada formación: la tendencia.

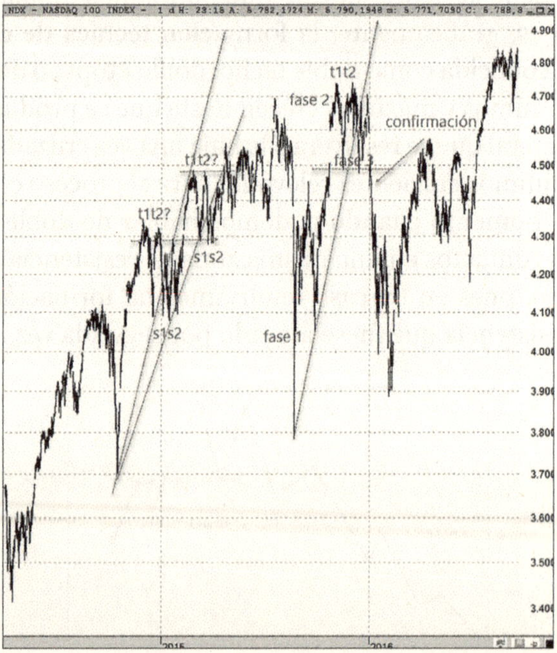

FASE 1
Al principio tenemos un movimiento más o menos claro de alzas en los precios, aunque no sin tentaciones bajistas.

FASE 2
Llega un momento en el que el despliegue de nuevos mínimos y máximos crecientes parece dejar de ser productivo, y el mercado se lateraliza, al menos en el más corto plazo. ¡Ya tenemos un doble techo! Pues no, aún no, lo que tenemos es un movimiento lateral que bien pudiera acabar siendo un simple movimiento de tipo doble suelo —s1s2 —en continuidad alcista. Tiene ejemplos en el proceso alcista previo, así que andemos con ojo...

¡Pero si ha caído la directriz alcista! Ya... ¿Y qué quiere decirnos con eso?

Tras el alza se ha asistido a una fase lateral que en ocasiones resultará de distribución, al menos en relación con la última fase de la tendencia en curso, en la que mínimos y máximos dejan de tener una clara inercia vendedora. No tenemos el final de la tendencia, sino en realidad sólo un ajuste de la misma en lateral.

FASE 3
Entienda que lo que importa no es el dibujo, sino lo que éste plantea: los mínimos ya no crecen, se han formado una resistencia y un soporte que resultan muy evidentes y ponen límite al movimiento del mercado al menos en el corto plazo. Alcistas y bajistas intentan medrar sin éxito, de tal forma que se fija una zona que permite objetivar los elementos que darían por confirmado un cambio de tendencia o su continuidad tras un receso (permitiendo la elevación de stops tendenciales). Para los primeros es necesaria una de ruptura de un mínimo que resulte relevante para la tendencia compradora en curso, momento en que presuponemos que podría haberse dado la vuelta. Un patrón no es una aparición. Un patrón requiere confirmación.

Pull-back

Como hemos explicado en las anteriores pautas, a veces se produce un repunte o recaída tras el movimiento con el que se ha producido confirmación alcista o bajista. En ocasiones, como el de este último ejemplo, simplemente no se produce tal movimiento... Ahora veremos otros casos en los que sí acontece.

Continuidad bajista y otras variantes

Como cualquier otra formación técnica de vuelta, el doble máximo se encuentra siempre en los dos lados de la tendencia para cumplir con el principio de fractalidad —la pauta de espejo es el doble techo, formación que acabamos de dejar atrás—, pero, además, puede funcionar como figura de continuidad. No olvidemos que no estamos ante algo mágico, sino que sencillamente hablamos de momentos de equilibrio, de reflexión, y por tanto de condiciones abiertas que pueden resolverse tanto a favor de la oferta como de la demanda. Este tipo de patrón suele denominarse rectángulo cuando aparece en continuidad, lo que es una forma bastante poco práctica de enfocarlo. En este caso, además, tenemos diversas mutaciones, aunque todo confluirá en lo mismo: cómo se interrelacionan los precios, o más concretamente sus diferentes clases de tendencia.

En el gráfico siguiente pueden verse diferentes intentos de vuelta de tipo doble suelo (s1s2?) que no se confirmaron como tales, sino como formaciones de continuidad en doble techo (t1t2). Fracasó en sus objetivos mínimos la última de ésta, algo que fue sugerido por un doble suelo también. Los gráficos fallan. Puede verse además en el segundo de los tres patrones un *pull-back* muy profundo y vertical, así como que no cambia nada porque los precios siguen descendiendo en tendencia tras él.

La figura de tipo doble techo es una victoria de la demanda tras un tiempo en que la oferta campó a sus anchas en el mercado, mientras que la formación de tipo doble techo (t1t2) en con-

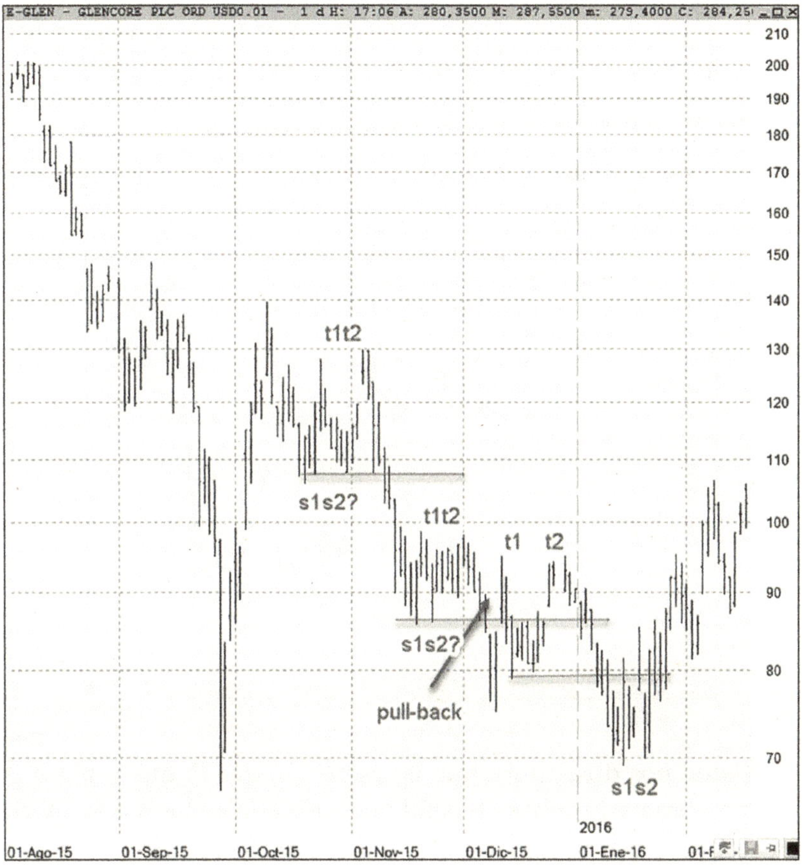

tinuidad bajista es una pauta chartista en la que los vendedores se imponen tras un momento de reflexión que ajusta más bien en tiempo una tendencia alcista previa. El mercado cuestiona la inercia dominante, pero finalmente los precios rompen a la baja el debate.

El doble techo con asa

En ocasiones, este tipo de formación aparece con una protuberancia adicional a derecha o izquierda. Si aparece al lado derecho ofrecerá una ventaja en términos de *stop loss*. En el siguiente ejemplo usted puede visualizar un doble techo con asa a la izquierda. En realidad, aquí no aporta nada nuevo porque no podrá ser usado como referencia de stop.

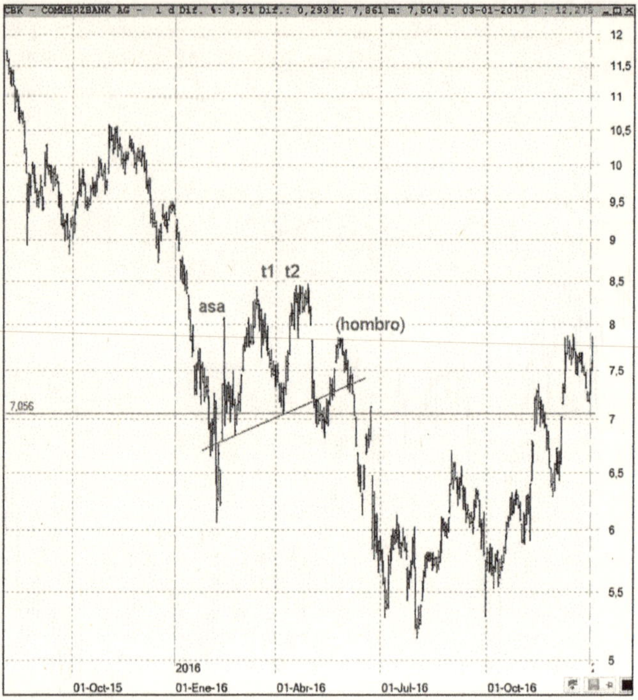

Usted nos dirá ahora que no es cierto, que lo que teníamos es un cabeza y hombros bicéfalo con clavicular bajo 6,8... Y es cierto, pero eso usted no lo hubiera sabido al romperse la zona 7,05, sino tras la recaída que se produce después de un *pull-back* que deja de nuevo los precios muy en equilibrio. Efectivamente, *a posteriori* tenemos otra formación, más amplia, y también una nueva asa a la derecha que sí ofrecerá un stop agresivo para una eventual posición bajista.

Por supuesto usted también podrá encontrar triples techos, triples techos con asa en continuidad bajista y toda la mandanga... No merece la pena entretenerse en ello.

Operativa

Tenga presente, como hemos mencionado con anterioridad, que en renta variable la tendencia dominante a muy largo plazo —a muchas décadas vista— es habitualmente alcista en los índices, casi sin excepción. Sí, especialmente en Venezuela, donde le devora la inflación —nada se adapta mejor a ésta que las empresas—. En el muy largo plazo, ni siquiera el mercado bajista de Japón que arranca en 1989 deja de ser dominante.

Veamos cómo operar a partir del gran doble top confirmado por Gamesa en 2008. Observe primero la tendencia alcista pre-

via. A continuación se produce un movimiento/tendencia lateral de cierta envergadura, proporcional, que pudo ser formación de continuidad alcista, y finalmente la ruptura de la zona clave de ese debate —ya tiene su confirmación—, que una vez resuelto debe considerarse una distribución. Como en la mayor parte de las ocasiones, no nos vamos a detener en el volumen de negocio, que en este caso y por clarificarlo incrementó en el momento de confirmación de un modo más o menos considerable, aunque sin llegar a ser estridente.

Luego, el desarrollo de una tendencia bajista descomunal. Lamentablemente, en general no encontrará cosas tan bellas y fáciles de operar tras los patrones técnicos, sino movimientos mucho más confusos. Sobre todo cuando sube, lo que compensa un poco el terreno a los bajistas.

¿Cómo debimos actuar? A toro pasado parece tan fácil...

SI SE TIENE UNA POSICIÓN ALCISTA

No cabía otra cosa que cerrar largos y considerar un cambio de sesgo de trading de alcista a bajista con la ruptura de la línea de cuello del patrón, que hoy pasaría por el 19,4 euros tras diferentes ajustes del gráfico por dividendo y ampliación.

SI SE TIENE UNA POSICIÓN BAJISTA

Con la perforación de la zona de soporte clavicular pudo tomar posiciones en descubierto o situar al valor en radar para ventas en corto en caso de *pull-back*. No se produjo.

OBJETIVO MÍNIMO TEÓRICO

Con el que marca la distancia que existe en escala semilogarítmica —la aritmética distorsiona el potencial mínimo teórico— desde la citada clavicular de la formación confirmada hasta el punto más bajo de la misma. Ése será el objetivo mínimo teórico, pero hay que partir de la convicción de que los precios pueden ir mucho más allá y de la voluntad de acompañarlos si se quiere hacer trading en tendencia. De otro modo, las ecuaciones riesgo/beneficio —la relación stop/objetivo— no son especialmente atractivas de cara a un sistema de esperanza matemática positiva. Y es que, lamentablemente, poner la probabilidad a su favor es contar con más de un 50 por ciento de acierto a largo plazo, no con un 80. Ni con un 70. Ni a corto plazo, lo siento.

Claro que usted puede obtener fiabilidades más altas, asumiendo stops muy superiores a los que ya de por sí exigen los gráficos —nada desdeñables como va a ver—. Acertará casi siempre, y morirá con un par de fallos. Durante nuestra carrera lo hemos contemplado mil veces.

STOP LOSS

Una mala costumbre y una acción racional.

La mala costumbre ya le debería resultar familiar a estas alturas de nuestra conversación: stop por encima de la zona de confirmación.

En el caso de Gamesa que le ponemos como ejemplo de esta formación técnica, situar la zona de stop a ese nivel insano le hubiera servido, es verdad, pero también colocarlo donde debía estar. Su papel es decidir si detrás de una posición tomada a partir de una figura técnica se encuentra la idea de la tendencia o una especie de «fe» ciega en lo que ha visto hacer. Es lo segundo lo que se estaría haciendo con este tipo de stops.

Comprendemos que ponerlo más arriba es asumir una pérdida potencial dolorosa, pero el juego es así y no lo hemos inventado nosotros. Si quiere stops más pequeños debe trabajar tendencias de orden inferior, hasta llegar al intradiario. Por suerte, esto no es como la física y las reglas del mundo subatómico son las mismas que en nuestro entorno cotidiano, pero le deseamos mucha suerte a medida que haga más agresiva su toma de decisiones, porque va a tener oportunidad de conocerse a sí mismo.

Si el stop es muy exigente no debe combatirlo inventándose uno, sino trabajando con una talla de posición que lo haga aceptable. Contra mayor sea el riesgo monetario asumido en términos de stop, menor será la cantidad invertida en la operativa que se plantea en torno al mismo.

La zona de stop racional ofrece dos posibilidades: el stop de pérdidas agresivo, por encima del máximo de una eventual asa que aquí no tenemos. Si no hay asa, no hay stop agresivo. Lo sentimos. Y el stop de pérdidas conservador o tendencial, por encima del máximo de la formación chartista. Sí, éste es el auténtico nivel de stop que exige el patrón, pero a veces resulta muy desaconsejable asumirlo porque con tres o cuatro fallos gordos podemos caer en una situación de apalancamiento asimétrico radical. En tal caso olvide la operación o adecúe la talla de la misma a su pulmón para normalizar el riesgo.

Gestión de la posición

Ahora fíjese en el brutal proceso tendencial que tuvimos tras la confirmación de formación de tipo doble techo en Gamesa, y en que puntualmente hay rebotes de importancia. Lo habitual es que haya más, no siempre será tan fácil acompañar el corto, aunque siempre es más sencillo que hacerlo con un largo. Son esos rebotes los que van permitiendo que se bajen las zonas de stop y se vayan protegiendo los beneficios. Hacerlo de otro modo, en términos de tendencia, es bastante arbitrario. Y sí, eso incluye filigranas intelectuales como el ratio áureo.

Aprender a aceptar movimientos en contra y discriminar los movimientos que alteran tendencias de los que simplemente las corrigen es algo a lo que debe dedicarse esfuerzo y que requiere experiencia.

Llega un momento en el que seremos expulsados de la tendencia de corto plazo, pero la de orden superior seguirá abierta. En este caso pudo pasar en la zona de los 14 euros tras un rebote brutal (el que no se lo quiere comer debe trabajar una tendencia de orden inferior, la que va de 14 a 7), y luego no hubo nueva señal de venta hasta que cayeron de nuevo los 11,4 por confirmación de un nuevo doble techo (t1t2) tras el que emerge otro tramo donde las oscilaciones son más continuadas y que ofreció stop por encima de 5,25...

Si se fija, la recaída posterior no presenta un patrón de los que conocemos —es una vuelta en «V»—, pero al perderse el 5,7 los mínimos y los máximos vuelven a ser descendentes sin que la tendencia de orden superior haya terminado. Luego, otra fase de desplome con oscilaciones.

No es nada fácil, a medida que una operación gana rentabilidad va pasando a ondas de orden superior y mantenerse en ellas demandará más y más capacidad para soportar un movimiento en contra. Si le expulsan, busque otra tendencia o el momento de subirse de nuevo al tren.

Ahora observe este gráfico del Dow Jones Industrial... Es una variante de esta formación conocida como doble techo con asa.

En esta variación de la partitura tenemos una protuberancia que aparece a izquierda o derecha y que denominamos «asa». En este caso los precios la dejan a la derecha y con una clavicular ligeramente ascendente que funcionará perfectamente como área de *pull-back* durante el hundimiento de 2008.

Si la protuberancia aparece a la derecha, como es el caso, tenemos también la posibilidad de situar un stop por encima de la misma sin perturbar las ideas de tendencia. El siguiente nivel de stop a tomar en el proceso de acompañamiento será el rebote que llamamos *pull-back*. Y así sucesivamente con cada gran rebote que corrija la tendencia y deje un nuevo y relevante máximo decreciente.

Antes de considerar como doble suelo lo que se despliega entre el gran doble techo y el pequeño doble techo dejado en la clavicular, eche un vistazo a las banderas. En todo caso, la pequeña pauta le habría devuelto a la hipótesis bajista.

La escala logarítmica

Que el análisis técnico ha sido practicado por personas que no tienen por costumbre pensar es algo que no puede ponerse en cuestión. Suponemos que bajo esta fantástica idea de que los gráficos capturan la irracionalidad del mercado a alguien se le ocurrió que la mejor manera de capturar la irracionalidad es... ¡Ser irracional!

Al final, le dirán, no se trata de tener la razón, sino de ganar dinero. ¡Cierto! Pero debe elegir si prefiere ganarlo con mayor o menor uso de lo que tiene sobre los hombros, o no. Si quiere considerar lo que tiene más sentido o quedarse con aquello que parece funcionar unos casos que hemos decidido que son suficientes como para realizar un acto de fe. Como ya mencionamos anteriormente, son dos habituales sesgos cognitivos el de sobreestimarnos y el de pensar que sólo la mente de los demás está sesgada.

De la misma manera que sucede con el ajuste de dividendo/ampliación, se supone que existe un debate sin resolver con relación a las escalas. Y ahí se queda todo. Hemos llegado a leer artículos que afirman que no hay debate porque no hay una escala que sea mejor que la otra.

Evidentemente, una opción es mejor que la otra a la luz de la razón. Siempre es así. Dicho esto, eso no significa que una vaya a proporcionar siempre mejor resultado que la otra *a posteriori*, de la misma forma que sucede con los gráficos ajustados... ¡El azar es algo extremadamente potente en la vida, y por supuesto en el mercado! Muchas veces ganará haciéndolo mal y perderá haciéndolo bien. Cualquiera que haya leído a Taleb es muy consciente de ello. Si no lo ha hecho aún, va con retraso. Soros y él son también imprescindibles en su biblioteca.

Es posible que un experto le sugiera usar las dos escalas porque así tiene más opciones para entender por donde va el mercado. Claro, y también uno ajustado por inflación y otro con nubes, así como sus variaciones con los cien mejores indicadores que pueda crear para interpretar el precio, como si hubiera decenas de realidades diferentes y uno pudiera volver atrás, después de haber fracasado haciendo uso de una de las opciones, para coger otra que *a posteriori* resultó ser la mejor. Habrá oído hablar de la sobreoptimización. Bien, pues aquí está dando los primeros pasos.

El cambio de escala, como sucede con los gráficos ajustados, supone un cambio radical en el aspecto de los activos en los procesos de medio y largo plazo, que son los que deben servir de punto de partida de un análisis chartista u ofrecernos sesgo en esos momentos en los que el corto plazo resulte dudoso. Y son muchos. Así que le dirán: salga usted y vuelva a entrar cuando no dude. Olé... ¡Va a dudar siempre! Y cuando no dude, si le pasa de vez en cuando, desengáñese, no por ello tendrá una gran probabilidad de acierto adicional. Si fuera así, operaríamos un par de veces cada ejercicio con apalancamiento 10 veces y a correr...

Vaya por delante que cuando hablamos de escala logarítmica o semilogarítmica estamos hablando de la misma realidad: el prefijo «semi», que sería el más apropiado, simplemente expresa el hecho de que solamente ajustamos en el gráfico uno de los ejes: el de los precios, no el del tiempo.

La diferencia clave entre el chart semilogarítmico y el aritmético consiste en que el segundo muestra variaciones de precio iguales en cada movimiento. De 5 a 10 tendrá un movimiento gráfico igual que de 100 a 105, y obviamente son movimientos porcentualmente muy diferentes... En el primer caso se produce un alza del 100 por ciento y en el segundo del 5 por ciento, ¡pero en el gráfico aritmético ocuparán el mismo espacio gráfico! ¿Puede alguien ser tan irracional como para asignar la misma importancia en un gráfico a un movimiento de 5 a 10 que la que se otorga a otro que va de 100 a 105? Pues sí, así es. Lo vemos todos los días, está en todos los manuales de análisis chartista, es de uso común en supuestas figuras del análisis técnico... Es como si decimos que es igual ganar la final de la copa del barrio que la final de la Liga de Campeones. Es ganar igual, diga usted que sí.

¿Y a qué se debe esta estulticia? Pues a que no han pensado en ello o a que quedarían muy mal si tuvieran que reescribir todo lo anterior. O simplemente a que somos animales de costumbres y nos hemos creído que hay que usar lo que todo el mundo usa porque eso es lo que funciona. Por supuesto, por ello el primer chartista fue incapaz de descubrir patrones: nadie los conocía, nadie los usaba, y por tanto no existían. Los gráficos surgieron luego, por consenso, todos nos pusimos de acuerdo en irlos usando y a fuerza de usarlos empezaron a funcionar. Como estupidez, considerando que Dow y otros chartistas empezaron a proponer lo que nadie había sido capaz de ver, y lo bien que funcionaban ya entonces sus ideas, podría llevarse el Nobel.

Veamos un ejemplo: Amazon, el mismo período desde el año 2000, dos escalas distintas...

¿Alguien puede sostener que esa directriz alcista que sí puede trazarse en escala aritmética pero no en semilogarítmica tiene alguna importancia o sentido? ¿Alguien va a esperar a que se pierda para considerar que la tendencia se ha deteriorado? Es ridículo. Y, sin embargo, funciona perfectamente; por lo que en su día, antes de la aparente estampida alcista, hubiera podido for-

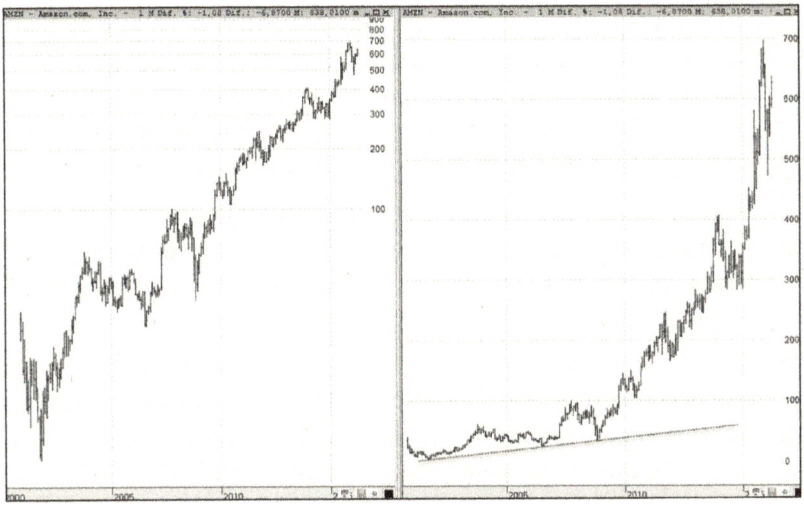

Gráfico de Amazon.
Izquierda: escala semilogarítmica. Derecha: escala aritmética.

mar parte del perfecto libro del análisis chartista para torpes. Como puede verse a la izquierda, jamás se produjo tal estampida. De hecho, la mayor aceleración —¡como casi siempre!— se da al principio de los movimientos, pues suele haber más miedo y por tanto mayor rango (y volatilidad).

Salvo para los analistas técnicos que jamás invirtieron un euro en bolsa, resulta evidente que, en un lugar medianamente racional, considerar la variación porcentual tiene una importancia radical cuando hablamos de rentabilizar el capital. Algo a lo que se dedican la inmensa mayoría de seres pensantes del mercado, por cierto, que igual no serán mayoría en número pero sí en recursos. Maravilloso ejercicio darwinista el del mercado. Unos observan los charts pensando en euros/puntos y los otros en porcentajes. Pero oiga, usted haga lo primero, que es lo que hace más gente... O haga las dos cosas porque Telefónica y el petróleo tienen doble personalidad.

Hemos llegado a leer en el mismo texto que siempre que se pueda debe mantenerse el gráfico en escala aritmética porque resulta más natural y se perciben más detalles con menos esfuerzo. Textual. Y que el problema entre las escalas llega sólo cuando trabajamos en un amplio rango... Pues claro, en el corto plazo no hay rango suficiente en general como para que se produzcan. O sea, que ahí son iguales. Genial. Y si son iguales..., ¿cómo vamos a captar más y mejor los matices en uno que en otro? ¡Ah! Que para el plazo largo se usa el logarítmico, de acuerdo... ¿Para qué queremos entonces mantener algo en aritmético si es exactamente igual en el corto plazo al logarítmico, y es en el amplio rango donde tenemos divergencia y es en contra de éste?

Nos sugieren la mayor parte de los «expertos» en el manejo de los gráficos que no hay una opción mejor que la otra, sino que es cuestión de comprender la personalidad de cada tipo de escala y aprovecharlo. ¿De qué personalidad nos está usted hablando? ¿De la personalidad que se deriva de ver las cosas deformadas? ¿Eso puede tener algún valor? ¿Utiliza alguien unas lentes para ver de cerca y otras para ver de lejos si puede permitirse unas bifocales? Cuesta salir de la zona de confort y reconocer que hemos estado haciendo tonterías durante lustros...

Se nos dice que hay que usar el semilogarítmico en «esas» situaciones especiales —sin indicar cuales, por supuesto—. ¡La única situación especial consiste en que los precios se hayan movido lo suficiente! Lo que casi inevitablemente sucede siempre en plazos amplios. Ergo, no hay situación especial, sino una progresión natural hacia la diferencia. Tenga un gráfico siempre en escala logarítmica y éste hará por usted el trabajo de que la amplitud de los movimientos no distorsione su visión. Y sí, a veces le saldrán mejor las cosas usando un chart aritmético, por el mismo motivo que a veces le saldría mejor comprar cuando se rompe un soporte y vender cuando se perfora una resistencia y en principio no lo hace. A veces resultará mejor comprar una empresa cara que una barata... De hecho, se puede llegar más rápido al trabajo si uno se salta algún semáforo de los que encuentra, pero ¿a largo plazo será útil?

Siempre sugerimos ser cuidadosos con la razón y su reverso tenebroso. Pero eso no es una invitación a apostar por la sinrazón, sino a ser recelosos con lo que consideramos conocimiento.

Y si le queda alguna duda, póngase científico: de hacer algo parecido a la ciencia descartaría una de las dos escalas si pudiera falsearla, ¿no es cierto? Pues bien, aceptando la premisa de fractalidad que tomamos como punto de partida todos los analistas técnicos teóricos, la escala aritmética es inaceptable porque en algunas ocasiones proyecta objetivos bajistas imposibles al resultar éstos negativos. ¡Sorpresa! Bien, pues si algo no puede suceder en algunos casos, entonces el camino que nos conduce hacia ello no respeta la idea de fractalidad. Y si algo no es fractal no cumple con las premisas del análisis técnico. ¿Cómo pueden aceptar los técnicos algo que va contra sus propias premisas?

Puede comprobarlo en el siguiente gráfico de la propia Amazon.com...

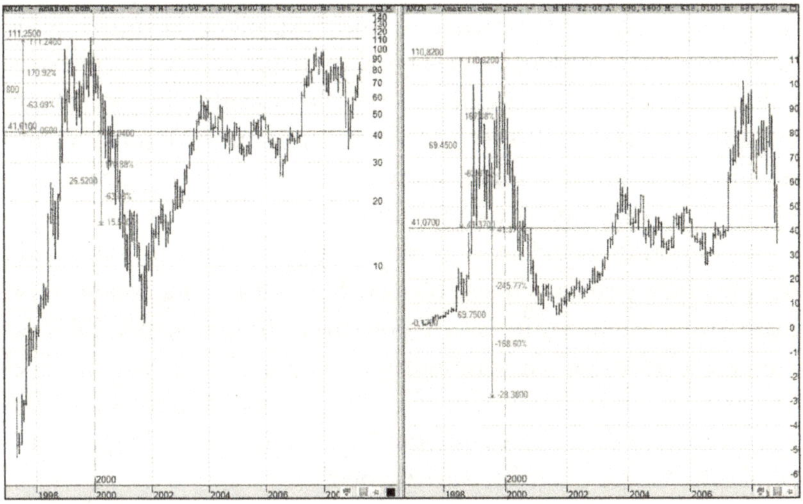

Después de mostrar todo esto, cuando damos charlas, alguien siempre nos pregunta: «Entonces, ¿puedo usar escala aritmética para el corto plazo y semilogarítmica para el largo plazo?». Nos pasa lo mismo que con el tema de los ajustes por dividendo. Desolador.

Cantidad versus calidad: el acelerador de percepciones

La gente prefiere dos gráficos a uno porque así cree que ve más cosas. Lo cierto es que con dos gráficos se perciben dos realidades en lugar de una, no dos partes de la realidad. Lamentablemente, sólo se puede tomar una decisión y debe hacerse antes de saber cuál de las dos opciones es la más acertada en cada ocasión concreta. Debe por tanto optarse por aquella forma de acercarse a la realidad que, por sistema, tenga más probabilidad de tener éxito. Y sentimos dar la noticia de que esa opción es siempre la más racional de las dos. Luego, solventado esto, es la gestión de capital la que le permitirá mantenerse en el juego el tiempo suficiente como para que la probabilidad se imponga. Cubriremos este punto más adelante.

Lo cierto es que el gráfico logarítmico o semilogarítmico pretende mostrar lo que es igual. Es eso exactamente lo que pretende y lo que hace. Mostrarnos lo que es igual en la mente de la gente que tiene algo que decir en el mercado. La gente que considera que 5 dólares es lo mismo cuando pasamos de 20 a 25 que cuando pasamos de 2.000 a 2.005 es gente que no cuenta. Como ha afirmado Buffett en más de una ocasión, un tonto y su dinero no permanecen mucho tiempo juntos.

Observando el gráfico siguiente convendremos no cabe duda de que el '29 y sus efectos se observan mejor en una escala semilogarítmica (fiebre inferior). Y por supuesto que se percibe mucho más claramente la pendiente con la que avanza hoy en día el mercado, o con la que lo hacía en 1990, razonablemente parecida por cierto a la de los años cincuenta, a diferencia de lo que parece plantearse en un gráfico aritmético.

Sin embargo, hay quienes sugieren que un gráfico aritmético es más intuitivo, y que ésa es una ventaja demoledora. Y tienen razón en esto último, aunque lo único que puede demoler con él es el sentido común, en tanto en cuanto transmite una pendiente de crecimiento o corrección que nada tiene que ver con las rentabilidades, esa pequeña cosa que condiciona la mente de todos los operadores, del más racional al más irracional. Si la intuición femenina funcionase así de bien, la especie humana se habría extinguido antes de existir porque los monos no habrían podido sobrevivir al bajar de los árboles.

Pésimo trabajo es el que haremos si aceleramos nuestras percepciones. Como sabe cualquiera que se acerque al mercado conductualmente, éstas tienen como insumos a representacio-

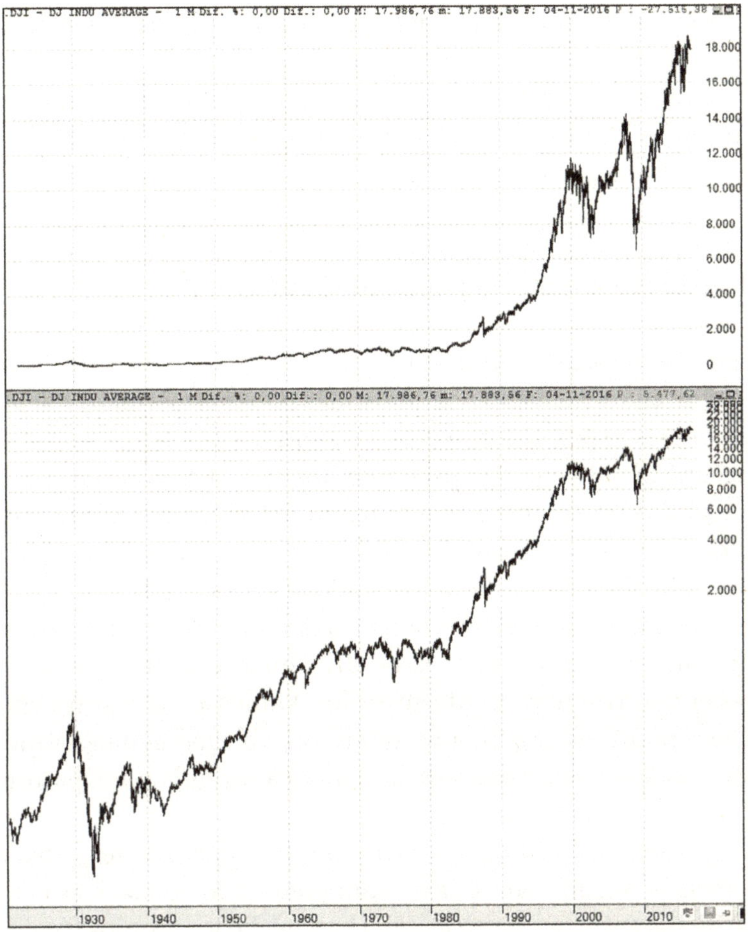

nes que provienen de la memoria semántica y de la memoria episódica; circunstancias que activan casi siempre emociones.

Aún peor nos parece no querer mojarse, todo sea dicho. Cuando leemos que aferrarse ciegamente a un bando es absurdo (y perjudicial) sólo nos queda echarnos a llorar. Lógicamente, siempre es mejor ser de una docena de equipos buenos a fin de que cada año usted salga campeón de Liga.

Lamentablemente, en el mundo real sólo se puede invertir en un equipo. Claro que con un gráfico lineal tendrá grandes aciertos muchas veces, faltaría más... Como los tendría un mandril si aparece en el momento adecuado. Buena parte de las cosas que nos salen bien en la vida tiene que ver con la suerte, querido lector, no somos tan buenos como creemos ser.

Significarse en la vida granjea enemigos, ciertamente, pero estar a bien con todo no es posible si se persigue estar lo más cerca posible de alguna verdad.

El suelo durmiente: la pauta que jamás existió

Muerte a la escala aritmética.

Que algo sea hecho por gente más o menos popular, célebres personajes, o por una mayoría, no significa que tenga sentido ni que esté bien hecho. No pretendemos con esta temática y la relacionada con el ajuste de dividendo/ampliación herir la sensibilidad de nadie. Nosotros también tuvimos que pasar por la sensación de haber estado haciendo las cosas mal.

Nos hemos encontrado defensores numantinos de lo irracional con argumentos, que, como difícilmente podría ser de otra manera, son esencialmente absurdos. Vamos a intentar rematarlo con un último argumento, motivo por el cual hemos introducido esta cuestión dentro de la temática dirigida a los patrones más comunes del chartismo.

En nuestra opinión, uno de los motivos por los que el análisis técnico es considerado una herramienta de corto plazo es el mal uso de sus gráficos que en general han hecho los propios técnicos. Gran parte de ellos, al menos. Parece difícil hacer las mejores proyecciones posibles si trabajamos con curvas distorsionadas por cuestiones que nada tienen que ver con las expectativas o con una escala que nos impide tener una visión proporcional y proporcionada de las cosas.

El otro motivo es la falta de memoria y de una perspectiva histórica del mercado, que hace que los analistas técnicos abominen estúpidamente de las ideas que proporcionan los fundamentales en un ejercicio de estulticia como no se ha visto igual. Nosotros también nos encontramos entre esos idiotas cuando teníamos veinte años. El mercado nos trasciende.

Y para rematar el tema de las escalas para siempre debemos

cargarnos dos patrones chartistas que no han existido, no existen, ni existirán jamás: el suelo durmiente y su pauta de espejo: el techo redondeado. El nombre ya nos indica uno de los problemas que se han encontrado los técnicos al tratar la temática debido a la necesidad de encontrar fractalidad. Y es que, misteriosamente, no existe ningún techo durmiente. Al menos no como algo comparable a los suelos, con años de movimiento en zona de mínimos en lo que parece un encefalograma plano.

Nos han contado los analistas técnicos que los suelos durmientes son una maravilla del progreso, y que en ellos se esconden joyas de gran valor. Lo que no nos han dicho es que la mayoría de la basura que acaba suspendida y liquidada fue también un suelo durmiente. Con el suelo durmiente, la vía directa hacia el éxito financiero en el mercado de valores está servida; sólo necesitamos descargarnos un programa de gráficos y buscar entre cientos o miles de gráficos hasta encontrar unas cuantas perlas de pura riqueza...

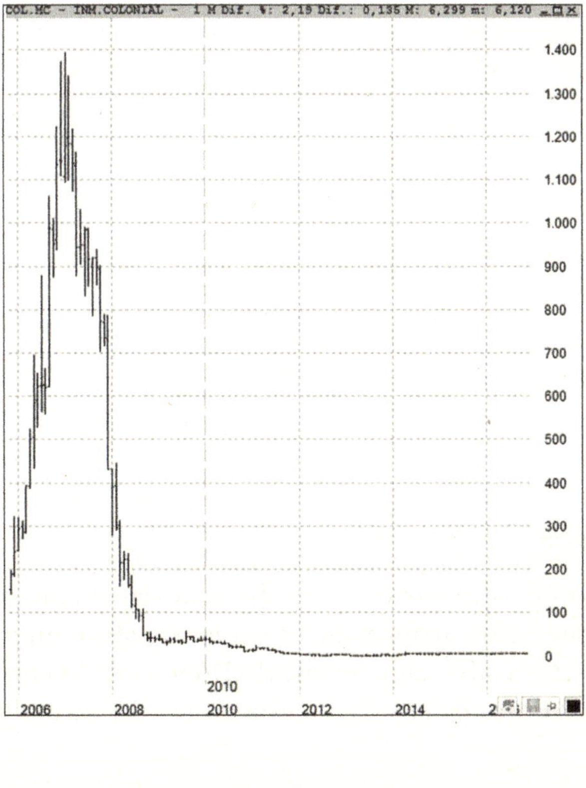

Nos han dicho, sin embargo, que estamos ante un patrón problemático porque no es fácil saber cuándo se produce la señal de ruptura que nos indica que ha sonado el despertador, y que, además, no podemos establecer objetivos mínimos —lógico, hablamos en muchas ocasiones de una línea recta sobre un gráfico completamente achatado por la ley de la gravedad y el efecto de la escala. Es un patrón sin amplitud que proyectar—. De hecho, no se ven ni los stops...

Ahora el mismo gráfico de Inmobiliaria Colonial en escala semilogarítmica...

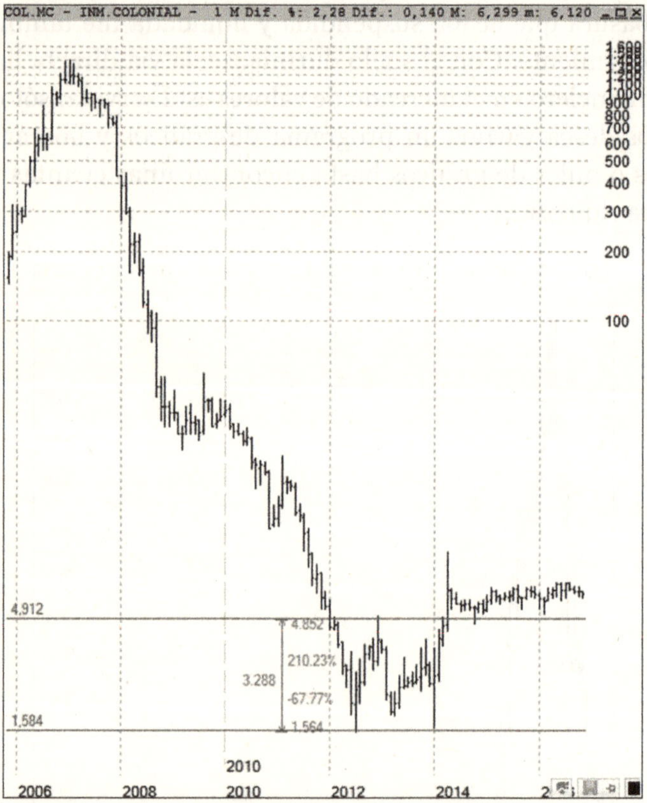

¡Caramba! ¡Intente dormir usted con alguien que se mueve un 200 por ciento arriba y un 70 por ciento abajo un par de veces o tres sin acabar en el médico! ¿Dónde está el encefalograma plano? Cosas de la vida, en esta ocasión el suelo durmiente es un gran doble suelo, patrón que ya conocemos, al que puede calcularle su objetivo mínimo teórico y, por supuesto, que presenta su correspondiente *stop loss*. Ahora ya puede operarlo con un 0,5 por ciento de su patrimonio que le está pidiendo un stop de todo o nada...

La escala semilogarítmica ha solucionado los problemas que supuestamente tiene el patrón, pero al tiempo ha revelado que no es tal ente, sino otro que ya conocíamos.

Un segundo ejemplo, la tecnológica Ariba, caso suficientemente amplio como para que pueda verse línea clavicular en escala aritmética...

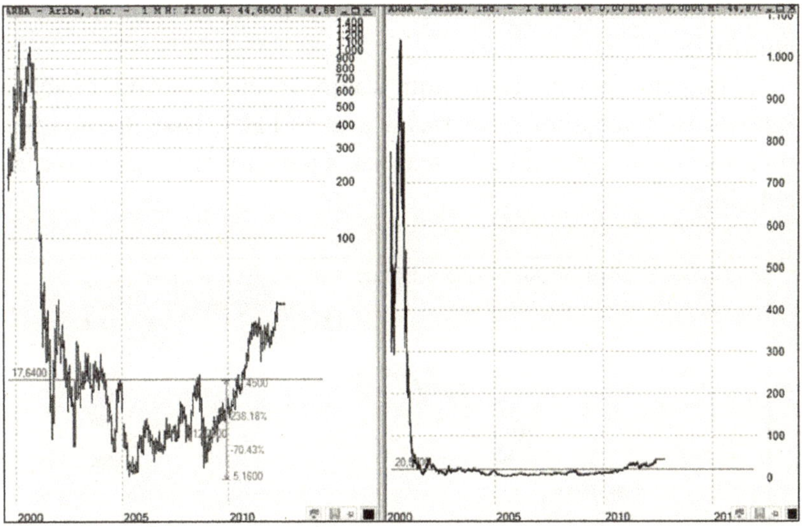

Lo que no podrá ver es el 70 por ciento de *stop loss* que pide el patrón salvo que usted manipule el gráfico. Vaya esto por esos grandes dibujantes que sostienen que hay que mantener el gráfico en escala aritmética siempre que sea posible porque es todo mucho más intuitivo.

Y sí, la dificultad de encontrarlos en zona de máximos resulta evidente: en el mundo de la escala aritmética no se produce un achatamiento de uno de los polos.

Quizá, como nosotros, usted se ha vuelto loco buscando techos redondeados en sus horas más calientes de aficionado a los gráficos. ¡Con la de suelos que pueden verse! Claro, está utilizando la escala incorrecta, y ahora ya lo sabe.

También sabe que el techo redondeado, de existir, no lo hará por contraposición al suelo durmiente, porque éste no existe. Y no, no estamos matando la fractalidad, sino admitiendo la casualidad. Si alguna vez ha encontrado uno, enmárquelo, pues es una *rara avis*. Luego mírelo bien y pregúntese muy en serio si tiene ante sí lo que estaba buscando.

Si la respuesta es afirmativa es porque usted es un preciosista buscador clínico inmerso en el carnaval de las figuras técnicas. Sentimos decirle que además de ser poquísimos los que verá, todos ellos son en sí mismos otros patrones. O lo que es lo mismo, de nuevo un efecto óptico. Y le retamos a que nos demuestre lo contrario.

Haberlos haylos, tiene aquí abajo un ejemplo que guardamos desde hace años cuyo *ticker* era: WTHG. Discúlpenos por no molestarnos en salir a buscar setas para tener un gráfico más actual...

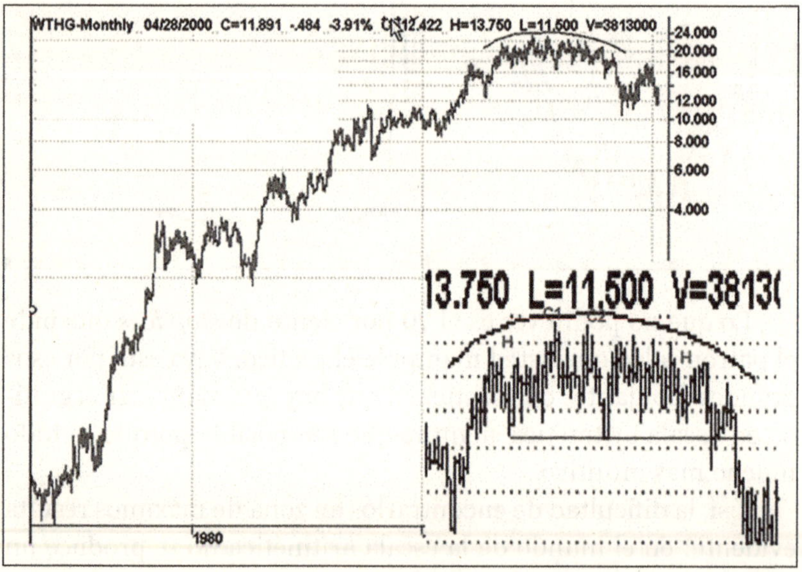

Como puede comprobarse, podríamos llamarlo cabeza y hombros bicéfalo. Pero para que parezca más redondito le hemos puesto un circulito a mano alzada como hacen los expertos. Así parece un santo, que es lo que más le gusta al chartista medio.

Convertir el análisis técnico en una lista interminable de formaciones no nos hace mejores analistas, pero cómo viste, oiga, eso de decir que esto es un murciélago invertido de alas caídas del tipo mutación con trompa de Falopio.

No es cierto que este patrón sea menos frecuente que el suelo redondeado como suelen deslizar los chartistas. Lo cierto es que la escala aritmética hace casi imposible que estas deformaciones se produzcan en los techos porque en la parte alta de los gráficos no se aplasta la serie de precios en términos relativos —porcentuales—. En un chart aritmético se asigna distinto rango de importancia relativa a los precios en función de la parte del mismo que se ocupe.

La escala aritmética hace a los altos de un gráfico muchísimo más nítidos y relevantes que al conjunto del cuerpo gráfico y por eso no se producen esos falsos efectos de «adormecimiento» que muestran los suelos. Además, la gravedad también forma parte de la bolsa, por lo que permanecer en zona de mínimos es más fácil que hacerlo en zona de altos, donde los precios tienden a seguir subiendo si las empresas siguen haciéndolo bien. El mercado ofrece un límite por abajo pero no por arriba.

El siempre incomprendido patrón triangular

De modo general, el triángulo ha sido considerado un patrón de continuidad. O sea, una pausa en el camino que debiera resolverse en la dirección del movimiento alcista o bajista precedente. Curiosamente, se ha dicho también que es la formación técnica que más veces rompe en el sentido contrario al esperado. Lógico...

Suponer que existen patrones de continuidad por un lado y de vuelta por otro no es sólo falso, sino pernicioso para los intereses del análisis técnico en tanto en cuanto al hacer esto se favorece que se considere a las formaciones de precio como un tótem sagrado... Y eso conlleva la generación de expectativas irracionales en torno a la fiabilidad del mismo. El paso subsiguiente, por supuesto, fue convertir a nuestra disciplina en un conector directo con los midiclorianos pensado por y para la previsión.

El siguiente gráfico le muestra alguna de las formas «ideales» que podría tomar el patrón chartista que conocemos como triángulo en posición de figura de vuelta. La formación técnica de cambio de tendencia de tipo triángulo alcista, a la izquierda, y la de tipo triángulo bajista, a la derecha.

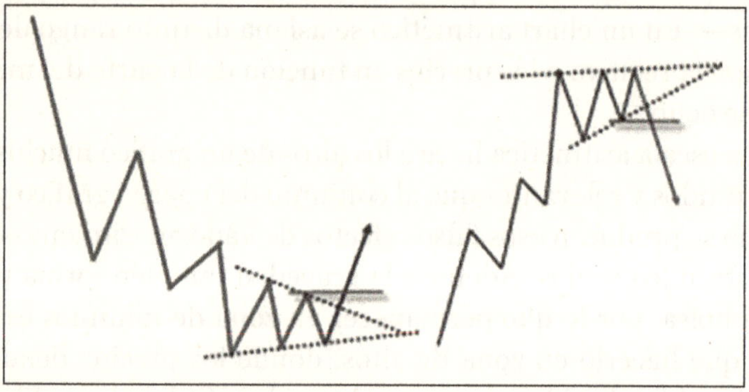

El triángulo no es distinto a otras pautas, puede encontrarse en posición de formación continuidad o de figura vuelta, pues es simplemente un tiempo de reflexión más o menos acotada en el que oferta y demanda mantienen un equilibrado debate. Sólo sabremos algo realmente claro sobre las conclusiones de esta dialéctica mantenida por las fuerzas del mercado una vez se resuelva la fase de equilibrio con una ruptura alcista o bajista. Antes, por supuesto, lo más probable será siempre que la tendencia se imponga. Cuestión de principios. Pero como siempre, lo que cabe esperar no es muchísimo más probable que lo contrario; sobre todo si no comprendemos el contexto técnico general donde conviene intentar encajar un patrón puntual.

No espere usted nada de los triángulos, y así éstos, como otras pautas, no le resultarán «decepcionantes».

Para no variar el esquema habitual, empecemos por considerar la formación como un modo de delimitar los niveles de control de un proceso lateral que posibilite la localización de un cambio en la tendencia o que delate su continuidad. Fase 1, fase 2, fase 3 y fase 4... Como la teoría convencional no habla de triángulos y triángulos invertidos por motivos evidentes, resolveremos la cuestión referente a las tendencias alcistas y bajistas al mismo tiempo.

En el caso alcista, los mínimos y máximos decrecen hasta que llega un momento en que la tendencia deviene movimiento incierto, más o menos lateral. Los claros desplazamientos del precio dejan de ser tal cosa para dar lugar a un comportamiento aparentemente contradictorio donde máximos y mínimos de corto plazo ya no son ni claramente ascendentes ni claramente descendentes, pudiendo tomar múltiples formas según la clase de triángulo ante la que nos encontremos. Aquí tiene unas formaciones ideales:

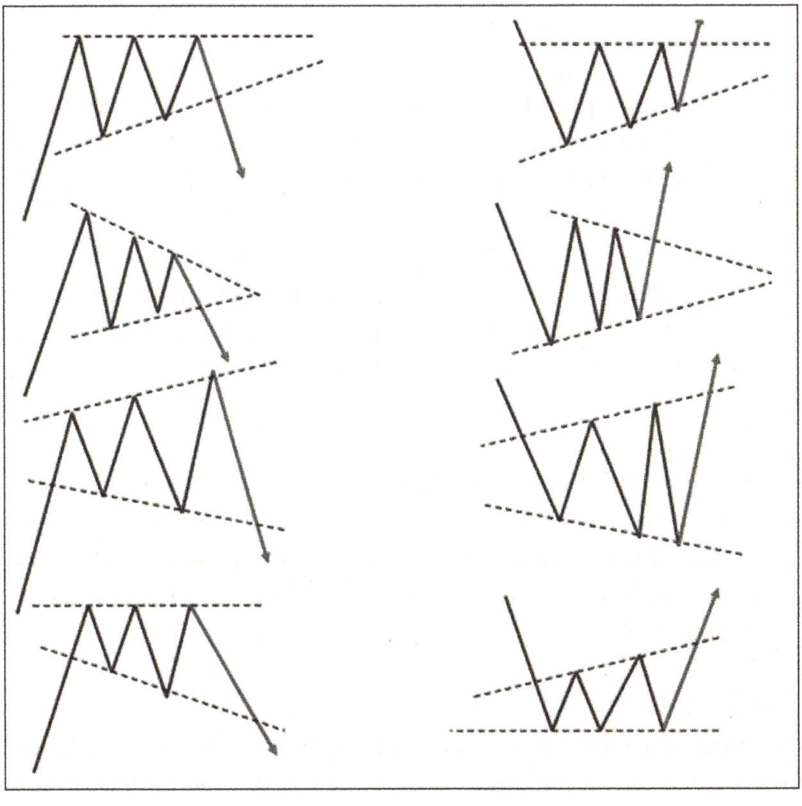

En el caso bajista, los mínimos y máximos crecen hasta que llega un momento en que la tendencia deviene movimiento incierto, más o menos lateral, donde los claros desplazamientos del precio empiezan a mostrar un comportamiento aparentemente contradictorio, sin una clara dirección. El debate, que puede tomar diferentes formas dentro de este tipo de formación chartista, está servido.

Alcistas o bajistas, los triángulos podrán desplegarse tanto en forma convergente, con la unión de sus líneas de oferta y demanda proyectándose al futuro —y con diferentes tipos de ángulos en sus vértices—, como en forma divergente, con la unión de sus líneas de oferta y demanda proyectándose al pasado. Los patrones expansivos siempre serán más exigentes en términos de *stop loss*.

Desarrollo por fases

Esencialmente podemos hablar de dos clases de triángulos, alcistas y bajistas, con dos tipos de formas diferentes a su vez: contractivas o expansivas. Las connotaciones serán siempre las mismas en cualquiera de sus combinaciones: equilibrios como pautas de vuelta o de continuidad en la tendencia.

Esta formación, como toda otra, tiene una lógica interna que podemos resumir de un modo muy simple y que se resume perfectamente en el siguiente gráfico del euro/dólar.

Fase 1

Puede verse en el chart como la secuencia de mínimos y máximos decrecientes es una constante hasta principios de 2000. Llega un momento, a mediados de 2001, en que esa regularidad bajista se detiene para que los precios entren en una etapa de lateralidad.

Fases 2 y 3

Los máximos dejan de decrecer y los mínimos empiezan a crecer (pues estamos revirtiendo un proceso bajista). Se ha entrado en

una fase de reflexión en la que el mercado se debate entre la continuidad y la vuelta.

FASE 4

Desafortunadamente para los bajistas, el resultado final fue contrario a los intereses de la tendencia; el equilibrio se resolvió al alza con un despliegue de mínimos y máximos crecientes por primera vez en mucho tiempo, iniciándose una larga tendencia alcista que protagonizaría la primera década del siglo XXI.

Debemos señalar de nuevo que la confirmación no viene por la ruptura de la directriz bajista que acota el triángulo, que las líneas las ponemos nosotros a mano alzada, sino porque se rompe un último máximo descendente. Esto es lo realmente importante, esto es lo único que acontece de hecho. Como en todas las pautas, en realidad todo lo que sucede es que se produce un cambio en las convicciones del mercado, expresadas al principio por continuos mínimos y máximos decrecientes hasta que las fuerzas predominantes se invierten tras el triángulo, y se pasa del prevalecer bajista al mandato comprador.

Un triángulo alcista o bajista no es más que uno de los pocos modos en que pueden cambiar las tendencias bajistas o alcistas respectivamente: los precios se desplazan direccionalmente, en ondulaciones, dejando mínimos decrecientes/crecientes —como corresponde a toda tendencia bajista/alcista— hasta que éstos son incapaces de mantener dicha inercia. Entonces llega el proceso lateral, el debate entre las fuerzas del ágora, los mínimos/máximos dejarán de decrecer/crecer... Luego los máximos/mínimos empezarán a sugerir un desplazamiento en contra de la tendencia. Se produce la señal de alerta, y será cuando se constaten máximos crecientes/decrecientes en relación con la estructura de consolidación cuando se confirme el cambio de tendencia.

Nos pongamos como nos pongamos, no hay otro modo de hacerlo. Verlo así, como una cuestión física que refleja un cambio de mentalidad en el mercado, donde se produce una deserción de bajistas/alcistas que salen de éste o cambian de bando, creciendo indirecta o directamente por tanto el peso de unos y otros, supone dejar de ver también esta pauta —como cualquier otra— bajo el prisma de la mística a la que parecen acudir tantos inversores y traders que hacen uso del análisis chartista. Hemos dejado de verlo como algo «mágico».

En este caso euro/dólar no se produjo *pull-back*, pero en muchas ocasiones se verá ese tipo de correcciones menores desarrolladas tras la señal de cambio de tendencia y como parte del camino que cabe recorrer a partir de una formación que funcione del modo en que se espera. Veámoslo en un proceso de cambio de tendencia a bajista en este caso:

Triángulo como formación de continuidad

Considerémoslo en una tendencia alcista, con la alemana Deutsche Telekom...

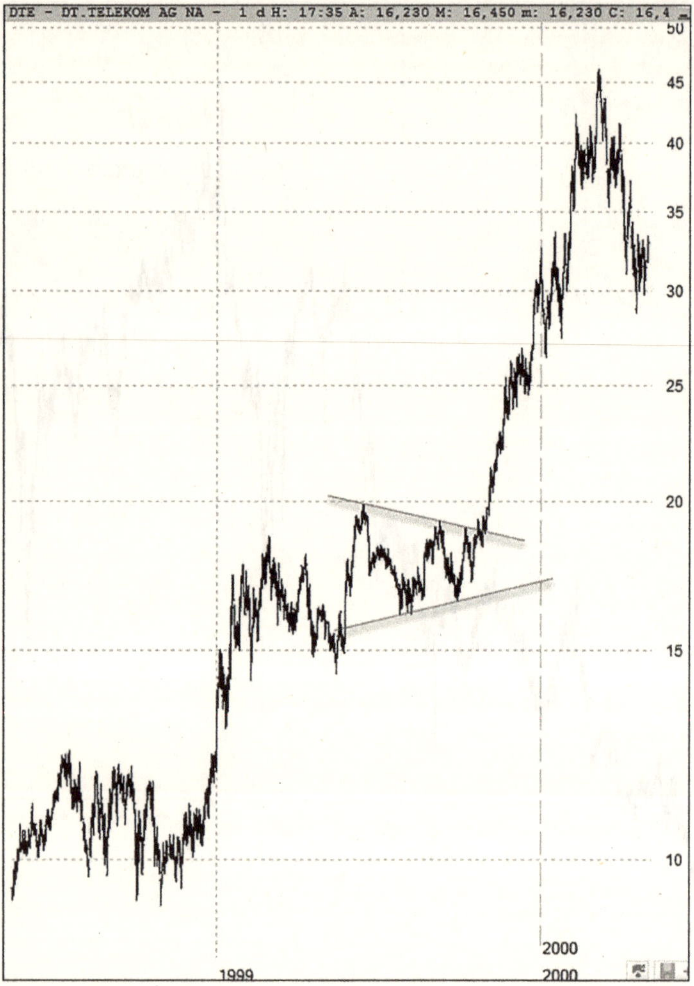

Puede verse como la pauta triangular se resuelve al alza pese a aparecer tras una larga secuencia de mínimos y máximos crecientes. Un patrón es una reflexión, un receso, un debate, un período de equilibrio temporal. Nada más.

La figura de vuelta en triángulo es una victoria de la oferta o de la demanda tras un tiempo en que compradores o vendedores, respectivamente, camparon a sus anchas en el mercado. En cambio, la formación triangular en continuidad es sólo un descanso temporal tras el que los precios se moverán de nuevo en línea con la tendencia de orden superior, que ha sido corregida en tiempo.

El mercado cuestiona la inercia dominante, pero los precios rompen en la dirección que traían.

Gestión de la posición

Como ya sabe, la estricta ecuación riesgo/beneficio es el ratio que se obtiene de medir el objetivo mínimo que plantea un patrón frente a su *stop loss*. Una vez que se confirman, las formaciones técnicas permiten estimar un objetivo mínimo teórico para el desarrollo subsiguiente de los precios, que se cumplirá frecuentemente. En cualquier formación, el objetivo mínimo se obtiene midiendo la distancia existente entre el máximo punto alcanzado por el mercado en el desarrollo de la pauta y su punto mínimo, pero cualquier operativa en tendencia debe aspirar a lograr muchísimo más. Son un 15/20 por ciento de las operaciones lo que genera la auténtica materia prima que permite conseguir el objetivo de una cartera. El siguiente ejemplo, de la mítica Terra, no puede expresar esto con mayor claridad para aquel que hubiera tomado una posición bajista...

¿Cómo operar en base a la pauta de triángulo?

Con una posición alcista, la ruptura de una formación de este perfil nos pediría que nos planteemos el cierre de posiciones o una reducción de las mismas. Un alza como la vivida previamente permitía una fuerte corrección temporal sin que eso cambiase un proceso de fondo.

Con una posición bajista: buscar tendencia intentando ir más allá del objetivo mínimo teórico.

Desde luego no lo hará con stop por encima de la zona de confirmación a estas alturas, ya sabe que frecuentemente saltan en falso... Las otras dos opciones son el primer máximo decreciente y el techo de la formación según quiera o no practicarse un trading agresivo, según quiera vincularse el mismo a la tendencia de más corto plazo o al proceso de fondo que podría haber abierto un patrón de cambio de tendencia. Y no, no sabemos *a priori* qué es lo correcto porque todo cambio de tendencia pasa al principio una simple corrección. Es cierto que hay quien siempre ve el final del mundo, son esos que aciertan un par de veces mientras todos ganan y después no pillan una sola subida en toda la vida.

El diamante y otros alardes de la imaginación

Nos han dicho que es una formación de alto voltaje, de las que carga el diablo. Hay quien anunció un serio desplome en 2000 a la luz del que se dejó en el Dow Jones Industrial... Como imaginará, le llamamos diamante porque tiene forma de diamante. La pedantería, al menos, no es lo nuestro.

Aquí tiene el ejemplo de 2000 en el que aparece esa atípica formación en el Dow Jones Industrial... Como puede verse, el S&P 500 cayó mucho más que el Dow Jones Industrial aunque el primero no presentó diamante alguno. En este caso no tiene nada que ver con la diferencia de dividendos entre uno y otro índice, no se preocupe. Efectivamente, el diamante no deja de ser un triángulo normal y corriente haciendo las veces de formación de vuelta. Pero a los técnicos nos encanta sacarnos de la manga nombrecitos y patrones porque el zoo parece más chulo si hay muchos tipos diferentes de animales.

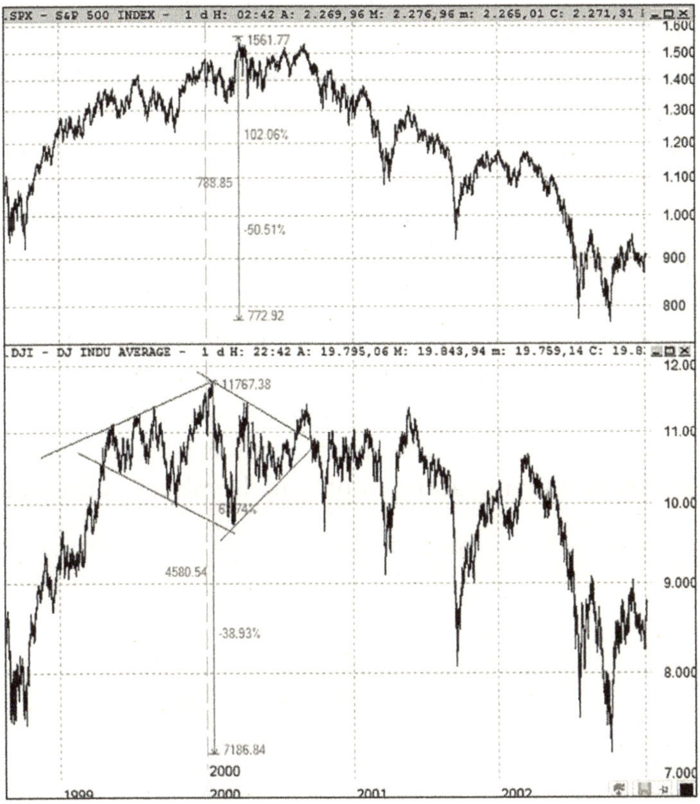

Un diamante es la yuxtaposición de un patrón de triángulo expansivo con uno contracto. ¿Un dos en uno? Para nada. El primer triángulo simplemente no es suficiente debate y los precios se mantienen por encima de su soporte decreciente mientras alcistas y bajistas siguen pugnando hasta que, ya de la mano de un segundo patrón, se produce un desenlace por confirmación. Para mayor chasco, aunque un poco después verá qué fácil se arregla el tema para que no se note con algo de chapa y pintura técnica, la salida se produce primero por arriba.

La ecuación riesgo/beneficio que puede obtenerse de contraponer objetivo mínimo —amplitud del patrón— y *stop loss* es exactamente igual que la de cualquier otra formación. No merece la pena insistir mucho en ello a estas alturas.

El *stop loss*, herramienta que pretende sacarnos del mercado si estamos equivocados, deberá ejecutarse si nuestros argumentos desaparecen. Si operamos técnicamente y aceptamos la idea de que una formación técnica bajista/alcista es una secuencia de máximos decrecientes/crecientes, mientras éstos decrezcan/crezcan uno no tiene una tendencia alcista/bajista y por tanto no puede ejecutar su *stop loss* aunque los precios se metan dentro de la zona en la que antiguamente estaban teóricamente lateralizados.

¿Cómo se anula un patrón triangular? Pues por encima o por debajo de la pauta según sea bajista o alcista. ¿Puede cancelarse una posición antes? Claro, si aparece una nueva formación que lo cuestione en la tendencia que queremos trabajar. Recordemos que tendencias hay de muchas clases. Y sí, un stop como Dios manda también puede saltar en falso en un triángulo. Faltaría más.

Afortunadamente, uno siempre puede volverlo a intentar...

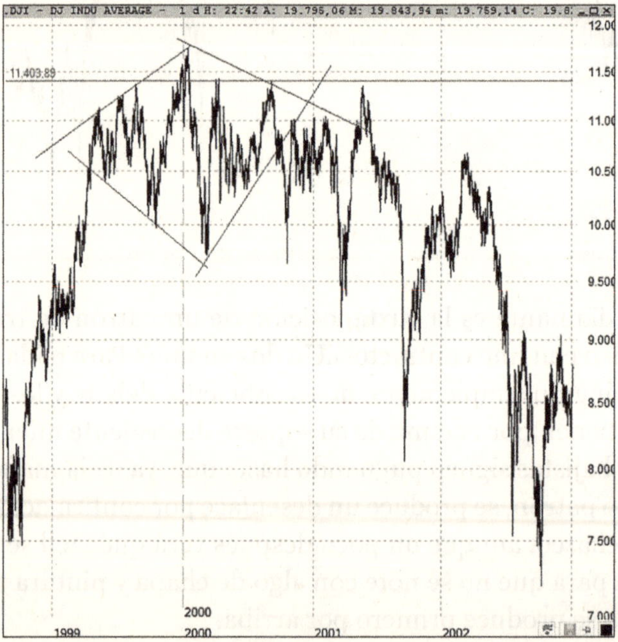

Un nuevo triángulo sobre la mesa... ¿Lo ve? ¡Si uno quiere, el análisis técnico en los libros es maravilloso! Sólo hay que mostrar lo que funciona e ignorar lo que no lo hace sabiendo como sabemos que el ojo no entrenado ve lo que nosotros queramos que vea.

Gestión de la posición

Como con cualquier triángulo, la gestión de la posición no es distinta a la que debe hacerse con cualquier otra formación. Son los nuevos máximos decrecientes los que acotan el proceso de protección de la misma...

Este ejemplo pone de relieve que hay años en los que uno no debería salir de la cama. El siguiente patrón en diamante también ve cómo los precios rompen máximos decrecientes expulsando a los bajistas del mercado. Dos intentos, dos soberanos errores. Siga jugando... Si le queda cuerpo para ello. Y esto, en una buena predicción. Por eso los stops tendenciales siempre por encima del patrón. Pero en tal caso siempre preparado para el dolor extremo porque el revolcón que le dan cuando fallan es de época.

Para evitar este tipo de errores los técnicos utilizamos las **correlaciones**. Puede verse como ese tipo de superación de resistencia relevante no se produjo en el S&P 500, por lo que se podría haber disfrutado aún bastante de las inercias vendedoras con un poco de «arte». Eso sí, siempre que no se cometa la vulgaridad de querer hacer trading en tendencia poniendo un *stop loss* por encima de la directriz bajista... Es una referencia que se superó en ambos casos.

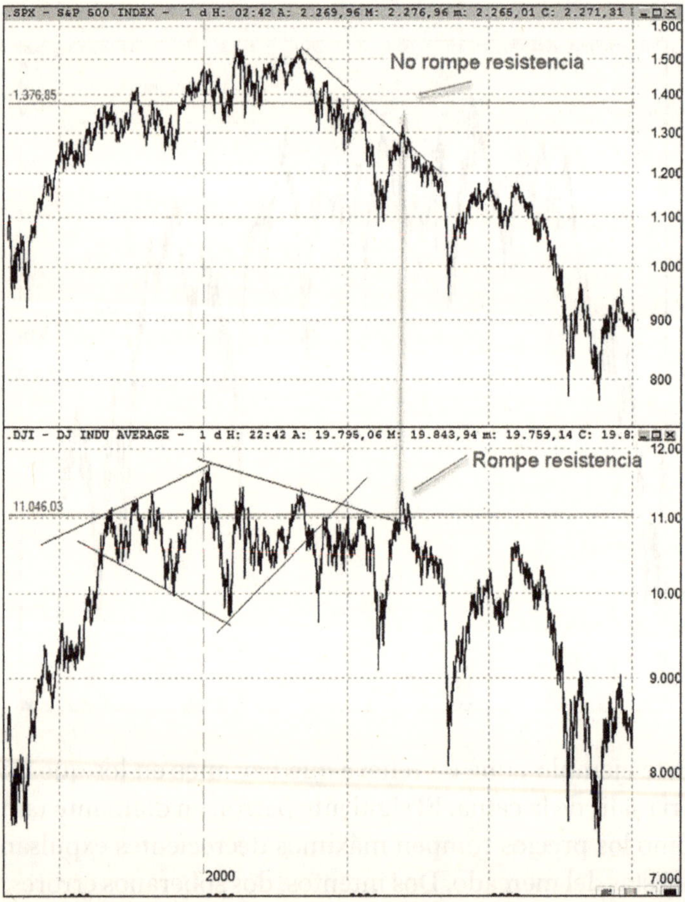

La cuña: más de lo mismo

Una cuña no es más que un triángulo cuyas líneas de oferta y demanda tienen pendiente positiva o negativa, y en el que frecuentemente el debate se resuelve muy cerca del vértice. En nuestro modo de entender pragmático, los triángulos también pueden resolverse cerca del vértice sin perder con sus implicaciones predictivas, que es algo que han sugerido los teóricos siempre. El humo tiene consecuencias nocivas para la salud.

Las cuñas, como los diamantes, son variaciones triangulares, pero no pautas en sí mismas. Se trabajan y gestionan exactamente del mismo modo.

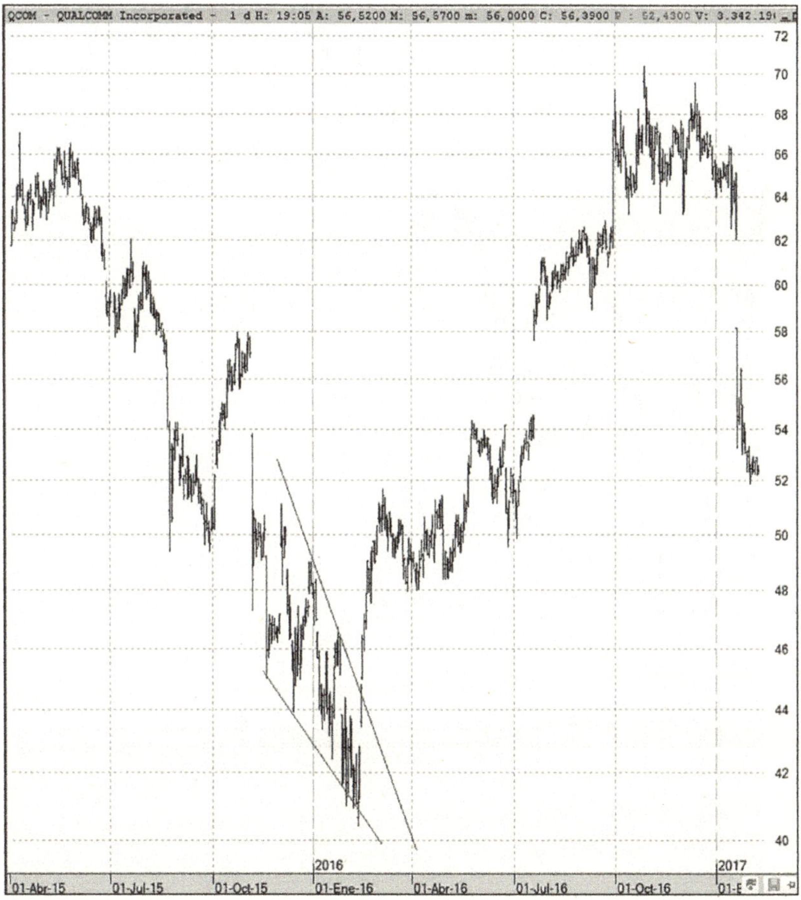

En muchas ocasiones, no es exactamente el caso al presentar el patrón un doble suelo en la parte final del mismo, ésta es una de las pocas formas de enfrentarse a una vuelta en «V» sin salir demasiado trasquilado.

Y por supuesto, de la misma manera que aparecen como formaciones de vuelta se manifiestan en ocasiones como elementos de continuidad...

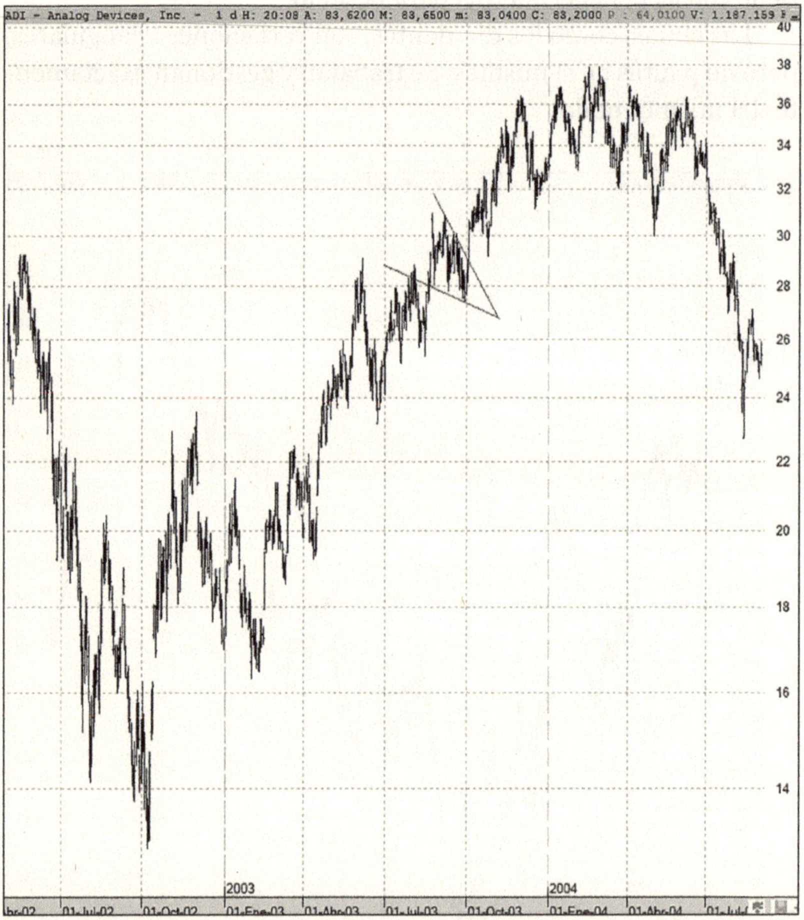

No hay dos sin tres: el gallardete

Cuentan que un gallardete es un patrón de continuidad, una especie de trapito contraído que cuelga de un palote, una protuberancia que corrige un fuerte *rally* comprador o vendedor, con pinta de pequeño triángulo y que se resuelve cerca del vértice. Claro, porque si se mueve como un pato, huele como un pato y canta como un pato, es un pato, por mucho que resuelva cerca del vértice.

Olvídese de que los precios recorran al alza otro tramo como el anterior como objetivo mínimo teórico como sugiere la mitología técnica. Si esto fuera posible yo sólo operaría gallardetes porque en tal caso podría trabajar con patrones que tienen un objetivo mínimo teórico muy superior al stop direccional. Lo siento, pero los cuentos de hadas no existen. De todos los cuentos que cuenta el chartismo, el de los gallardetes es el más notable.

El patrón de bandera

Las banderas, probablemente, sean la única formación que no existe como patrón de vuelta, si bien cabría abrir un debate con ello en tanto en cuanto no dejan de ser canales. Como sucede con las cuñas o los triángulos expansivos, la bandera es una formación que plantea mínimos y máximos decrecientes en tendencia alcista y crecientes en tendencia bajista, sin que por ello los precios estén planteando un cambio de tendencia en la tendencia de orden superior. Recordará que cuando hablamos de tipos y clases de tendencias ya establecimos la idea de que la interacción entre estructuras de diferente orden genera conflicto y supone direcciones distintas de precio en función del espectro temporal en el que se estén enfocando los precios.

En el ejemplo de Prisa en 2000/2001 pueden verse hasta cinco formaciones de bandera en continuidad bajista tras su salida al mercado. Incluso el primer movimiento canalizado pudo considerarse tal cosa porque el movimiento alcista coincidió con un rebote de mercado que corregía el impresionante desplome de los primeros meses de 2000; especialmente en un valor altamente endeudado y supuestamente ligado a las nuevas tecnologías como era su caso por aquel entonces.

Como puede verse, durante el descenso se producen en ocasiones rebotes configurados por mínimos y máximos crecientes de muy corto plazo. Esto está lejos de ser un comportamiento excepcional. Los procesos de crecimiento de mínimos y máximos en ondas de orden interior sin figura de vuelta previa son parte de la cotidianeidad de un proceso de ajuste tras severos impulsos o correcciones de orden superior.

Que se desplieguen máximos y mínimos crecientes en una tendencia bajista, o decrecientes en una alcista, será algo normal en algún momento del descenso/ascenso, pues nada es lineal. Pero ello simplemente responde a la interacción de las diferentes clases de tendencia (de superciclo, primaria, terciaria, intradiaria...). Unos mínimos y máximos crecientes en forma de tendencia alcista terciaria no tienen por qué afectar a una tendencia bajista primaria, por poner un ejemplo.

Quizá ha leído o escuchado que las banderas (abc) son patrones que sólo se desarrollan a muy corto plazo. Obviamente, eso va contra la idea de fractalidad, pero además es falso, como puede verse en el siguiente ejemplo del S&P 500 en su versión *total return*.

Es una pena que esta idea se haya propagado, pues estamos hablando de una de las mejores formas de localizar un modo óptimo para subirse a una tendencia: *buy on depths*. Intentar tomar posiciones de forma agresiva en la base de las banderas puede ser una de las mejores formas de lograrlo.

El inversor común tiene la extraña manía de comprar en ruptura de resistencia, olvidando que sobre sus zonas de soporte clave en tendencia un activo es tan alcista como por encima de su resistencia. Y mucho más apetecible en realidad.

Sin duda, este nocivo comportamiento tiene un fuerte componente psicológico: es más fácil hacer aquello que está haciendo todo el mundo, y comprar (o vender) en ruptura significa hacerlo con todas las tendencias a favor y la pantalla del color más convincente. Por contra, comprar en zona de soporte relevante (o vender en zona de resistencia clave) es desafiar las tendencias de corto plazo, el consenso general y, por supuesto, el color de las pantallas que viene dominando en las últimas semanas y más ha impresionado nuestra mente recientemente.

Puede que obrando así uno tenga algo menos de fiabilidad —no mucha menos, la verdad—, pero desde luego tiene una peor ecuación riesgo/beneficio. Si usted va a repetir esto cientos de veces a lo largo de una vida de inversor, va a conseguir aumentar su esperanza matemática mejorando su ecuación riesgo/recompensa aunque resulta contraintuitivo.

Como ejemplo nuestra recomendación pública de compra en febrero de 2016 sobre el S&P 500 —o en el *pull-back* que se produce semanas antes de la llegada de Donald Trump a la presidencia de Estados Unidos—, algo sobre lo que podrá leer en internet si lo desea: comprar sobre las bases de las banderas era a los ojos del gran público una «locura», sin embargo, suponía apostar por las tendencias de orden superior en el primer caso, y por aprovechar un *pull-back* tras lograrse la subida libre absoluta de cuatro meses antes en el segundo... No fue sólo por la idea de bandera, pero también nos apoyamos en ella. El mercado es un puzle.

La vuelta en «V»

Para desgracia de los chartistas y gloria de otras aproximaciones, los cambios de tendencia en los mercados no se producen siempre tras movimientos de acumulación/distribución, ni siempre existe un largo debate que fije niveles clave cuya ruptura advierta de que algo ha cambiado en las inercias dominantes. Y para mayor desgracia, sobre todo como punto y final de las tendencias bajistas o de los mercados alcistas más exuberantes, es algo que no resulta precisamente poco común. Sobre todo en lo que a índices se refiere.

En muchas ocasiones se producen giros radicales en las convicciones dominantes de las que participa la masa, y como si de un banco de peces se tratara: tonto el último. En tales momentos, no encontraremos socorro en las pautas de cambio de tendencia que hemos visto hasta ahora. De hecho podría decirse que las características de este patrón se definen por contraposición a todo lo demás que hemos visto hasta ahora: alcista o bajista; lo que no encaja en lo que hemos visto es una vuelta en «V».

Esto no supone que no se puedan constatar más tarde que temprano los cambios en el discurso del mercado: de máximos y mínimos crecientes a decrecientes en el cambio de tendencia a bajista, y de máximos y mínimos decrecientes a crecientes en el cambio de tendencia a alcista. Pero tarde, cuando haces *market timing*, puede ser demasiado tiempo.

Este tipo de giros están asociados normalmente a movimientos con excesiva aceleración, motivo por el cual son más propios del final de las tendencias bajistas que de las alcistas. Nada es más poderoso que el miedo. Son también característicos de procesos que han carecido de consolidaciones intermedias relevantes, por lo que se considerarán hasta cierto punto «impredecibles» para el análisis técnico, aunque existe una colección de elementos que permite estar en guardia frente a ellas. Generalmente este tipo de vueltas son propias de tendencias que han sufrido muy pocas correcciones de entidad, de circunstancias de mercado donde aparentemente no existe ninguna preocupación o esperanza, según sea alcista o bajista el tipo de movimiento al que ponen punto y final. Estas vueltas son frecuentes como colofón a tendencias que dependen de pocos factores, como lo fuera el mercado inmobiliario en el Japón de finales de los años ochenta del pasado siglo...

Elementos como el volumen de negocio pueden ser especialmente útiles para prepararse para las vueltas en «V», que frecuentemente tendrán un soporte decreciente o resistencia ascendente a la que acogerse, tal y como sucedió en el giro de alcista a bajista de Arcelor Mittal en la primera mitad de 2016. El impresionante negocio de la parte final del movimiento del valor en caída libre era sintomático de que algo podía estar a punto de cambiar...

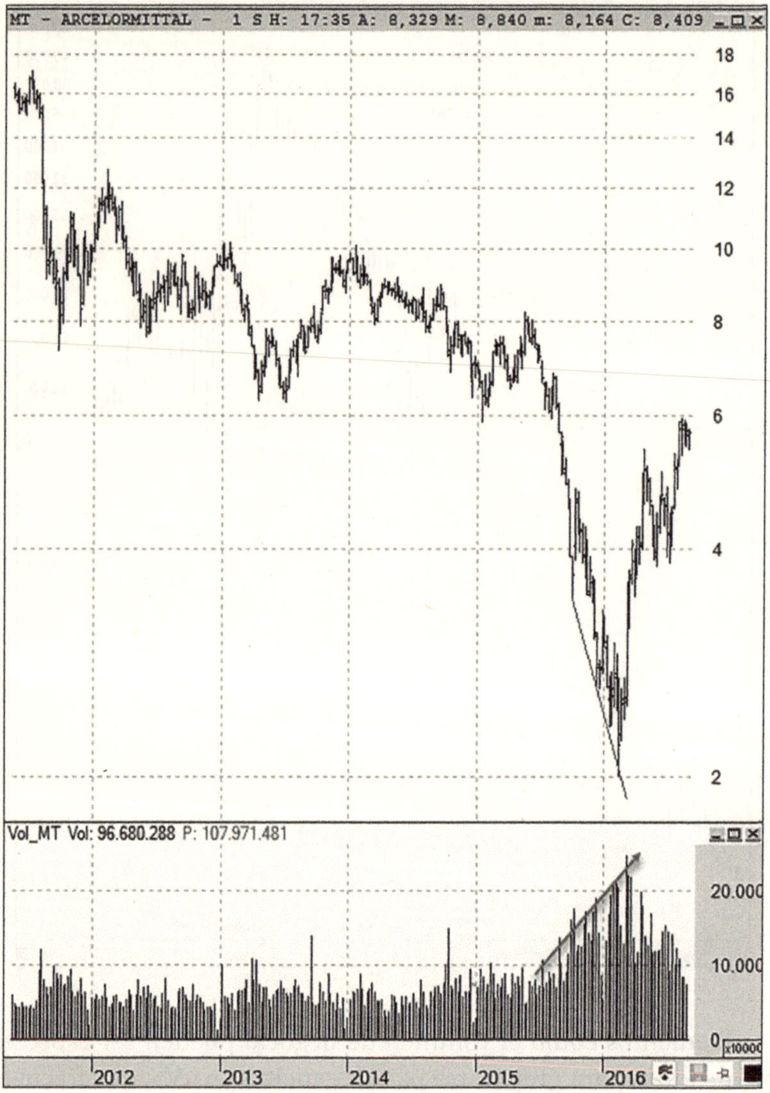

De entre todas las vueltas en «V», quizá la única razonablemente fácil de reconocer sea la **vuelta en isla**. Pero no todas las islas son «V», ni todas las «V» conllevan islas. Una auténtica vuelta en isla es la que se produce en un proceso acelerado en el que se despliegan a la misma altura dos huecos. Es fácil ver la diferencia entre el ejemplo de la izquierda, sobre Tecnocom, y el de la derecha sobre el S&P 500. El secreto está en la aceleración.

Existen herramientas técnicas que miden la calidad y el sentimiento inversor que domina los procesos de mercado —correlaciones, profundidad, sentimiento inversor— que son usadas por parte de los analistas técnicos para intentar paliar este tipo de episodios complicados, si bien éstas no son objeto de este libro, cuya pretensión no es la de dejarle listo para operar en bolsa —harán falta diez mil horas de experiencia personal como para cualquier otra actividad para ello—, sino la de destruir malentendidos y dejarle perfectamente listo para entender cuándo lee usted a un experto que se entera de lo que tiene entre manos y cuándo no. Del mismo modo que tras leer un buen número de revistas del motor usted no está listo para enrolarse en el Dakar, con este libro no está listo para especular con éxito en el mercado. Pero sí tiene todo lo que necesita para darse cuenta de cuándo le están vendiendo humo.

¿Por qué funcionan los patrones técnicos?

Habrá escuchado que el análisis técnico se autocumple, y que por eso hay que usar los gráficos que todo el mundo utiliza. Esto es de una simpleza abrumadora.

Tengamos presente que el análisis técnico es algo menor en el mercado. ¡Es vital que entendamos esto! La inmensa mayoría del dinero ni siquiera hace algo más que entretenerse, en el mejor de los casos, con ello. La gran mayoría, ni siquiera considera esta «cosa» que a nosotros nos ocupa. Y así debe ser porque estará bien que así sea. Por tanto, no vayamos a creernos lo que no somos, no vaya a ser que eso nos impida entender de qué va incluso lo que nos interesa...

El mercado es un gran combate entre argumentos que se alinean en dos grandes fuerzas, oferta y demanda, de las que todos sabemos todo relativamente poco, incluso los que las estudian, y ante las que los técnicos no pintamos nada. Nosotros somos francotiradores, gente que pasaba por allí. Cualquiera que sepa usar el análisis técnico es consciente de que en la mayoría de momentos no debe hacer nada salvo que esté llegando tarde. Podemos entenderlo o pasarnos el día alentando la ludopatía de lectores y clientes. Y puede que le vaya en ello el empleo, que a los de Ágora nos echaron de *El Economista* por negarnos a aumentar la frecuencia de las operaciones de la herramienta que para ellos creamos. La deontología sale cara.

Poco pinta su modo de ver un chart si la inmensa mayoría del dinero obedece a criterios macroeconómicos y fundamentales. Usted está usando una herramienta que pretende seguir los caminos que éstos intentan interpretar. Si un patrón funciona es porque existe una fuerza que lleva a la confirmación del mismo. Lo que pase después no se debe por tanto a que el patrón se autocumpla, sino a que esa fuerza sigue percutiendo sobre los precios.

Bajo un prisma técnico, por lo general, el momento óptimo para operar pasó o no ha llegado. Casi siempre estamos esperando que se alcance o se supere una zona clave mientras en el mercado siguen moviéndose trillones en los activos en los que nosotros estamos pensando operar. Antes y después. A lo largo del tiempo, salvo en contadas ocasiones, ni se nos ve ni se nos huele. Y está bien que sea así, porque así debe ser.

Los volúmenes que se transaccionan en un activo son enormes antes y después de cada operación generada en base a patrones técnicos. Esto es así porque la inmensa mayoría del dinero que circula por el mercado lo hace por cuestiones que tienen poco o nada que ver con un soporte o con el tipo de tendencia en el que estamos. Por tanto, olvidemos ese argumento que invita a usar lo que todos utilizan. Lo que cuenta es lo que hace la mayoría del dinero, no la mayoría de la gente. Esto del mercado no es una democracia, con su componente populista derivado de que un hombre es un voto. Las llamadas manos fuertes tienen demasiado dinero para gestionar por técnico, no esperan rupturas ni soportes, sino que participan de los procesos de acumulación y distribución. Luego, es ridículo pensar que el análisis técnico se autocumple, como afirman tanto sus racionales detractores como muchos de sus feligreses.

No hacemos análisis técnico para saber qué van a hacer los analistas técnicos, sino para saber qué van a hacer las fuerzas de la oferta y la demanda en tanto en cuanto los charts, cual radiografía en el traumatólogo, nos dicen cosas sobre éstas. Fuerzas, las de oferta y demanda, que los técnicos renunciamos, humildemente, a conocer. No nos interesan ellas, sino quién domina la partida que entre ellas se juega. Sin más. Y está bien que así sea, porque así debe ser.

Los analistas técnicos trabajamos con una colección de patrones que nos permite hacer consideraciones sobre una fuerza que teóricamente domina, y que es preexistente a éstos en tanto en cuanto es quien los genera. Cuando una resistencia se rompe y los precios se mueven, lo hacen porque existía previamente una fuerza dominante que ha acabado por absorber todo el papel, generando esa ruptura alcista. Y viceversa. Como es lógico, esa fuerza no es un ente mágico que juega a alentarnos a tomar una posición para desaparecer con la ruptura. Ni cuidadores, ni conspiraciones, ni gaitas en vinagre.

Como es lógico también, esa fuerza que desconocemos —véalo en plan relajado, sin asustarse, como a la mano invisible de Adam Smith en la economía— sigue siendo en general tan dominante como lo era antes de que se produjera la ruptura de ese nivel clave del que hablan los analistas técnicos; que por eso la provocó. Las órdenes técnicas que se agreguen al movimiento en curso tras perforarse al alza o a la baja un nivel clave, pues le vendrán bien para el muy corto plazo, o no, y generarán algo de aceleración, o no..., pero nada más. Esa fuerza incognoscible es dominante también después de la ruptura, y por tanto suele seguir ejerciendo su gobierno sobre la tendencia tras la confirmación de un patrón. El patrón, por tanto, no explica NADA para alguien que sepa donde debe encontrar explicaciones.

Es esa fuerza que no intentamos conocer, que reina *ex ante* y esperamos que siga haciéndolo *ex post*, y no una expresión de ésta como es un gráfico, la que está detrás del movimiento. Lo está antes, lo está durante, y recemos a los dioses para que lo esté también después de una señal clave. Es esa fuerza, que no conocemos pero cuyo dominio podemos observar, la que explica que de vez en cuando acertemos con los gráficos. No lo es, desde luego, el que estemos mirándolos, cada cual a nuestra manera, unos cuantos especuladores con complejo de oráculo.

Las fuerzas que rigen el mercado no usan análisis técnico, al menos no de un modo muy decisivo. Pero los analistas técnicos podemos, con nuestras pequeñas herramientas, seguir el rastro de esas fuerzas e intentar aprovecharlas.

Uno puede aceptar que el mercado se autocumple, y en tal caso sentirse libre de la necesidad de ser racional en sus planteamientos. El Cuidador, la mano invisible o el hombre del saco pueden entrar también en un juego de tiralíneas que, bajo la idea de que intenta captar lo irracional, se hace de cualquier manera. Confusión de confusiones.

La gente sigue pensando en términos de autocumplimiento. Es más valioso para sentirse reforzado un acto de fe que realizar el esfuerzo por comprender que estamos más bien desnudos y que el análisis técnico es sólo una humilde forma de acercarse a las expectativas del mercado, actuando así de la forma más racional posible sin que ello signifique que dejemos de tener consciencia de que la irracionalidad forma parte de lo que intentamos abarcar del modo más razonable.

Algunos hablan de ese amigo de la infancia llamado Cuidador.

El discurso de los Cuidadores como entes con poder para llevar los precios adonde les parece y cuando les parece es algo a lo que, lamentablemente, se ha recurrido demasiadas veces por parte de los analistas técnicos. Para nosotros, que algo de mercado sí hemos visto en más de veinte años, es una de las cosas que más daña la credibilidad de lo que hacemos y el empaque ideológico de nuestras convicciones.

Resulta incongruente pensar que un mercado ampliamente participado se comporta como masa, con independencia del tamaño de sus agentes, y sostener al tiempo que determinadas élites lo manipulan a su antojo. Es obvio que si existieran dichas élites, sería imposible constatar la existencia de las pautas de comportamiento que los analistas grafican. ¿Alguien que razone un momento sobre esto puede dar por bueno que existan grupos que pretenden conscientemente manipular a los demás desde el mercado, financiándose desde su mayor conocimiento a través de las pérdidas de la mayoría, y que al tiempo sean tan bondadosos como para dejar un camino que podría seguir hasta un niño de doce años?

El que así piense acaba de darle la razón a todos los que consideran que el análisis técnico es una estulticia.

Es evidente que si existiera una élite capaz de hacer con el mercado lo que le viene en gana, ésta no permitiría que la mayoría pudiera constatar pautas fáciles de seguir y con las que resultase posible beneficiarse. Si el poder de esta élite fuese el que se le supone, simplemente no habría pautas que identificar, porque en el ejercicio de sus intereses eliminarían cualquier ruta que pudiera ayudar a esa mayoría que se intenta manipular. ¿Habrían quebrado tantos poderes financieros en 2008 si ciertas élites pudieran hacer lo que quisieran? Y, sin embargo, la gente sigue pensando que pierde dinero porque el mercado está manipulado.

El discurso del Cuidador nos parece profundamente perjudicial para un inversor de a pie que encuentra en ello la perfecta excusa para no culparse a sí mismo de sus errores, haciendo del Cuidador el responsable de sus pérdidas. Un Cuidador que muchos inversores minoristas acaban por convertir en el blanco de sus frustraciones y falsas creencias, condenándose así a repetirlas una y otra vez.

PARTE IV

Todo al rojo

Puede que después de tantas formaciones técnicas usted se encuentre en un éxtasis de plenitud similar al que sobreviene tras una fideuá, un postre de músico y un moscatel de Reus. El estómago lleno de tendencias, soportes, dobles techos. La cabeza volando alto con posibles figuras, stops, salidas, ganancias... Abre una cuenta de trading y empieza a seguir un par de compañías. De pronto, cual figura angélica, se materializa en la pantalla ante usted una señal de entrada. Pura, virginal. De libro. Excitado, pulsa el botón de operar y abre una posición con todo su capital disponible.

Todo al rojo. Que viva el casino bursátil.

Si no quiere que el juego acabe rápido, y mal, no debe imaginar esto como una apuesta binaria. Lo que necesita no es sólo una buena oportunidad, sino componer una cartera con varias buenas oportunidades. Veamos por qué.

La diversificación

La diversificación es un concepto clave de las finanzas modernas, la piedra angular de las carteras de activos. Pero la noción subyacente no es nueva, ni siquiera mérito de la economía: al igual que con el papel y la pólvora, el mérito se va al lejano Oriente.

Ya en el siglo XII, bien adelantados a su tiempo, los navegantes chinos construían barcos con compartimentos estancos de forma que si se golpeaban con las rocas el agua sólo ocupaba una sección y el barco no se hundía. Al parecer la idea para sus «juncos» les vino de la propia planta de bambú, ella misma con el tallo dividido en secciones aisladas para retener el agua.

Eso es la diversificación: cuando llegue el infortunio, que destruya una parte, pero no todo. El sabio refranero español lo expresa como «no poner todos los huevos en la misma cesta».

Se lo hemos repetido hasta la saciedad: cualquier estrategia falla, y mucho. Todas las inversiones, por buenas que sean, conllevan un riesgo asociado con el que tenemos que lidiar.

La volatilidad

¿Cómo podemos cuantificar ese riesgo, ponerle un número que nos permita comparar? El concepto que utiliza el mundo financiero es la «volatilidad», definida como la desviación estándar de los precios durante un período determinado. No se vaya todavía; hay una explicación más sencilla: cuánto oscila el precio. Intuitivamente, activos cuyos precios se mueven a lo loco son más arriesgados que otros cuyos precios son más estables.

Volviendo a la idea del junco, imagine ahora la volatilidad como las olas que se forman a su alrededor mientras navega: preferirá cursar por mares tranquilos antes que por aquellas aguas donde hay una fuerte marejada, donde las olas se alzan y se desploman sin concierto y no se puede ver cómo va a acabar la tormenta. Ese otro puerto, aunque sea más atractivo, es más duro de alcanzar.

Pues bien, ahora llega lo más interesante: imagine que pueda combinar varios temporales juntos dentro del mismo mar —su cartera—. ¿Qué sucederá? Que gran parte de esos movimientos erráticos se cancelarán al chocar unos contra otros, el grueso del oleaje desaparecerá y el resultado serán unas aguas comparativamente mucho más tranquilas por las cuales, ahora sí, llegar al puerto deseado.

Con esta metáfora nos evitaremos todas las fórmulas matemáticas para llegar a la idea central: en términos financieros significa que combinando varios activos en nuestra cartera tendremos una reducción total de la volatilidad: es más probable que obtengamos el retorno que esperamos a nuestra inversión.

Por supuesto, aunque diversificando es mucho menos probable que nos estrellemos, también es prácticamente imposible que obtengamos el resultado más alto del mercado, porque el efecto que produce la volatilidad es empujarnos, en ambas direcciones —abajo, pero también arriba—, hacia ese retorno medio más seguro. ¿Eso no le satisface? Pues nada, vuelva al casino bursátil. Al fin y al cabo es su dinero y puede hacer con él lo que quiera.

Antes de marcharse, recuerde las palabras que el profesor de Económicas en la Universidad de Tarragona —que no distribuía programas pirata, pero sí admoniciones brillantes— grabó a fuego tanto en el recuerdo de Carlos como en el de Isaac: «¡Para las competiciones financieras, ponedlo todo en un chicharro y a subir como un cohete o a estrellarse, que hay que quedar primero, joder! Ahora, cuando sea vuestro dinero... ¡A diversificar!».

La importancia de las correlaciones

La volatilidad no desciende de forma lineal según aumentamos la diversificación: hay un descenso tremendo según pasamos de uno a unos pocos activos, y progresivamente se reduce el efecto hasta ser casi irrelevante pasadas unas cuantas decenas de activos. La heurística aquí nos dice que lo óptimo es tener unas veinte inversiones en cartera para aprovecharse del efecto principal sin incurrir en demasiados costes transaccionales, por ejemplo, debidos a comisiones mínimas fijas por operación.

Si puede incluir más buenas inversiones de manera rentable, adelante. En cualquier caso, por muchos activos de diversas clases que incluya en su cartera, llegará un punto en el que ya no podrá reducir más su volatilidad. Lo que queda es conocido como «riesgo sistemático», el que no corresponde a ningún activo en particular, sino que está implícito en la actividad de mercado y que, por tanto, no se puede diversificar a menos que decida no invertir y esperar pacientemente a ser devorado por la inflación.

Conviene destacar un matiz importante: para que la diversificación confiera sus beneficios, las diferentes inversiones de su cartera no sólo tienen que ser buenas oportunidades, sino que tienen que estar razonablemente descorrelacionadas las unas de las otras.

Vamos de nuevo con la intuición primero: si combinamos las olas de diferentes mares y nos encontramos con que se mueven en sincronía, caen juntas y ascienden al unísono —tienen una correlación absoluta—, no vamos a tener ningún efecto de cancelación. Nos quedaremos con el mismo temporal que teníamos al principio, perplejos y calados hasta los huesos.

Razonablemente descorrelacionadas, decimos, porque es prácticamente imposible encontrar oportunidades que no tengan ninguna correlación entre sí. Incluso si toma la sabia decisión de combinar en su cartera varias clases de activos: renta variable, renta fija, materias primas, y algo de bienes inmuebles, la verdad es que en una economía globalizada siempre hay un grado notable de correlación entre inversiones. Para agravar la situación, las decisiones de los inversores no están aisladas, sino que se mueven por sentimientos que oscilan masivamente entre la codicia y el miedo, y por tanto los precios de los activos tampoco son lanzamientos de dados independientes. En extremo, cuando llega la crisis, la correlación entre los activos de todas las clases, que es una realidad dinámica, se refuerza. Como Fuenteovejuna, todos a una. Al menos casi todos.

Para evaluar la calidad de nuestra diversificación es vital que empecemos por una reflexión sincera y profunda sobre nuestras estrategias actuales. ¿Qué riesgos evitamos? ¿Qué riesgos permanecen? ¿A qué nuevos riesgos nos exponemos? La ignorancia no reduce el riesgo, sólo nos vuelve temerarios. Y si bien la diversificación completa es imposible, aun así hay mejores y peores formas de diversificar.

También es interesante remarcar que puede usar los conceptos de diversificación y correlación para hacer una evaluación simple, rápida, de la calidad de su estrategia. La noción subyacente es que un nivel de rentabilidad que se obtiene a través de la diversificación es mucho más estable, predecible y seguro, más deseable en definitiva, que el que se obtiene sin diversificación. Fácil ver por qué a tenor de lo que hemos hablado aquí: es preferible ganar un dinero con muchas apuestas diferentes, que la misma cantidad con una sola apuesta. Y si esas muchas apuestas son en activos diferentes, o incluso usando estrategias diferentes, todavía mejor.

En el siguiente capítulo profundizaremos en el significado del éxito, tal vez menos transparente de lo que pueda parecernos a primera vista, así como en otras métricas que le ayudarán a orientarse mejor.

El éxito es relativo

«42» es la respuesta a la pregunta sobre «la vida, el universo y, ya sabes, todo eso». Al menos así resulta en el magistral libro *Guía del autoestopista galáctico*, de Douglas Adams, una broma inteligente para indicarnos que si no entendemos la respuesta, tal vez se debe a que tampoco entendíamos del todo la pregunta cuando la formulamos.

Algo parecido sucede ante la pregunta: «¿Es ésta una buena estrategia de inversión?». Nuestra respuesta será inevitablemente un corolario de «42» a menos que entendamos que valorar es comparar. Buena..., ¿comparada con qué?

Recientemente un conocido de Isaac nos expuso su metodología de inversión, una elaborada mezcla de estimaciones macro con indicadores técnicos construidos en torno a la teoría de onda de Elliott en su versión prechteriana. Todo muy complejo e interesante, hasta llegar a la pregunta: «¿Y cómo evalúas tu estrategia?», ante la cual respondió con una mirada un tanto incómoda: «Yo, mientras no pierda dinero, ya estoy contento».

Vaya. Y eso viene de una persona con buena formación, libros publicados y una cierta autoridad en el tema. Sin duda, versiones de ese lema campan a sus anchas por las mentes de muchos inversores en los mercados financieros.

«Yo, mientras no pierda dinero, ya estoy contento.»

A ver, no crea que somos lobos de Wall Street y nos resulta imposible simpatizar con las inquietudes de nuestro amigo y la aparente modestia de su afirmación. Todo lo contrario. Los seres humanos tenemos una aversión natural a las pérdidas y es, sin duda, prerrogativa de cada uno elegir el objetivo que más satisfacción mental le reporte a largo plazo.

Sin embargo, también es nuestra obligación como abogados del diablo recordarle que ganar 5 por ciento cuando una estrategia con un perfil de riesgo similar gana 10 por ciento es, de forma clara y efectiva, perder dinero. Por contra, perder sólo 5 por ciento mientras el resto del mercado pierde un 10 por ciento puede ser una estrategia muy efectiva para no quedarnos fuera de un rebote de mercado. Ya le hemos comentado previamente que lo realmente difícil no es vender, sino volver a comprar, y contamos con algunas cicatrices de combate que le podemos enseñar como testimonio a tal efecto.

Sí, querido lector, un buen libro es como un buen amigo: está ahí para decirle precisamente lo que usted no quiere, pero necesita oír.

Lo que estamos intentando transmitir es que resulta absurdo evaluar la calidad de una inversión en abstracto, de forma aislada. Para cualquier inversor que se precie de serlo tiene que primar el concepto coste de oportunidad como patrón oro de dichas evaluaciones. El coste de oportunidad refleja el hecho de que tal vez hay mejores usos alternativos de su dinero, y es contra tales usos que debe medir sus inversiones para estimar su verdadera valía. Aquí, como en tantos otros aspectos de las finanzas, dejarnos llevar por nuestros instintos no nos convierte en mejores inversores.

Por ejemplo, si usted limpia el suelo de su casa con un cepillo de dientes, sin duda no lo va a dejar peor, y algún día llegará a terminar, pero está incurriendo en un gran coste de oportunidad respecto a limpiarlo con mocho y bayeta. ¿Llegados a este punto, ya no hay costes porque me lo hago yo de forma óptima? Pues se equivoca: si usted es autónomo y gana unos 15 euros la hora, mientras que contratar a alguien para que le limpie el piso le sale por 5 euros la hora, váyase mejor a trabajar porque está incurriendo en otro coste de oportunidad.

Volviendo a nuestro terreno financiero, ¿cómo encontramos ese patrón oro? Esta idea le va a proporcionar una buena base general: ya que cuando invertimos incurrimos en una actividad, en un esfuerzo, lo más sencillo es compararla con, simplemente, no hacer nada. Así compararemos primero la gestión activa —aplicar una metodología— con la gestión pasiva —comprar un activo de referencia y mantenerlo durante todo el período de inversión.

Por ejemplo, si usted utiliza una estrategia técnica sobre Telefónica, lo primero que debe hacer es compararla con comprar acciones de Telefónica y olvidarse del tema. A continuación, por supuesto podemos aumentar nuestro marco de acción comparando diferentes metodologías de gestión activa. O bien podemos comparar esas gestiones —especialmente en caso de que haya incurrido en pérdidas— con mantenerse en liquidez, que es esencialmente lo que hace la mayoría de inversores en sus cábalas mentales. ¡Resulta que nuestro amigo ya estaba usando una versión rupestre del coste de oportunidad sin ser consciente de ello! Qué cosas.

Ahora bien, como ya hemos visto en la composición de carteras, normalmente nuestro universo de inversión no incluye una sola compañía, como es el caso de este ejemplo simplificado, sino muchas. Al menos decenas de forma activa, y tal vez cientos de ellas de forma potencial, que pueden formar o no parte de nuestra cartera en diferentes momentos si buscamos oportunidades a lo largo de todos los activos de un mercado bursátil. ¿Cuál es entonces la gestión pasiva? En tales casos conviene usar como referencia un índice del mercado en el cual operemos. Por ejemplo, si sólo invierte en acciones españolas puede usar el popular IBEX 35. Si su rango de actividad es mayor, entonces tal vez le interese más usar el Euro Stoxx 50, un índice compuesto por los 50 títulos más activos y líquidos de Europa. Y siempre puede echar una mirada al S&P 500, que es uno de los índices más seguidos del mundo, considerado por muchos la mejor representación del estado de la economía estadounidense y, por ende, mundial.

En definitiva, busque índices cercanos a su geografía y actividad que hagan la comparación relevante: como inversor doméstico, de poco sirve saber que hubiese ganado más en los mercados emergentes, de los que nada conoce y que no encajan en su perfil de riesgo, pero preocúpese si el IBEX 35 —sea éste u otro, obviamente debe hacerlo ajustando por dividendo y ampliación (*total return*), no se haga trampas al solitario— obtiene mejores resultados. Le aconsejamos que sea honesto con sus logros, porque al mercado no le importa su amor propio; y también que utilice el mismo rasero práctico cuando dialogue con otros inversores o supuestos gurús de los mercados; desconfíe de las cifras en abstracto, por estelares que parezcan, sin un índice de referencia.

Y ya que estamos en ello, vamos a ver qué cifras realmente valen la pena. Vaya por delante que no le estamos sugiriendo que tenga que calcularlas a mano; si el entorno de trading que le proporciona su bróker está medianamente actualizado, le calculará automáticamente todas estas métricas y muchas más basándose en su operativa real. En caso contrario, pásese a Visual Chart, que cuenta con excelentes informes. Nuestro objetivo principal es que entienda su función para que pueda sopesar su importancia relativa e incorporarlos a su rutina de evaluación de estrategias.

Las cifras que importan

Este año la rentabilidad de su amigo es del 10 por ciento, mientras que la suya es del 8 por ciento. Para mayor escarnio colectivo, la del IBEX 35 Total Return es del 12 por ciento. ¿Cuál es mejor? ¿Son ambos unos patatas?

Contra mayor rentabilidad mejor, siempre y cuando estemos asumiendo riesgos comparables para conseguirlas. Ésta es la clave. Todos tenemos la intuición de que riesgo y retorno deben estar de alguna manera relacionados.

Si desempeñar una tarea implica un riesgo adicional, se me debe compensar más por ello. Obviamente, podemos tener suerte, tocarnos la lotería y obtener un resultado excepcional sin asumir ningún riesgo, y también hay múltiples ocasiones de forrarse sin mojarse gracias a la cuna, cara o corruptelas de uno; de eso, por desgracia, tenemos ya demasiadas referencias en nuestro circo ibérico. Algunas las hemos experimentado en carne propia.

Sin embargo, dada la posibilidad de elegir y el mismo salario, la inmensa mayoría de individuos gravitará hacia la tarea que resulte menos peligrosa. Por eso en Nueva York a los limpiacristales de rascacielos se les paga más que a los fregadores de suelos (de media un 59 por ciento más): es necesario asumir más riesgo para desempeñar la actividad. También por eso NO se les pagará más a los limpiacristales que sufran vértigo; en el siguiente capítulo investigamos las implicaciones de esto último.

De momento sigamos con lo que nos atañe: si lo piensa, éste es un concepto análogo al que usamos al hablar de la ecuación riesgo/beneficio de una determinada figura técnica. Si nos involucramos en una actividad inversora de mayores riesgos que otra, como pueden ser la inversión en bolsa respecto a un bono del Tesoro o una cuenta bancaria, o el colchón, no nos sentiremos satisfechos con los mismos resultados, sino que buscaremos un nivel mayor para sentirnos compensados. ¿Cuánto mayor? Precisamos una manera de relacionar retornos esperados con riesgos asumidos.

El ratio de Sharpe

Por fortuna, la tenemos. El ratio de Sharpe es el estándar de la industria financiera para calcular el retorno ajustado por el riesgo. No se asuste con la fórmula porque resulta muy fácil de entender intuitivamente:

$$S = \left(\frac{R_p - R_f}{\sigma_p}\right)$$

Vayamos paso a paso. A la rentabilidad de nuestra inversión (Rp) se le resta la rentabilidad que hubiésemos obtenido sin asumir ningún riesgo (Rf), lo que se conoce como «rentabilidad libre de riesgo».

Esta noción es en cierto grado un eufemismo, porque realmente no existe la inversión en la que usted obtenga un retorno asegurado sin asumir absolutamente ningún riesgo: el banco puede quebrar, el país puede hacer suspensión de pagos, su amigo de Soria puede resultar no tan fiable.

Así que no es descabellado utilizar un valor de 0 en la fórmula, aunque es costumbre en la industria utilizar la rentabilidad del bono del Tesoro estadounidense a tres meses como rentabilidad libre de riesgo, porque la posibilidad de que el gobierno de Estados Unidos quiebre en un plazo tan breve es, a pesar de todo lo que digan los republicanos, bastante remota. También puede usar otros bonos nacionales si reflejan mejor su universo de inversión, es un tanto opcional. Sin embargo, no concluya de esto que la rentabilidad libre de riesgo es irrelevante: si utiliza un valor absurdamente alto puede que los resultados obtenidos sean opuestos.

Ese valor descontado se divide por el riesgo que usted ha asumido para obtener dicho retorno (σp) entendido como «volatilidad» de los precios, un término que le resultará familiar ya que hemos hablado extensamente de él en el capítulo anterior.

Por tanto, el ratio se puede expresar como el retorno por unidad de riesgo de nuestra inversión.

Esto tal vez le resulta extraño, así que permítanos usar otra analogía: imagine que le digo que nuestro amigo Pedro se ha ido a esquiar y se ha caído ocho veces, mientras que nuestro amigo Luis se ha caído sólo seis. «Vaya paquete que es Pedro», pensará usted. Pero ¿y si le digo que ese fin de semana Pedro ha esquiado cuatro pistas mientras que Luis esquió sólo dos? Entonces verá que de hecho Pedro es mejor atleta, porque se ha caído sólo dos veces/pista mientras que Luis se la ha pegado tres veces/pista. Los porcentajes nos permiten comparar con justicia cosas diferentes; ése es el poder del ratio de Sharpe.

Volviendo a usted, su vecino y el IBEX 35: obviamente a mayor rentabilidad realizada al final del período mejor. Ése no es el tema. El asunto importante es qué sucederá con su rentabilidad futura si continúa aplicando una estrategia temeraria, con una mala esperanza matemática, por estar en cabeza. Pues lo más probable es que eventualmente se le acabe la buena racha y se arruine. En cambio, una estrategia con un ratio de Sharpe superior gana dinero con un riesgo tan significativamente menor que nos compensa por encima de la reducción en rentabilidad. Y es importante que interiorice esta lección para que progresivamente pase a formar parte de su marco de toma de decisiones, porque requiere mucha sangre fría sentirse recompensado por «ganar menos dinero» que el repelente vecino del quinto, al cual le ha tocado la quiniela especulando con opciones binarias en internet. Pero ésa es la sangre fría que diferencia al buen inversor del resto de los mortales.

Herramientas a medida

Al igual que el resto, no se tome el ratio de Sharpe de manera religiosa. Por ejemplo, puede ser que usted aspire a una cantidad de rentabilidad mínima anual determinada y no esté dispuesto a renunciar a ella por mucho que rentabilidades menores ofrezcan ratios estelares. ¡Fantástico! Sobre todo, porque usted está tomando esta decisión consciente de los riesgos que asume, sirviéndose de las herramientas a su alcance para adaptarlas a su estilo de inversión. Poco más se puede pedir de un inversor responsable.

¿Por otro lado, se puede ir más allá del ratio de Sharpe? Sin duda. Como muchos de los instrumentos de finanzas clásicas, el ratio presupone una distribución normal (gaussiana), mientras que en los mercados hay activos con grandes asimetrías y altas curtosis (lo que Mandelbrot llamaba «*fat tails*»). El ratio también puede resultar impreciso al analizar activos con altos riesgos no lineales, como las opciones y otros derivados.

Para ello se han elaborado otras metodologías complementarias, como el ratio de Treynor o el de Sortino, que además incorpora una «rentabilidad mínima objetivo» que cubre esa inquietud de la que hablamos con anterioridad de una forma muy elegante. Le invitamos a que los investigue.

¡Pero sobre todo que estas referencias para futuro estudio no le disuadan de utilizar el ratio de Sharpe tanto como le sea posible! Debe acostumbrarse a ir más allá de la mera rentabilidad y pensar que aunque toda métrica es limitada, lo peor que puede hacer es lanzarse a la aventura sin ninguna. Sobre todo en una industria en la que la norma es alardear sin importar los niveles absurdos de riesgo, donde los encantadores de serpientes se forran vendiendo a los aspirantes indicadores técnicos mágicos que prometen mantenernos siempre arriba, y que en una racha de caídas acaban dopándose a base de chicharros, productos exóticos y apalancamiento, hasta la inevitable implosión final.

Nassim Taleb utiliza una expresión genial para referirse a toda esta farándula: «Gente que alegremente recoge céntimos enfrente de apisonadoras».

Otras métricas relevantes

Le recomendamos encarecidamente que vea la película *La gran apuesta*. Si le apetece, para entender qué demonios sucedió en 2008 con el hundimiento del sector hipotecario subprime que arrastró consigo a toda la economía, mientras se deleita con fantásticas actuaciones por parte de Steve Carell, Christian Bale, Ryan Gosling y Brad Pitt. Pero sobre todo para vislumbrar la agonía a la que se puede ver abocado un inversor. ¡Incluso con un «buen» trade!

Pues, fundamentalmente, la posición corta que adoptan en la película consiste en la siguiente apuesta: un flujo constante de pérdidas, durante un período de tiempo que puede abarcar años, con sólo una posibilidad de ganancia en un futuro incierto. Trate de imaginarse en dicha situación. Su capital goteando día tras día, progresivamente desapareciendo por la alcantarilla, y con él, su autoestima. Las dudas impidiéndole dormir por la noche. «¿Me habré equivocado?» «¿Me he dejado algo?» «¿Realmente soy tan idiota como todos piensan?»

Eventualmente los protagonistas de la historia ganan, y ganan muchísimo. Pero podemos constatar en el personaje interpretado brillantemente por Christian Bale que incluso ese éxito se ha cobrado un precio enorme, que la tremenda presión sufrida ha pulverizado una parte de Michael Burry para siempre. No piense que se trata de fantasías de Hollywood. Por ejemplo, las estrategias que hicieron célebre a Nassim Taleb, aclamado autor de *El cisne negro*, están cortadas con la misma tela: apostar contra el mercado, una sangría de pequeñas pérdidas día sí y día también, mientras esperamos que se presente el dichoso cisne cual ave fénix redentora, antes de que nos quedemos hechos cenizas. Buena suerte.

Seamos por tanto conscientes de que no basta con saber cuánto dinero hace su sistema, sino también cómo gana ese dinero. En qué orden. Con qué frecuencia. A qué precio. Porque más allá del aspecto financiero estos factores tienen una tremenda importancia psicológica para los seres humanos, que hemos heredado determinadas expectativas en los ritmos de pérdida y ganancia desde nuestro pasado ancestral. Y pueden convertir el camino al cielo en un infierno en la tierra. No es fácil ser discípulo del dolor.

Drawdown

El término inglés *drawdown* no tiene fácil traducción, ni siquiera como «racha de pérdidas». Realmente engloba dos conceptos igualmente relevantes:

- La pérdida máxima, que es la cantidad más grande de dinero que se puede perder en su sistema, entrando y saliendo de él en los peores momentos posibles.
- La pérdida más larga, que es la cantidad más grande de tiempo (medido normalmente en días) con pérdidas ininterrumpidas.

Dese cuenta de que ambos son conceptos muy relacionados, pero que no tienen por qué coincidir en la misma racha de pérdidas. Puede darse el caso de que su metodología experimente una pérdida muy larga en el tiempo, pero de cantidades muy pequeñas, que en conjunto son menores que las pérdidas acumuladas en una caída violenta y repentina.

Por otro lado, piense también que aquí estamos hablando de valores máximos, no medios como en la mayoría de los otros casos. Si asumimos una distribución normal, puede extrapolar valores medios aproximados, pero si se trata de un resultado atípico (por ejemplo, el Flash Crash de 2010), tal vez no sea significativo de su sistema. Haga el trabajo de campo que sea necesario, vaya más allá del dato para capturar lo que importa, el significado.

Operativa

Si nuestra defensa del ratio de Sharpe se la trae al pairo, por favor al menos háganos caso en esto. Es una tendencia humana general focalizarse en los beneficios, pero lo peor que puede hacer es valorar su sistema a través de la rentabilidad final (por ejemplo, 500.000). Ni siquiera si lo valora como un porcentaje (por ejemplo, 125 por ciento). Ni siquiera si lo anualiza (por ejemplo, 10 por ciento anual). ¿Por qué?

Porque se trata de una rentabilidad acumulada. Imagine que el primer día usted gana 10 por ciento sobre 100 por ciento. Cuando el segundo día gane otro 10 por ciento, no lo hará sobre 100 por ciento, sino sobre 110 por ciento. Y así progresivamente. Esto implica que si por suerte obtiene fuertes ganancias al principio, el efecto composición le garantizará un retorno digno incluso si lo hace comparativamente mal el resto del tiempo. A la inversa, si su sistema tiene grandes pérdidas al principio le costará recuperarse aunque lo haga muy bien más adelante. Y ambos efectos podrían ser fortuitos, para nada representativos del comportamiento general de su metodología de inversión.

Por eso, para evaluar tal vez le interesará más comparar medias sobre valores simples, no compuestos, de sus trades, como:

- La ganancia y la pérdida medias por operación.
- El número de operaciones en las que gana, pierde, o se queda igual.
- El número de operaciones en la secuencia de ganancias más larga, así como el número medio.
- El número de operaciones en la secuencia de pérdidas más larga, así como el número medio.

FACTOR DE BENEFICIO

Desglosar esos factores también le va a permitir calcular fácilmente lo que se conoce como el «factor de beneficio», que consiste simplemente en todas las ganancias acumuladas dividido por todas las pérdidas acumuladas. Nos gusta expresarlo como «el ratio del dolor»: en cuántas pérdidas tiene que incurrir por cada unidad de beneficio que destilará de su operativa.

En definitiva, sea consciente de que no basta con saber cuánto dinero hace su sistema, ni siquiera «ajustado al riesgo». Porque tal vez el que no puede «ajustarse al riesgo» sea usted, y abandone una metodología ganadora después de una racha de pérdidas psicológicamente abrumadora.

Aquí no hay verdades absolutas: tiene que sincerarse consigo mismo y evaluar si éste es un sistema con el que usted se siente confortable, para evitar sorpresas más adelante.

Una dosis de irreverencia

Como habrá observado a lo largo de este libro, nada nos entristecería más que sacarle de la proverbial cueva platónica para que se convierta en un fanático de otro credo, aunque sea el de la volatilidad. Así que vamos a comentar una serie de aspectos que le permitirán contemplar estos instrumentos, sin duda útiles, con más perspectiva.

Revisando la volatilidad

La caracterización del riesgo como volatilidad podría ser cuestionable. La volatilidad no es direccional, así que una compañía que sube como un cohete, una gran oportunidad, va a tener la misma volatilidad que otra que cae como una piedra. De acuerdo, ésos son casos extremos que raramente se producen en la realidad; pero incluso en los casos en los que el precio de la compañía se debate en movimientos alcistas y bajistas según pugnan la oferta y la demanda, se puede argumentar que sólo nos importan las caídas —el riesgo de perder dinero—, no las subidas —el riesgo de ganar más dinero del esperado, un concepto bastante ridículo—. El ratio de Sortino pretende superar estas dificultades preocupándose sólo de los resultados que le envían por debajo de su rentabilidad esperada, así que no desdeñe incluirlo en su cinturón de bricolaje.

Por supuesto, ese ratio sigue asumiendo una distribución gaussiana cuando sabemos que en el mercado las caídas no son la imagen especular de las subidas, sino mucho más dramáticas, y que los eventos en las colas de la campana, los «improbables», acontecen mucho más frecuentemente de lo que cabría esperar. Pero esas consideraciones van más allá de un libro sobre fundamentos y tomarán relevancia según vaya mejorando su metodología, de forma iterativa. No hay soluciones empaquetadas.

Otra vuelta de tuerca muy reveladora es que tal vez no deberíamos demonizar esas caídas, por muy dramáticas que sean, porque pueden ser excelentes oportunidades de compra. Imagine que una compañía le parece interesante a 10 euros por acción, y de pronto cae a 5 euros por acción. ¿Cómo no va a ser incluso una mejor oportunidad de compra? Pues porque no se trata de «la misma oportunidad», cabría argumentar, ya que el precio está incorporando información nueva: una caída en las ventas trimestrales, un escándalo por un producto defectuoso, un avance de un competidor. ¿Está el mercado sobrerreaccionando? ¿Cómo saberlo? Nuevos riesgos, que nos revelan las limitaciones de caracterizarlos sólo en términos de oscilaciones del precio. Meterse en este tipo de oportunidades va a requerir mucho más trabajo de campo, si bien es algo que explota la filosofía *value*, de la cual Warren Buffett es santo y patrón. Lo veremos en breve dentro del mapa de Investolandia.

Revisando la diversificación

En segundo lugar, vamos a intentar entender mejor cuándo funciona la diversificación, por qué, y cuáles son sus límites. A tal efecto no podemos concebir mejor entrada que ceder la palabra a uno de sus grandes detractores, el famoso Warren Buffett, quien afirma: «Pienso que la diversificación, de la forma en que se aplica normalmente, tiene muy poco sentido para alguien que sabe lo que está haciendo. La diversificación es una protección contra la ignorancia». Y añade, con una ironía un tanto irreverente: «No hay nada de malo en ello, es una opción perfectamente válida para quien no sabe cómo analizar un negocio».

Este concepto es clave: la diversificación como estrategia contra la ignorancia. Sería un craso error pretender diversificar yendo a dominios de conocimiento tremendamente específico de los que nada sabemos. La diversificación sólo funciona cuando reducimos nuestra ignorancia global, no cuando la aumentamos. Ahora reemplace «ignorancia» por «riesgo». Sólo salimos ganando si bajamos el riesgo global, no si adquirimos nuevos riesgos, por muy diferentes que éstos sean. El mercado nunca le va a recompensar por tomar más riesgos de los que son estrictamente necesarios.

Retenga este concepto: la diversificación como estrategia contra la ignorancia. Phil Cooper, el profesor de capital inversión de Isaac en el MIT, no menos irónico e irreverente que el señor Buffett, lo ilustraba de la siguiente manera: «¿Cuánto pagarías a Paddy, un limpiador de ventanas al que le gusta bailar danza irlandesa colgado del andamio en el piso cuarenta? Pues lo mismo que le pagarías a cualquier otro limpiador de ventanas: es un riesgo inútil, que no hace falta, y que no merece recompensa».

PARTE V

El marco temporal

Volveremos a insistir en que predecir no nos parece la parte más importante de esta actividad llamada especulación/inversión. No es nuestro sino de Lao-Tsé aquello de que el que predice no tiene conocimiento, y que el que tiene conocimiento no predice. Cuán tarde entendemos a los sabios.

En todo caso, el estudio de los diferentes marcos temporales —*timeframes*— en los que vamos a intentar operar es importante para hacer uso de las tendencias y definir nuestro nivel de riesgo. Cuanto más laxos seamos con un análisis más aumentaremos la fiabilidad del mismo, pero también el riesgo en términos monetarios. Hay inversores que se equivocan muy pocas veces en la vida, pero su camino pasa por aceptar en alguna ocasión movimientos en contra de más de un 50 por ciento sin despeinarse. Es importante que no vaya a necesitar su dinero por el camino.

Se percibirá que pueden producirse señales contradictorias en diferentes perspectivas temporales, luego habrá que acomodar nuestro perfil de inversión al tipo de tendencia que se adapte a las necesidades que tenemos o, cuidado con esto, a las necesidades que podríamos tener si pasa algo que nos cambia la vida.

La inmensa mayoría de la gente tiende a ser más positiva de

lo que resulta recomendable con el futuro, hace grandes actos de fe, y tiende sobre todo a menospreciar por completo los llamados cisnes negros, animalito que nos sirve para designar aquellas cosas que no deberían pasarnos en la vida si ésta se pareciese a los libros bonitos, pero que pasan más de lo que conviene reconocer y la gente cree; de modo que, cuando pasan, pueden hacer que nos sintamos como la hierba sobre la que pasó el caballo de Atila.

Es requisito indispensable para hacer un uso satisfactorio de cualquier herramienta técnica conocer el perfil de inversión en el que se trabaja, qué indicaciones del precio son relevantes o irrelevantes, *a priori*, para el tipo de tendencia en que está basada la operación que se tiene abierta o va a abrirse en el mercado. Hay señales para cada plazo, frecuentemente contradictorias, por lo que a un inversor apalancado en un mercado de futuros de nada le sirven las indicaciones que desde los gráficos recibe el gestor de un fondo de pensiones. Y viceversa.

Habrá también que intentar entender cómo se complementan e interaccionan los diferentes plazos del mercado, que cada inversor debiera definir a su manera porque no hay dos personas iguales.

Conocido el estado de un mercado, valor o producto en cada plazo, estudiando sus pautas y elementos asociados, se estará en condiciones de emitir un juicio razonado sobre la dirección más probable de los precios en los diferentes plazos.

La perspectiva global

Sabemos gracias a los trabajos de Jeremy Siegel, profesor de Finanzas en Wharton, que desde hace más de doscientos años los mercados de renta variable han proporcionado cerca de un 7 por ciento anual a largo plazo, batiendo claramente a la renta fija, al oro y ,sin duda, al dólar, una apuesta realmente pésima para el gran largo plazo. Esto es así pese a que se han producido por el camino una guerra civil americana, dos guerras mundiales, todo tipo de eventos inesperados y varias recesiones. En comparación con eso, ríase de los problemas geopolíticos y las incertidumbres actuales.

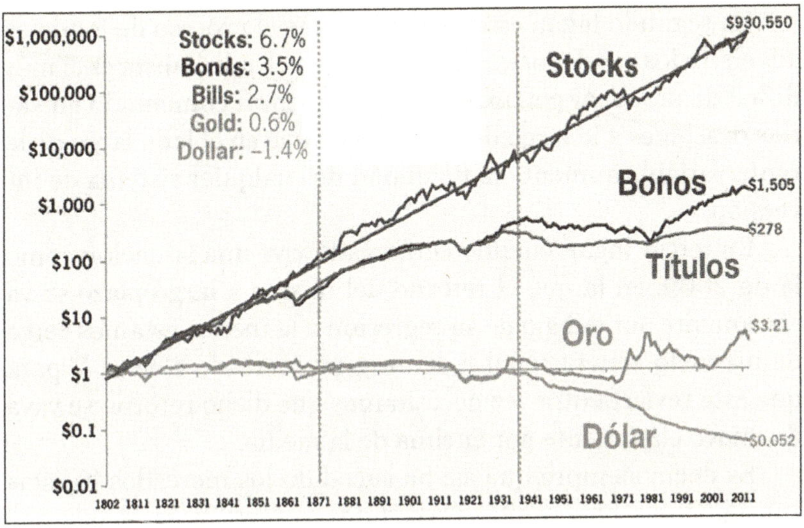

Gráfico extraído de Earnings, Inflation, and Future Stock and Bond Returns, *de Jeremy J. Siegel.*

En primer lugar es de gran importancia que seamos conscientes de que no hay nada mágico o esotérico en el largo plazo que otorgue esta fiabilidad al gráfico superior. Sólo matemática. Al igual que sucede con cualquier activo volátil, contra mayor sea el período de observación, mayor será el efecto de eliminación del ruido (esos movimientos que por su propia naturaleza errática se cancelan los unos a los otros), lo cual nos permitirá ver con mayor precisión el retorno medio real.

En definitiva, que los retornos medios sean positivos (es decir, que el mercado como un todo sea alcista) y que la certidumbre de dichos retornos positivos aumente con el rango temporal no debería resultar muy llamativo: era de esperar. Lo que sí resulta sorprendente es que las desviaciones alrededor de dicha media, aunque amplias en términos humanos, son mucho más pequeñas de lo que hubiésemos estimado intuitivamente. Tome cualquier período de veinte años: el S&P 500 ha batido a la inflación en el ciento por ciento de los casos y a los bonos del Tesoro estadounidenses alrededor del 95 por ciento de las ocasiones. La renta variable ha sido la apuesta ganadora de forma rotunda y consistente.

En segundo lugar, esto nos indica que el proceso de fondo es adverso a los vendedores, y por tanto que el lado bajista es el más difícil de practicar con éxito. Como ya hemos comentado en varias ocasiones a lo largo del libro, centrarse en el lado largo de la renta variable aumenta la fiabilidad de cualquier sistema de inversión.

En tercer lugar, cuando el mercado vive una situación como la de 2009, en la que el retorno del mismo a largo plazo se va claramente por debajo de su regresión a la media, estamos cerca de un suelo generacional y de un gran mercado alcista. Y para que éste revierta otra vez necesitamos que dicho retorno se vaya de nuevo claramente por encima de la media.

Es decir, siempre que así ha sucedido los mercados bajistas subsiguientes han venido precedidos por un movimiento que nos ha llevado, previamente, mucho más allá de la misma. Como ya hemos dicho en alguna ocasión, 1987 ni se ve; entre otras cosas porque aquello no fue un mercado bajista, sino un ajuste vertical dentro de un auténtico mercado alcista que no haría techo hasta el año 2000. Como tampoco lo fue el año 2011 si nos alejamos de la definición clásica que, arbitrariamente, lo define como tal en función del porcentaje de retroceso del mercado.

Hacer *market timing* no es tan sencillo, hay que salir y luego volver a entrar. En este sentido, conviene que no le pase como al mítico Alan Greenspan, expresidente de la importantísima Reserva Federal, quien ya en 1995 hablaba de «exuberancia irracional». El mercado siguió escalando y jamás ha vuelto a aquel punto pese a que se han vivido dos de los más brutales mercados bajistas de la historia: el derivado del pinchazo de la burbuja «puntocom» en 2001 y el que fue fruto del reventón de la burbuja inmobiliaria en 2008, conocido como «la Gran Recesión». Insistimos para que absorba bien este matiz: NUNCA hemos vuelto allí. Ni de lejos.

Sería bueno que nunca olvide que los economistas han predicho nueve de las últimas tres recesiones, y subestimado sistemáticamente la capacidad del mercado de valores para ganar altura en cada gran ciclo. Por supuesto, eventualmente tienen que acertar, aunque sólo sea por estadística, y ya que en última instancia la memoria suele ser demasiado corta siempre pueden decir aquello de «nosotros ya lo avisamos». Por eso sostenemos que si no usamos instrumentos que nos permitan relacionar el retorno obtenido con el riesgo asumido y con un patrón de comparación, no estamos siendo muy justos.

Los estudios de Siegel son un marco de referencia para evitar a toda costa que los árboles nos impidan ver el bosque, aunque luego debemos manejarlo como nuestra estrategia permita. Por ejemplo, el mandato de Ágora con sus clientes es, sobre todo, el de protección de capital, lo que en ocasiones nos obliga a renunciar a ciertas oportunidades con gran potencial, pero con más riesgo del que sería tolerable para ellos. Para invertir hay que conocerse a uno mismo.

Mapa de Investolandia

Investolandia es un continente atractivo y exótico, de legendarias riquezas. Oímos las historias de los comerciantes que regresan con sus alforjas llenas de seda, oro y lindos ropajes, y nos carcome la tentación de perseguir nuestra fortuna. Se trata también de un territorio muy extenso y en ocasiones agreste, en el que es fácil perderse en alguno de sus áridos desiertos a la zaga de espejismos, y cuando finalmente encontramos un oasis nos damos cuenta de que otros viajeros más astutos ya se llevaron toda el agua. Sobre todo, Investolandia es un mundo complejo, donde feroces tribus nómadas que adoran a diferentes dioses no comparten ni un buenos días, exigen devoción absoluta a sus creencias y aprovechan cualquier ocasión para iniciar un conflicto con sus vecinos.

Al igual que cualquier explorador, el gran reto al que usted se enfrenta ahora es uno de orientación: ahora que conoce los fundamentos puede aprender muchas cosas más, pero... ¿Cuál de ellas es la más relevante? ¿Qué le puede aportar, y cómo encaja con las demás cosas que ha aprendido? A tal efecto hemos pensado en crear una guía con las diferentes escuelas o familias de pensamiento bursátil. Por supuesto no hemos pretendido ser exhaustivos y cubrir todas las estrategia posibles —eso ya es tarea suya—, pero sí proporcionar las coordenadas básicas para que, a vista de pájaro, pueda entender cómo se articulan las principales tendencias en el mundo de las finanzas. Bienvenido a Investolandia.

Técnico

Esta escuela debería ya resultarle familiar. Lo que se conoce como «análisis técnico» es la disciplina que analiza los movimientos de los precios buscando patrones para aprovechar cambios en los mismos. Lo más importante para esta escuela de pensamiento es determinar la posible tendencia de las cotizaciones de los activos, asumiendo que, eventualmente, toda la información disponible en el mercado queda asimilada en dicho precio.

Dentro de la tribu técnica tiene a los chartistas, que prefieren analizar gráficos de forma visual, y por otro lado a los que prefieren analizar fórmulas matemáticas: por ejemplo, esperar a que se crucen la media del precio de las últimas doscientas sesiones con la de las últimas cincuenta para tomar una acción. Medias móviles, RSI, MACD, bandas de Bollinger, ROC, OBV..., y muchos otros, son sus indicadores y osciladores habituales.

Éstas son dos familias que la mayor parte del tiempo se llevan bastante bien, porque reconocen que ambas beben de la misma fuente —parten de un dato primario común, los precios de mercado— y hasta aprovechan para compartir ideas cuando llevan el cubo al pozo por las mañanas. Por ejemplo, la mayoría de entornos de trading modernos le van a permitir añadir indicadores encima o debajo de un chart para complementar su análisis visual.

Los únicos roces suelen producirse cuando los formulistas se jactan de ser más rigurosos, porque sus indicadores numéricos no dan lugar a confusiones, ante lo cual los chartistas les recuerdan que la realidad es demasiado compleja para sus sencillas fórmulas matemáticas, y que el chartismo permite que se complementen los gráficos mediante ese conocimiento basado en la experiencia adquirida que no es fácilmente formalizable.

El presente libro es de corte chartista porque a nuestro entender no es sólo la manera más sencilla y eficaz de introducirse en la inversión bursátil, sino que también conforma un corpus de herramientas útiles a las que volverá de forma recurrente en diferentes estadios según avance en su aprendizaje financiero. Más allá de esta puerta de entrada, le recomendamos que amplíe su horizonte evaluando otras técnicas adicionales, aunque debe ser consciente de que esto supondrá también una inversión considerablemente superior.

Fundamental

Por otra parte encontramos a los acólitos del análisis fundamental, que intentan valorar las compañías analizando su situación económico-financiera: el nivel y la continuidad de sus beneficios, la relación entre ingresos y gastos, su política de dividendos, su posición frente a los competidores...; en definitiva, todos aquellos elementos que se pueden encontrar en una hoja de balance y más allá. En este caso lo más importante es llegar a una conclusión sobre la calidad del activo.

Ésta es la tribu originaria de Investolandia, creció de forma prolífica a través de los años y se dispersó en varias familias según las distintas formas en las que éstas intentan aprovechar la ventaja que les proporciona su conocimiento íntimo del funcionamiento de las empresas.

Por ejemplo, la familia «*value*» busca las providenciales «peritas dulces», activos cuyo precio, por cualquier razón —por ejemplo, unos malos resultados trimestrales que, en su opinión, no son representativos de la salud de la compañía—, no refleja su valor intrínseco, calculado como el valor presente de sus rendimientos futuros. En cuestión de indicadores, generalmente estos inversores se fijan en firmas con bajos ratios precio/ganancias y precio/valor contable, y prefieren compañías capaces de pagar altos dividendos.

Por otro lado el clan «*growth*» busca los deseables «diamantes en bruto», compañías que van a experimentar un crecimiento anormalmente grande. En este caso, los altos dividendos son más una molestia —mejor reinvertirlos en el negocio— y los ratios anteriores tampoco resultan críticos, porque las ganancias presentes son pequeñas, pero lo que importa son unas altas tasas de crecimiento en ventas e ingresos, que no beneficios, porque de nuevo tal vez es necesaria una reinversión. Cabe decir que los *growth* son gente dura: su estilo de inversión suele requerir mayor tolerancia al riesgo y un horizonte temporal superior.

Otros individuos prefieren elaborar combinaciones más exóticas de criterios fundamentales, lo que se conoce como «*factor investing*», buscando con ello segmentar, de todo el roscón de reyes que representa el mercado o sector particular en el que se especializan, aquella porción que contiene la miniatura del mago —nunca mejor dicho, ya que tratamos de alquimia financiera—, o bien la del haba si lo que desean es ponerse cortos en dichas empresas.

La escuela fundamental puede resultar atractiva por lo «sensato» de su acercamiento: valor intrínseco. Pero ya sabe que al final las cosas valen lo que otro está dispuesto a pagar por ellas, y el mercado puede pasar por fases tremendamente irracionales —lo hemos vivido en carnes propias— durante más tiempo del que usted pueda mantener sus inversiones con solvencia. Y en ocasiones pueden producirse *garbage rallies* en los cuales todo sube como la espuma, sin importar el valor intrínseco, dando al traste con su minuciosa planificación.

Con demasiada frecuencia se caracteriza a estas visiones del mundo como contrapuestas: los fundamentales critican a los técnicos por miopes, al comprar cajas bonitas sin preocuparse de que tal vez no haya zapatos dentro, mientras que los técnicos, en su creencia de que todo está ya incorporado en el precio, critican a los fundamentales por académicos que compran zapatos pasados de moda. Desde su burbuja, ambas visiones son limitadas y frecuentemente ganan mucho al combinarse: el fundamental indica qué comprar, mientras que el técnico dice cuándo comprar, aprovechando las sinergias entre ambos. Por completar la analogía: uno selecciona los zapatos más rentables y el otro se encarga de enterarse temprano de cuáles de entre ellos están de moda entre los «modernillos» de la ciudad, que influenciarán al resto de consumidores.

Global macro

La familia global macro es la que toma la perspectiva más amplia. Si los fundamentales afectan al valor intrínseco de una compañía, los eventos económicos y políticos de los diferentes países afectan al clima bursátil en su conjunto y por tanto a todas las compañías.

Su idea de fondo es que cuando se alza la marea, todos los botes suben, y viceversa. Los global macro construyen sus carteras basándose en predicciones y proyecciones de eventos a escala global, continental, nacional o incluso sectorial. Por ejemplo, una guerra arancelaria dañará a las empresas exportadoras. Una legislación clínica menos restrictiva beneficiará a las compañías farmacéuticas.

Se puede reconocer a los miembros de este clan por sus impecables trajes y fantásticas credenciales, habiendo estudiado en las mejores universidades de Investolandia. Su cultivada oratoria les granjea frecuentes invitaciones para hablar en los congresos más populares y son una compañía ideal para los guateques veraniegos. Mientras tanto, los demás habitantes los observan con una mezcla de envidia y sorna.

Ninguna de las otras familias pretende ignorar la importancia vital de los eventos macro: es sobradamente conocido que la crisis de Rusia en 1998, que provocó la devaluación del rublo, se llevó por delante al fondo estadounidense Long Term Capital Management, el cual perdió más de 4,5 billones de dólares en menos de cuatro meses, dejando un boquete en el suelo que hizo temblar los cimientos de la economía y forzó un rescate conjunto por parte de las dieciséis grandes instituciones financieras del momento con la mediación de la propia Reserva Federal a fin de evitar un colapso del sistema. O qué decir del derrumbe en el mercado inmobiliario subprime estadounidense de 2007 que abocó al mundo entero a la Gran Recesión.

En cambio, lo que cuestionan es la posibilidad de anticiparse a tales eventos, debido al inmenso número de ellos que se producen al unísono y a la intrincada maraña de relaciones que definen un mundo conectado e interdependiente. Y en caso de conseguirlo, también cuestionan la capacidad de prever las repercusiones. Sospechan que es un caso de memoria selectiva: sólo se recuerdan aquellos casos en que la predicción coincidió con la realidad, aunque sean los más escasos o los menos importantes.

Así que las demás tribus los siguen invitando, sirviéndoles ponche mientras les sonríen —siempre cuentan con anécdotas fascinantes—, pero en lugar de seguir a rajatabla sus recomendaciones, a lo sumo adoptan algunos aspectos particulares de su discurso, como puede ser regular la exposición de sus carteras en base a su evaluación del sentimiento inversor.

Quant

Los quants son los tecnócratas irredimibles. Aunque tienen sus propios clubs, sociedades y rituales, lo cierto es que sus miembros están dispersos por todas las familias que pueblan Investolandia, según cuales sean los datos o la estrategia de inversión sobre la cual despliegan sus habilidades tecnológicas.

Los quants adoran el análisis cuantitativo —de ahí su nombre—. Cuentan con grandes doctorados, las mejores mentes, y profesan la creencia de que todos los problemas se pueden resolver mediante potencia computacional. Sólo es cuestión de usar ordenadores más potentes y algoritmos más elaborados. Por ello tienden a despreciar los aspectos cualitativos de la gestión financiera, que no se pueden reducir a números, y también a los global macro, cuyos elaborados peinados envidian en secreto.

Son muy conocidos por el trading de alta frecuencia, que consiste en una inversión completamente automatizada que toma y deja posiciones a velocidades que ningún humano puede igualar, pero ése no es su único logro. También invierten en plazos temporales más amplios, dando a sus máquinas el tiempo necesario para identificar correlaciones en los mercados tan complejas que resultarían imposibles de descubrir para una mente humana. Para ello recurren a todo tipo de recursos estadísticos y de inteligencia artificial. La ventaja de esas metodologías consiste en que se pueden adaptar mejor al ruido y la imprecisión inherentes a las finanzas como fenómeno social, sin perder el elemento esencial que buscan —arbitrar— a diferencia de los procrusteanos indicadores basados en fórmulas simples. Por otro lado, precisamente por eso son más susceptibles de caer en la sobreoptimización, convirtiéndose si caen en las manos incorrectas en peligrosas armas de destrucción masiva de capital.

El área quant es, sin duda, uno de los campos con mayor crecimiento en las finanzas actuales y configura un área de especialización muy interesante y flexible —debido a sus grandes interrelaciones con todas las demás escuelas—, pero su curva de aprendizaje es también notablemente alta.

Quantamental

Habrá percibido un hilo conductor en nuestra exposición de las diferentes familias. Ya sea analizando precios, balances, la economía global. Ya sea usando su cerebro o ayudándose de computadores. La información es poder.

Un grupo de quants avispados se dieron cuenta de que si se tienen malos datos no importa si se utilizan los modelos más complejos del universo: de todas formas se obtendrá un análisis ruinoso. Y viceversa, si se dispone de buena información, hasta el análisis más banal nos va a permitir obtener resultados decentes. En definitiva, los datos son mucho más importantes que los algoritmos.

Así que los quantamentales se lanzaron a encontrar nuevas fuentes de conocimiento sobre las compañías y los mercados, datos fundamentales pero alternativos que quedaban fuera del alcance del análisis tradicional, bien porque no existían, bien porque requerían un nivel de tecnología especial para su adquisición o tratamiento. Desde aplicar técnicas de análisis semántico a las noticias financieras o a los *feeds* de Twitter, hasta utilizar satélites de órbita baja con sistemas de visión por ordenador para visualizar containers en el puerto de Tianjin, prediciendo las exportaciones agregadas de China, contar coches en los aparcamientos de IKEA para estimar las ventas trimestrales de la cadena, o medir niveles de clorofila en los cultivos de Minnesota para conocer la salud del maíz y el tamaño de la cosecha, y de este modo derivar su posible precio en el mercado de futuros.

Unos acercamientos tan fascinantes como, por desgracia, fuera del alcance del inversor común. Por otro lado, aunque resulten muy novedosos y prácticos, por sí solos los quantamentales siguen siendo fundamentales, y adolecen de los mismos problemas: tras su análisis minucioso del valor intrínseco se puede dar de bruces con una de esas fases irracionales que convulsionan el mercado cada cierto tiempo. Y en esas circunstancias, tal vez sólo el análisis técnico le pueda llevar a buen puerto sin excesivos dolores. No lo olvide.

Las ventajas del análisis técnico

Tras hablar de los usos del análisis técnico y sus alternativas vamos a echar un vistazo en este próximo par de capítulos tanto a sus ventajas, que son múltiples y muy interesantes, como a sus límites, que, sin duda, también los hay.

Nos parece bueno que vayamos deteniéndonos en estas cuestiones que se suelen pasar por alto, como pasamos por alto el manual de instrucciones del nuevo computador que hemos adquirido y trasteamos sin pensar detenidamente en lo que tenemos entre las manos. Así nos ha parecido desde hace muchos años que se hace también con nuestra disciplina, y reconocemos ser los primeros que ponemos el CD en la consola casi sin quitarle el plástico. Pero ¡ay, amigo!, en la Play tenemos todas las vidas que queremos.

Empecemos por las ventajas o puntos fuertes, que alguna cosa hacemos bien, aunque tantas veces parece que moleste.

Versatilidad

Las herramientas del análisis técnico son aplicables a cualquier circunstancia de mercado. Ni siquiera necesitamos un activo que pueda ser representado gráficamente, si bien conviene ceñirse a lugares donde exista libertad y participación pública, como explicamos en su momento. Dicho de otro modo, allí donde existan oferta y demanda —suficientes— de modo que éstas confluyan —en libertad— para la fijación de los precios. Sin participación pública y libertad difícilmente estaremos sondeando al colectivo.

Esto implica que las herramientas técnicas son válidas de modo general, y que no es tan siquiera necesario adaptarlas a cada mercado/producto en el que se pretenda especular con ellas, si bien la optimización puede resultar de gran utilidad. A nivel de costes de seguimiento de ese universo que es el mercado, es evidente que la cantidad de recursos materiales y humanos necesarios para tener una idea fuerte del conjunto, sus interacciones potenciales, con tanta diversidad como existe, se ve extremadamente reducida.

En relación con los métodos de aproximación convencional, de entrada, salimos baratos. De hecho, como le comentamos anteriormente, dentro de las finanzas conductuales Ágora complementa su aproximación técnica con herramientas de corte fundamental y al dar ese paso se disparan los datos necesarios y los costes asociados. Ceñirse al comportamiento de los precios reduce las variables.

Cronometraje

A diferencia de otros tipos de análisis, donde la consideración del momento justo es muchas veces pasada por alto con el argumento del largo plazo bajo el brazo —nada despreciable, sobre todo si eres pariente de Matusalén—, el analista técnico tiende a ignorar los movimientos hasta que conlleven una probabilidad más o menos rápida de producir, además, un beneficio. Esto es lo que se conoce como cronometraje o *market timing*, tal vez la virtud más ensalzada del análisis técnico por toda la comunidad financiera.

Y tiene toda su lógica económica, ya que un activo puede estar sobrevalorado o infravalorado muchísimo tiempo, a veces durante años, lo que supone un coste de oportunidad potencial en la medida en que mantener una posición en la fase de vigilia impide operar en otro activo con «momento».

Para algunos inversores —y convendría respetar las pretensiones de todos para no caer en el infantil debate sobre quién tiene la mejor manguera porque cada incendio es distinto— esperar, mientras algo se decide o no, a confirmar las hipótesis de un análisis puede resultar incómodo. Según el enfoque técnico, no va a ser, por ejemplo, necesario pensar en lo «caro» o «barato» que es un activo y esperar pacientemente a que el mercado se dé cuenta de ello, pues el uso de herramientas técnicas es capaz de plantearnos con cierta probabilidad que el mercado va a moverse en una determinada dirección sin mucha dilación. Tal vez preferimos equivocarnos más y tener menos pérdidas no realizadas.

Esto proporciona una doble ventaja: el trader no necesita malgastar mucho de su ánimo y paciencia esperando a que el mercado decida moverse en la dirección que sostiene su análisis *a priori* —si es que lo hace—, y además puede aprovechar el tiempo en otras alternativas rentables a la espera de que llegue el momento oportuno, evitando así un coste de oportunidad que puede ser importante y que es frecuentemente despreciado.

Eso sí: usted puede equivocarse varias veces mientras otros están relajados en su tumbona. Conviene meditar esta decisión a determinada edad y con cierta cantidad de dinero en el bolsillo, siendo consciente del camino que se está tomando.

Visión panorámica

Al ser las técnicas utilizadas las mismas a lo largo y a lo ancho del mercado, un analista técnico puede tener una idea fuerte del conjunto, de los efectos potenciales de las interacciones entre activos, de las relaciones entre sectores y países muy diversos, etcétera.

La capacidad del analista técnico para tener una visión panorámica del todo que son los mercados es superior a la que pueden tener los analistas que se apoyan en medios convencionales, normalmente, debido a la necesidad de gran información, centrados en uno o varios sectores, en las partes sin poder atender al todo.

El analista técnico, al final, no se encuentra aislado del resto del mundo, conoce un amplio número de sectores y países, por lo que puede ser capaz de advertir con gran rapidez y amplitud de miras la existencia de oportunidades y riesgos; limita el «efecto túnel» al tiempo que por otro lado evita su propio ensimismamiento y aburrimiento.

Reevaluación constante

Así como otros métodos de análisis requieren la publicación de novedades y noticias, o la comparecencia de personajes, a la hora de reevaluar sus criterios de inversión —que pueden ser varios y por tanto estar siempre sujetos a un nuevo elemento por despejarse en el tiempo—, el análisis técnico tiene un modo muy rápido de adaptarse. De hecho se llega incluso al análisis en tiempo real en la medida en que los precios pueden llegar a cambiar incluso varias veces por segundo en muchos activos.

Es precisamente esto, la continua reevaluación que permite un precio en movimiento casi constante, aunque sea para clarificar que nada ha cambiado en la mayoría de ocasiones, lo que explica que nuestra capacidad para limitar la pérdida sea infinitamente superior a la de otros métodos que no saben exactamente cuándo podrán tomar sus decisiones.

El analista técnico es alguien especialmente preocupado por la protección del capital. Quien busca la mayor rentabilidad posible con análisis técnico, frecuentemente acaba acudiendo al apalancamiento.

Los inconvenientes del análisis técnico

Ahora nos toca, por supuesto, hablar de nuestras «vergüenzas», de esas cosas que se nos han reprochado desde, digamos, siempre con tan efusiva como elevada altura de argumentos.

Desconocimiento de las causas

El análisis técnico no da nunca respuesta completa, no se preocupa por el porqué último al que responde un movimiento de los precios. Sin embargo, esto no es, en realidad, motivo de gran preocupación para quien pretende única y exclusivamente ganar dinero en los mercados. No se trata de hacer de los mercados filosofía, sino de servirse de ellos, motivo por el cual lo único a lo que el analista técnico va a prestar atención es a la estrategia financiera.

En realidad, la mayoría de inversores activos —esto obviamente no incluye a los que se indexan ni a los que se escudan en un indefinido largo plazo— tiene un concepto totalmente especulativo del mercado, se haya dado cuenta o no. Profesionales y profanos, mayoristas y minoristas, si activos, invierten única y exclusivamente en el mercado financiero en busca de diferenciales en los precios en la mayoría de los casos, sin ninguna vocación de permanencia si supone un castigo o un coste de oportunidad que pueda ser anticipado con tiempo.

Cuanto más profesional es un mercado, más puede comprobarse como, en la práctica, mayor es su componente especulativo, sea cual fuere el discurso que mantienen los participantes de ese mercado luego ante el público.

Aceptando esto, que la mayoría de inversores financieros simplemente especulan en busca de diferenciales en el precio, parece claro que el objetivo final de éstos no es otro que obtener plusvalías sistemáticas. Por ello, lo más importante no es «por qué se mueven los precios» sino «hacia dónde se mueven los precios». Es más importante centrarse en el «qué» que en el «porqué».

Es más importante el efecto que la causa dado que, como sabemos por las ideas de la reflexividad de George Soros, la causa puede estar cambiando al tiempo que se producen los efectos. Los mercados podrían incluso crear, al menos, buena parte de la realidad que supuestamente reflejan.

Los analistas técnicos sostienen que, para la mayoría de agentes en el mercado, los efectos pueden anticiparse mejor desde el estudio de la propia dinámica de sí mismo. Saber que, normalmente, un movimiento «x» de mercado —sugerido en base a una pauta de conducta habitual del mismo— produce un efecto «y» sobre la dirección en que se van a mover los precios. A efectos prácticos, los motivos que están detrás del movimiento en cuestión sirven para justificar errores. En las buenas, uno está pendiente del cava.

Falibilidad

Esto es algo que debería estar en la mente de todo trader. Los analistas técnicos tienen un método de aproximación al mercado que está por naturaleza muy en línea con él sólo porque es un enfoque que toma toda su información en el modo en que se concretan los propios mercados: el precio. Una actitud sistemática, fruto del convencimiento de lo poco que sabemos realmente de los mercados y, por tanto, completamente convencida de que hay que pasar por la pérdida, de que erramos, es lo que nos conduce a la premisa de que la supervivencia es la primera parte del trabajo.

Todos sabemos que «probablemente» sólo quiere decir eso: probable, no «seguramente». Todo trader que se precie de tener un espíritu técnico piensa siempre en perder, no en ganar, pues la victoria sólo llega en la medida en que se saben encajar y capear las derrotas.

Nosotros somos tipos guiados por el negativismo categórico, gente que nunca se topa con las cosas anheladas directamente, sino evitando las que nos separan de ellas, pues éstas, a diferencia de las primeras, sí podemos conocerlas de forma clara y distinta.

El análisis técnico es básicamente una herramienta estadística, efectuada con más o menos ciencia, o menos o más arte, que procura combatir el azar a través de la sistematización de fenómenos que se ha podido constatar empíricamente que han sido repetidos de forma habitual por los inversores, como colectivo, en el mercado. Por tanto, el análisis técnico no es más que una aproximación, y por ello debemos ser conscientes de que comete errores ya *a priori*. Y muchos. Obramos así porque no estamos seguros de que haya un método que pueda llamarse científico, al menos no al alcance de todos intelectual y materialmente, capaz de obrar el prodigio de acercarse *ex ante* a la realidad de un hecho social donde la reflexividad campa a sus anchas. Conseguirlo *ex post*, algo de lo que se acusa a los economistas con sorna y no sin cierta razón, no tiene sentido operativo alguno.

Warren Buffett, que como ya hemos escrito puede ser muy admirado por todos los técnicos, afirma que lo primero es no perder nunca dinero. Si usted cree que puede ir por la vida como él, adelante... Para nosotros lo primero es tomar conciencia de que vamos a fracasar frecuentemente, lo que nos centra en la limitación de las pérdidas, algo de gran utilidad en los períodos oscuros del mercado, que los hay y a veces duran años. Seguimos otro camino.

El técnico simplemente sabe que domina la probabilidad si puede mantenerse en la partida, como la banca en la ruleta. O sea, no con gran ventaja frente a lo que suele venderse, y lo que debe hacer es administrar esta pequeña ventaja porque en el campo de batalla, lleno de individuos en cierto modo inconscientes, que blanden descabezados sus armas, ésa es una ventaja muy competitiva.

Eso sí, sin pulmón financiero esa pequeña ventaja no vale para nada. Hay que mantenerse en la partida. Y eso no es tan sencillo porque a diferencia del casino aquí existen costes de intermediación.

Subjetividad

Se reprocha al análisis técnico lo mucho que tiene de subjetivo. Pero ¿qué no lo es en lo social? ¿Existen acaso los hombres objetivos?

Desengáñese, esto sucede con todas las aproximaciones a lo humano: se pierde la objetividad porque ésta reside sólo fuera de nosotros, porque es un terreno que nos está vedado.

No hay que dramatizar, la subjetividad del análisis técnico es tan real como común a otros métodos de aproximación al mercado, incluidos los convencionales —fundamental y macro—. La subjetividad es algo inherente a los humanos: de un modo u otro sólo podemos conocer «a nuestra manera».

La subjetividad no es más que un problema que nos afecta en todas nuestras actividades cotidianas. ¿Por qué debería ser distinto el análisis técnico? Como es lógico, éste se resiente de esto, pero no más de lo que lo hacen otros modos de previsión del mercado.

Un buen análisis fundamental, por ejemplo, tiene que escoger criterios para crear modelos y estimar magnitudes a las variables a dichos modelos, y ambas cosas son intentos de aproximación a la realidad subjetivos en mayor o menor grado. Como en todas las actividades humanas, el enfoque es determinante.

La coherencia, el método y la disciplina son los aliados necesarios para hacer de esta subjetividad sólo un hándicap dentro de nuestras posibilidades. Los beneficios que puede reportarnos compensan. Así que será mejor que nos resignemos.

Es posible que no se pueda llegar mucho más lejos.

Requiere «sentido poco común»

Sin una buena actitud, de poco sirven todas las herramientas del análisis técnico. De nuevo, como con cualquier otro método. El inversor debe aprender a desarrollar su actividad de un modo lo más sistemático posible, pensando *ex ante* y tomando decisiones sin excusas.

Luego, lo primero es sistematizar en la medida de lo posible el modo de operar, mecanizar la pregunta básica: «¿Qué hacer?». En Ágora nos gusta mucho una frase con la firma de Carlos: «Chicos, tenemos reglas para no hacernos preguntas».

Un sistema de especulación sólo se ocupa de poner a la probabilidad de parte del inversor, de modo que con una buena gesción del capital se garantice que se alcancen los resultados que da el largo plazo, pero no necesariamente un tiempo menor a éste. Eso sí, sin las penas que éste pide al que nada hace.

Por ello el sistema deberá ser protegido por una buena logística y autocontrol, de otro modo es posible que se fracase antes de que la probabilidad pueda imponerse.

Luego, toda vez que un sistema estadístico basado en ésta sólo triunfa con total seguridad a medio/largo plazo, debe diseñarse una metodología de inversión/trading que permita que el tiempo que debe transcurrir discurra, que no se agote el capital antes de que la probabilidad se imponga. Hay que darle tiempo al sistema por mucho *market timing* que efectúe, y eso requiere pulmón financiero.

No basta con saber qué hacer, es también completamente necesario saber cómo hacerlo y cuándo hacerlo; es un tema de actitud.

La necesidad de actuar bajo el filtro de este sentido que hemos querido llamar «poco común» —ya sabemos que el sentido común es el menos común de los sentidos— es, sin duda, una limitación que deja bien a las claras que el resultado final depende de cada uno de nosotros, que pone sobre la mesa que el mérito del sistema es sólo ponernos en camino, pero que no nos llevará al puerto deseado.

Conclusiones

Recapitulemos sobre los puntos más importantes que hemos cubierto a lo largo de este libro. Iniciamos la Parte I con los principios de nuestra filosofía de inversión, que lidia con la incertidumbre con la intención de obtener un proceso de esperanza matemática positiva a largo plazo. A continuación asentamos las bases que posibilitan el análisis técnico: la libre participación, la acción de mercado, las regularidades y la fractalidad, que nos llevan a entender la ineludible razón de la irracionalidad en unos mercados que actúan de forma adaptativa frente a los límites del intelecto humano.

En la Parte II cubrimos los conceptos necesarios para usar charts —siempre ajustados a *total return* y en escala semilogarítmica— de forma eficiente: el precio y el volumen, la línea de tendencia, tendencia y su directriz, los soportes y resistencias, los huecos y los stops, haciendo especial hincapié en la importancia de entender estos últimos como una extensión de las razones —la tesis a refutar— por la cual tomamos la posición en un principio.

En la Parte III aprendimos cómo operar una serie de figuras técnicas —el cabeza y hombros invertido/cabeza y hombros, el doble suelo/doble techo y el patrón triangular—, analizando sus variantes y los aspectos más relevantes para la gestión activa de las posiciones. También criticamos otros patrones que, en nuestra experiencia, son errores de concepto —como el suelo durmiente— o carecen de utilidad práctica —como el diamante, la cuña y el gallardete—, además de revisar la aplicabilidad de las populares banderas y las vueltas en «V».

En la Parte IV completamos la formación inversora con instrucciones prácticas tanto para gestionar varias oportunidades dentro de una cartera de inversión equilibrada como para ser capaces de evaluar diferentes estrategias, ordenarlas según sus méritos, y elegir aquella que más se ajuste a nuestro perfil inversor, que no siempre será la que prometa mayor rentabilidad. Para ello nos servimos de conceptos como diversificación, volatilidad, correlación y coste de oportunidad, así como de métricas desarrolladas a tal efecto como son el ratio de Sharpe, el ratio de beneficio, el *drawdown* y la secuencia operativa.

Finalmente, en la Parte V ampliamos su horizonte hablando en primer lugar del panorama más amplio posible: los doscientos años de historia de los que se tienen datos con decente fiabilidad, durante los cuales los mercados de renta variable han batido a todas las demás opciones de inversión, mostrando, además, que el proceso de fondo es adverso a los vendedores. A continuación describimos las principales escuelas de pensamiento en el mundo de la inversión financiera a fin de proporcionarle una plataforma para evaluar aportaciones y dirigir los próximos pasos. Cerramos la obra con una autoevaluación crítica, tan honesta como nos ha resultado posible, dc los aspectos positivos así como de los puntos débiles de nuestro sujeto de estudio, el análisis técnico.

Ya afirmamos en la Introducción que el análisis técnico es un terreno controvertido. Llegados a este punto esperamos que aprecie su utilidad, pero sobre todo que tenga una perspectiva más racional sobre este asunto. Esperamos haber conseguido que para usted religión y análisis técnico sean definitivamente temas distintos. Deseamos que se haya dado cuenta de que el análisis técnico no está enfrentado a ningún otro tipo de acercamiento. Los gráficos dan llaves, pero ni abren ni cierran puertas. Son únicamente un modo desde el que —con humildad— uno intenta aproximarse a las expectativas que maneja el mercado en cada plazo temporal. Recuerde bien eso; dos opiniones aparentemente opuestas pueden estar perfectamente en sintonía porque nos hablan de dos momentos distintos del tiempo. El mercado es entidad social, no un cometa dando vueltas por la galaxia. Y el análisis técnico, sólo un modo de hacer camino, algo que esperamos tenga perfectamente claro con el «mapa de Investolandia» en sus manos.

Es posible que al terminar se sienta un poco desvestido, desorientado al dudar sobre la importancia de ciertas herramientas técnicas que había venido considerando parte de su arsenal. Quizá incluso culpable por haber situado aleatoriamente sus stops durante demasiado tiempo. No se preocupe; al rey le hubiera venido bien darse cuenta un poco antes de su desnudez, y que sea un niño el que le saque los colores es siempre el peor escenario. Nosotros pasamos por eso hace varios lustros. Se supera.

Y lo más importante: ahora usted entiende mucho mejor el motivo por el que los patrones técnicos funcionan. Ha descartado fábulas y cuentos destinados a calmar la conciencia de los perdedores. En definitiva, es un inversor menos irracional y está en mejor disposición que la mayor parte de los que se acercan al mercado técnicamente.

Si al acabar estas páginas ha considerado que puede que lo más importante no sea el acierto, sino la relación que existe entre éste y los errores, si piensa que eso de la esperanza matemática suena fatal pero pinta bien, si conceptos como ajuste por dividendo y ampliación o escala semilogarítmica le parece que no son un esnobismo, capricho o pedantería, y ha entendido que el uso de todos los charts posibles sobre un activo no puede darle mejor resultado a largo plazo que aquel que se quede un poco menos lejos de reflejar las expectativas del mercado sobre la realidad, si comprende por qué es importante diversificar sus apuestas..., entonces estamos contentos con nuestra labor.

Pero tampoco se encierre en ellos para siempre, pues continuamente hay margen para la mejora. Como dijo Daniel Boorstin, «el problema no es la ignorancia, sino la ilusión del conocimiento».

Bibliografía

Análisis técnico

THOMAS BULKOWSKI, *Trading Classic Chart Patterns*, John Wiley & Sons, 2002.

—, *Visual Guide to Chart Patterns*, Bloomberg Press, 2012.

JEFFREY O. KATZ Y DONNA L. MCCORMICK, *The Encyclopedia of Trading Strategies*, McGraw Hill, 2000.

JOHN J. MURPHY, *Análisis técnico de los mercados financieros*, Gestión 2000, 2016.

—, *Prácticas de análisis técnico de los mercados financieros*, Gestión 2000, 2003.

REUTERS LIMITED, *Curso de Análisis Técnico*, Gestión 2000, 2007.

VAN K. THARP, *Tener éxito en trading*, Valor Editions, 2007.

—, *Definitive Guide to Position Sizing*, International Institute of Trading Mastery, 2008.

Inversión bursátil

FRANCISCO GARCÍA PARAMÉS, *Invirtiendo a largo plazo*, Deusto, 2016.

GEORGE SOROS, *La crisis del capitalismo global: la sociedad abierta en peligro*, Debate, 1999.

—, *Tiempos inciertos*, Debate, 2006.

—, *Globalización*, Planeta, 2002.

—, *Para entender la crisis económica actual: el nuevo paradigma de los mercados financieros*, Taurus, 2008.

—, *Mi filosofía*, Taurus, 2010.

—, *La tormenta financiera*, Destino, 2012.

HERSH SHEFRIN, *Beyond Greed and Fear*, Harvard Business School Press, 2000. <http://www.redalyc.org/pdf/212/21207808.pdf>.

JEREMY J. SIEGEL, *Guía para invertir a largo plazo*, Bresca, 2015.

Fundamentos analíticos

ANDREW W. LO, «Adaptive Markets Hypothesis», *MIT Paper*, 15 de agosto de 2004. <http://opim.wharton.upenn.edu/~sok/papers/I/JPM2004.pdf>.

—, «Adaptative Markets: Financial Evolution at the Speed of Thought», Princeton Univers. Press, 26 de mayo de 2017. <https://www.amazon.es/Adaptive-Markets-Financial-Evolution-Thought/dp/0691135142>.

—, «Foundations of Technical Analysis», *The Journal of Finance*, vol. LV, agosto de 2000. <http://stuff.mit.edu/people/wangj/pap/LoMamayskyWang00.pdf>.

KARL R. POPPER, *La sociedad abierta y sus enemigos*, Paidós Ibérica, 2006.

—, *La lógica de la investigación científica*, Tecnos, 2008.

Nassim Nicholas Taleb, *El cisne negro, el impacto de lo altamente improbable*, Paidós Ibérica, 2008.

—, *¿Existe la suerte?: Las trampas del azar*, Paidós Ibérica, 2009.